中华文化今读文库

# 图说全译本史记
# 志书系列

（西汉）司马迁【著】

陈秉才【译】

现代教育出版社

Modern Education Press

图书在版编目（CIP）数据

图说全译本史记．志书系列／（西汉）司马迁著；
陈秉才译．-- 北京 ：现代教育出版社，2018.5
（中华文化今读文库）
ISBN 978-7-5106-6102-0

Ⅰ．①图… Ⅱ．①司… ②陈… Ⅲ．①中国历史－古
代史－纪传体－青少年读物 Ⅳ．① K204.2-49

中国版本图书馆 CIP 数据核字（2018）第 060017 号

书　名　图说全译本史记·志书系列
丛书名　中华文化今读文库

出 品 人　陈　琦
著　　者　[西汉]司马迁
译　　者　陈秉才
责任编辑　聂金星
封面设计　聂金星
出版发行　现代教育出版社
地　　址　北京市朝阳区安华里 504 号 E 座　　邮　　编　100011
电　　话　（010）64244736（编辑部）　　（010）64256130（发行部）
印　　刷　北京新华印刷有限公司
开　　本　787mm×1092mm　1/16
印　　张　12
字　　数　280 千字
版　　次　2018 年 5 月第 1 版
印　　次　2018 年 5 月第 1 次印刷
书　　号　ISBN 978-7-5106-6102-0
定　　价　39.80 元

# 出 版 说 明

　　暖日熏冬窗，和风唤桃红。冬去春来之时，《图说全译本史记》即将付印出版。作为出版者，我们内心无疑是满怀激动的，同时也持有一份平静，因为我们深知，"图说史记"之路对于今人而言是艰巨浩繁的，并且是永无止境的。我们以绵薄之力在这条道路上踏出了自己的足迹，其根本出发点是希望将优秀的中华文化遗产与现代教育出版的服务宗旨有机地结合起来，让《史记》这部"史家之绝唱，无韵之离骚"的史学典籍，能够真正以崭新的阅读面貌呈现给当代读者。这是我们现代教育出版人的情怀所在，书中字里行间，一图一文，尽能见之。

　　借此，我们愿向广大读者扼要地介绍下《图说全译本史记》的编辑出版情况，以便大家更好地爱上此书，乐读此书，乐用此书。

　　《图说全译本史记》采用原文与白话译文对照阅读体例，原文以清武英殿本为文字底本，白话译文由北京大学历史系教授、秦汉史的研究学者陈秉才先生翻译。讲到"图说"，在当下出版领域已非新鲜之事，但我们所言所作的"图说"，绝非一般意义上的配文插图，或是单纯为书页版面的"增彩添色"。我们呈现给读者的"图说史记"，是"让文物说话"，让博物院（馆）、考古研究所、文献档案馆等机构中的历史文物走出陈列，走出沉寂，通过科学而精准的关联，走进史籍的文字记述，为当代读者的历史阅读带来鲜活的历史认知和丰厚的知识给养。

　　"图说"做到"科学而精准"，言之简易，为之甚难。尤其是，让所使用的数千张文物图片与史实记述一一做到紧密有效的关联，印证解释历史，延展补充历史。读者翻开每一书页，都会看到一张或数张精美的文物图片及简短图注，它们以不同版式置入文字中。读者的阅读兴趣不但不会被史籍的厚重感所压埋，而恰恰相反，他们首先会感受到一种鲜活的历史画面感和历史气息，进而在之后深入阅读中发现史实记述中某一个或某几个词语或语句，正是与文物图片关联的关键点。这种关联不是简单的关联或是出于臆想，而是建立在科学考证研究的基础之上，因此，"图说史记"每一书页的图片选择与关联，其背后都必然有扎实的研究资料做支撑，包括历代史料典籍，近现代及当代考古发掘简报、报告，各类相关学术论文等文献资料，以及国内刊行的文物考古类期刊。以"图说史记"的图档编辑过程为例，仅可统计的查阅文献资料就有 20000 多份。

然而我们深知，即便如此，我们竭心尽力所完成的也都仍然是有限的、不足的。司马迁在《太史公自序》中说："罔罗天下放失旧闻，王迹所兴，原始察终，见盛观衰，论考之行事，略推三代，录秦、汉，上记轩辕，下至于兹……"相较于太史公足迹踏遍大半个中国，网罗搜集天下散失旧闻，追根溯源，探究终始，考察盛衰，依据事实进行论述考订，我们今日的"图说"或许只达到其十分之一二。但是，我们相信，正是这十分之一二的"图说"，能够帮助当代读者踏寻到两千多年前太史公写史的足迹，能够让他们真正爱上历史阅读，真正从历史阅读中找到经典的价值。

我们生活在现代，但是我们离不开历史，阅读历史不单是为了解过往，更是为认识今天和未来。《图说全译本史记》的出版价值，就是在于让今人的文化史籍阅读变得不再有障碍，而且变得更富有历史体验感。

古人评价司马迁"以命世之才、旷代之识、高视千载，创立《史记》"，而今日读者在网络社区写下这样的评语："世界上只有两种人，一种是没读过《史记》的人，另一种是认为《史记》非常棒的人。"古今评语，一高妙一简白，却都说得精当！我们出版这套《图说全译本史记》，就是希冀像读者称道的那样，让《史记》成为"读起来最带劲的史书"！


2017 年 3 月

# 目 录

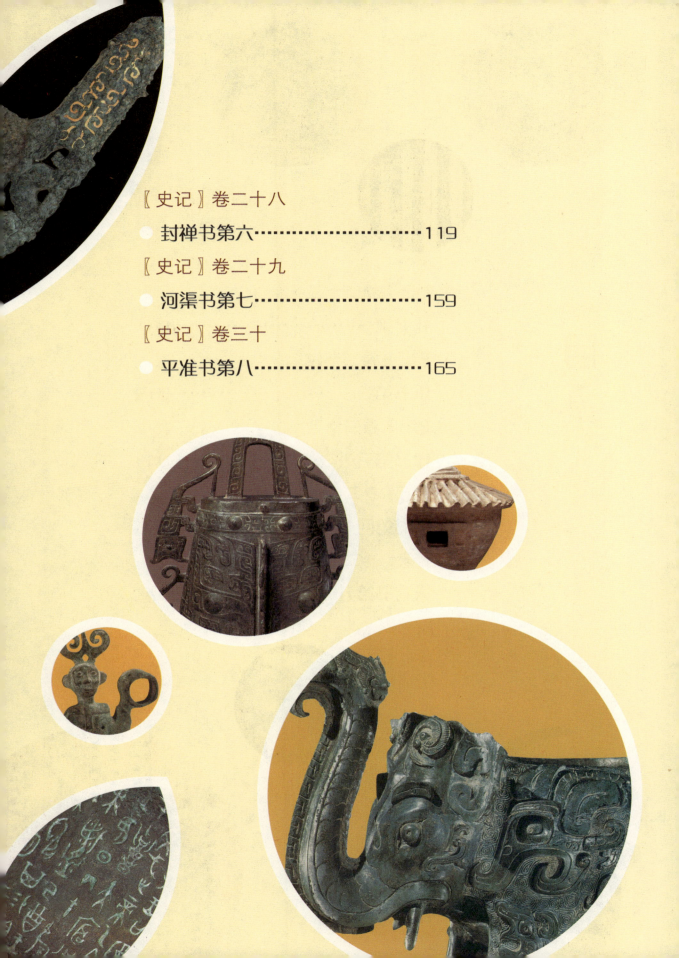

# 史记卷二十三
# 礼书第一

太史公曰：洋洋美德乎！宰制万物，役使群众，岂人力也哉？余至大行礼官，观三代损益乃知缘人情而制礼，依人性而作仪，其所由来尚矣。

人道经纬万端，规矩无所不贯，诱进以仁义，束缚以刑罚，故德厚者位尊，禄重者宠荣，所以总一海内而整齐万民也。人体安驾乘，为之金舆错衡以繁其饰；目好五色，为之黼黻文章以表其能；耳乐钟磬，为之调谐八音以荡其心；口甘五味，为之庶羞酸咸以致其美；情好珍善，为之琢磨圭璧以通其意。故大

玉圭　西周

出土于山西洪洞永凝堡西周墓地 5 号墓，现藏于山西省考古研究所。玉圭是周代重要的礼仪用器，形制种类丰富，用途颇多。

路越席，皮弁布裳，朱弦洞越，大羹玄酒，所以防其淫侈，救其凋敝。是以君臣朝廷尊卑贵贱之序，下及黎庶车舆衣服宫室饮食嫁娶丧祭之分，事有宜适，物有节文。仲尼曰："禘自既灌而往者，吾不欲观之矣。"

玉圭　陶寺文化（距今 4000 年）
出土于山西襄汾陶寺遗址 1700 号墓，现藏于中国社会科学院考古研究所。

太史公说：广大的美德啊！主宰万物，役使民众，岂是人为之力吗？我到过主管礼仪的大行官署，察看夏、商、周三代在礼制方面所做的增减，才发现是顺人情制礼，依民俗定仪节，礼的起源真是太久远了。

人们的社会活动，纵横交错，内容纷繁，言行标准无所不贯穿，无所不包容。用仁义来劝诱，用刑罚来惩戒，所以德高者位尊，禄厚重者荣光，这就是治国理民的准则。人自身对乘坐车马感到安逸，便在车厢、车轴上镶金涂饰花纹来美化；目好斑斓的色彩，便在衣服上刺绣各色花纹来饰美仪容；耳喜金玉乐器之声，便用八音来调和各种音调的节律，荡涤心境；口喜各种食物的甘美之味，便烹调种种美味佳肴；心意喜好珍美之物，便琢磨圭璧玉饰以适其心意。因此，古代帝王祭天乘礼车，席子用蒲草来编；临朝戴上鹿皮帽，下衣用白布做成；演奏的琴瑟，丝弦是用大红色的，底部开着小孔；祭祀时用不加佐料的肉羹、白水。所以这些都是用以防止过度奢侈，拯救日下的世风。所以，上自朝廷君臣之间尊卑贵贱的等级，下至百姓中间的车马、衣服、房屋、饮食、嫁娶、丧葬、祭祀的名分，每项行事都有适宜的限度，每件事物都受到应有的节制和文饰。孔子说："鲁国的禘祭在奠酒之后，由于乱了祖宗牌位次序，我就不想看了。"

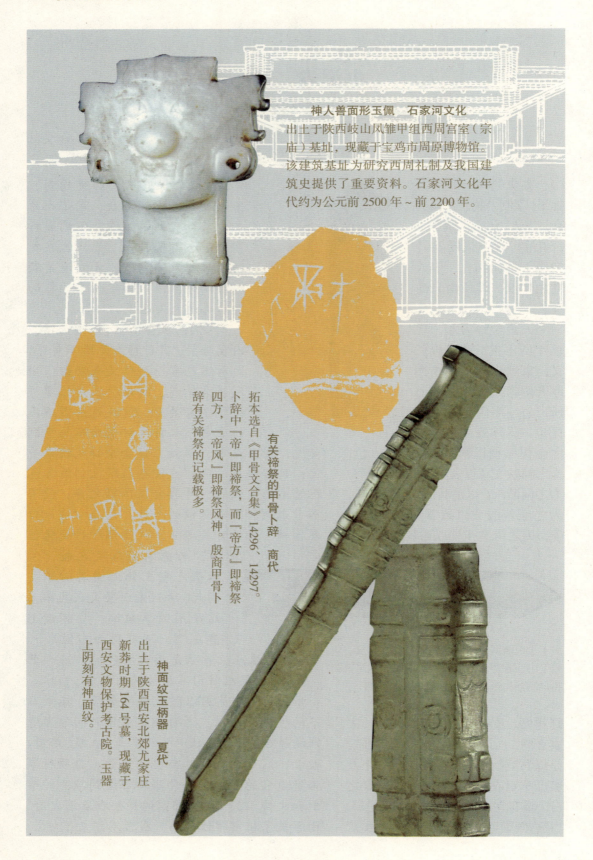

**神人兽面形玉佩　石家河文化**

出土于陕西岐山凤雏甲组西周宫室（宗庙）基址，现藏于宝鸡市周原博物馆。该建筑基址为研究西周礼制及我国建筑史提供了重要资料。石家河文化年代约为公元前2500年～前2200年。

**有关禘祭的甲骨卜辞　商代**

拓本选自《甲骨文合集》14296、14297。卜辞中「帝」即禘祭，而「帝」即禘祭四方，「帝风」即禘祭风神。殷商甲骨卜辞有关禘祭的记载极多。

**神面纹玉柄器　夏代**

出土于陕西西安北郊尤家庄新莽时期164号墓，现藏于西安文物保护考古院。玉器上阴刻有神面纹。

周衰，礼废乐坏，大小相逾，管仲之家兼备三归。循法守正者见侮于世，奢溢僭差者谓之显荣。自子夏，门人之高弟也，犹云"出见纷华盛丽而说，入闻夫子之道而乐，二者心战，未能自决"，而况中庸以下，渐渍于失教，被服于成俗乎！孔子曰"必也正名"，于卫所居不合。仲尼没后，受业之徒沈湮而不举，或适齐、楚，或入河海，岂不痛哉！

现藏于上海博物馆。器上铭文24字，记述周成王在成周洛邑对武王举行祭祀之事。

德方鼎 西周

至秦有天下，悉内六国礼仪，采择其善，虽不合圣制，其尊君抑臣，朝廷济济，依古以来。至于高祖，光有四海，叔孙通颇有所增益减损，大抵皆袭秦故。自天子称号下至佐僚及宫室官名，少所变改。孝文即位，有司议欲定仪礼，孝文好道家之学，以为繁礼饰貌，无益于治，躬化谓何耳，故罢去之。孝景时，御史大夫晁错明于世务刑名，数干谏孝景曰："诸侯藩辅，臣子一例，古今之制也。今大国专治异政，不禀京师，恐不可传后。"孝景用其计而六国畔逆，以错首名，天子诛错以解难。事在《袁盎》语中。是后官者养交安禄而已，莫敢复议。

**德方鼎铭文拓本**

周朝衰微以后，礼制崩坏，乐教衰败，各类身份的人不守礼法，争相越制。管仲违制娶了异姓三个女子。遵循法度者被世俗轻蔑，过度奢侈僭越等级者被认为是荣宠显贵。即使是子夏这位孔门高徒，尚且说"在外见繁华艳丽之物就心悦神摇，回来听夫子之道的教诲就感到心喜自乐，两种感受在心里交战，未能自决"，又何况中等材质的人，被歪风邪气所污染，为时下陋俗所感服呢！孔子说"一定要辨正名分"，因为他居住的卫国诸事不合礼制、名分。孔子去世后，鲁国传授礼乐的人埋没而不被举用，有的到了齐、楚两国，有的去了黄河、海滨一带。难道不令人痛惜！

到秦朝一统天下，详尽搜集六国礼仪，选用了其中较好的来实行，尽管不完全符合古代圣王的礼制，然而尊崇君主，抑制臣下，让朝廷上下庄严恭敬，是根据古代以来礼法制定的。到高祖拥有广大的天下，叔孙通对以前的礼法稍加增减，大体上承袭秦制。从天子称号到大小官吏、宫室、官名，变化不多。孝文帝即位后，主管官员提出制定礼仪，文帝崇尚道家学说，认为繁琐礼节仅仅是外表装饰功夫，对治国无益，主要看自身典范感化如何，所以不予采纳。孝景帝在位，御史大夫晁错通晓政务和刑名学说，多次向皇上进谏说："诸侯藩国，一样都是臣子，此为古今通制。如今诸侯大国，擅自推行和朝廷不相同的政令，不向朝廷请示报告，这种行为恐不可传世。"孝景帝采纳他的建议而导致六国之乱，就以请诛晁错为借口，景帝杀了晁错以缓解叛乱危机。此事记载在《袁盎传》里。此后，大臣只图善于交往，保住禄位，无人再敢议论此事。

今上即位，招致儒术之士，令共定仪，十余年不就。或言古者太平，万民和喜，瑞应辨至，乃采风俗，定制作。上闻之，制诏御史曰："盖受命而王，各有所由兴，殊路而同归，谓因民而作，追俗为制也。议者咸称太古，百姓何望？汉亦一家之事，典法不传，谓子孙何？化隆者闳博，治浅者褊狭，可不勉与！"乃以太初之元改正朔，易服色，封泰山，定宗庙百官之仪以为典常，垂之于后云。

礼由人起。人生有欲，欲而不得则不能无忿，忿而无度量则争，争则乱。先王恶其乱，故制礼义以分之养人之欲，给人之求，使欲不穷于物，物不屈于欲，二者相待而长，是礼之所起也。故礼者养也。稻粱五味，所以养口也；椒兰芬苾，所以养鼻也；钟鼓管弦，所以养耳也；刻镂文章，所以养目也；疏房床第几席，所以养体也；故礼者养也。

君子既得其养，又好其辨也。所谓辨者，贵贱有等，长少有差，贫富轻重皆有称也。故天子大路越席，所以养体也；侧载臭茝，所以

井叔钟　西周中期

出土于陕西长安张家坡西周墓，现藏于中国社会科学院考古研究所。铜的左右栾部、钲间及鼓部铸有铭文39字，记载井叔铸钟，用以祭祀祖先，祈求福禄寿昌。

井叔钟铭文拓本

当今皇上即位以来，罗致一批崇儒学士，使其制定礼仪，做了十年没有成功。有人建议说，古代天下太平，百姓和悦，天降祥瑞不断出现，因此便搜集民情风俗，制定礼制。皇上听说了，命令御史说："秉承天命建国，礼制的制定各有依据，制礼的途径不同，其效用是同一的，是谓顺应民意，追寻长期的习俗来制定礼仪制度；如今讨论礼制的人，只称道上古，让百姓如何遵从？汉朝也是一个朝代，理应有其典章制度。要是无典章传给后世，对后代子孙如何交代？教化隆盛，礼制必定完备；治术浅薄，礼制必然简陋，能不奋发勉力！"于是在太初元年更改历法，改变车马、服饰颜色，在泰山筑坛祭天，制定宗庙百官礼仪作为不可改变的制度，流传后世。

礼制是依据人情来制订的。人生来就有欲望，欲望得不到满足就不能不怨忿，怨忿没有节制必生争夺，争夺便必然导致混乱。古代帝王厌恶这种混乱，便制定礼制来适当满足人们的欲望，供给人们的需求，使欲望不会感到物的不足，物不因欲望无厌而匮乏。二者相互协调相约相成，这就是制定礼制的缘由。因此，礼制是养人的。稻粱五谷，是养口的；椒兰芬草，是养鼻的；钟鼓管弦乐器，是养耳的；雕刻华丽的华纹色彩，是养眼的；通亮的房屋，舒适的床几，是养身的。因此说礼制是养人的。

君子的情欲既要得到适度的调养，又要让它有差别。所谓差别，就是贵贱有等，长少有别，贫富尊卑有适当的名分。所以天子乘"大路"车，铺蒲草席垫，用以养身体；身边常备香草，以

养鼻也；前有错衡，所以养目也；和鸾之声，步中《武》《象》，骤中《韶》《濩》，所以养耳也；龙旂九斿，所以养信也；寝兕持虎，蛟韅弥龙，所以养威也。故大路之马，必信至教顺，然后乘之，所以养安也。孰知夫出死要节之所以养生也，孰知夫轻费用之所以养财也，孰知夫恭敬辞让之所以养安也，孰知夫礼义文理之所以养情也。

**洛阳北窑西周车马坑**

周代，以车马随葬是一种身份的象征。据考古推断，该车马坑殉葬的战车。车上漆皮和龙形车饰、半浮雕兽面泡等装饰构件说明了车主的身份。

人苟生之为见，若者必死；苟利之为见，若者必害；怠惰之为安，若者必危；情胜之为安，若者必灭。故圣人一之于礼义，则两得之矣；一之于情性，则两失之矣。故儒者将使人两得之者也，墨者将使人两失之者也。是儒墨之分。

洛阳北窑西周车马坑

治辨之极也，强固之本也，威行之道也，功名之总也。王公由之，所以一天下，臣诸侯也；弗由之，所以捐社稷也。故坚革利兵不足以为胜，高城深池不足以为固，严令繁刑不足以为威。由其道则行，不由其道则废。楚人鲛革犀兕，所以为甲，坚如金石；宛之钜铁施，钻

养嗅觉；车前横木上绘有华丽彩纹，以养视觉；车铃响声，缓行合《武》《象》节拍，快跑时适应《韶》《濩》旋律，以养听觉；龙旗垂九种饰物，以显示天子身份；车轮绘上趴卧的雌犀牛、蹲踞的猛虎，鲛鱼皮制作马腹带，车轮上饰金龙，以显示威严。所以天子乘"大路"车，驾车的马一定要训练有素，才驾车乘用，是为了养护安身。古人非常懂得养护安身，立名节，正是为了养护生命啊；十分懂得节约费用，正是为了积蓄财富啊；特别懂得恭敬谦让，正是为了安养身体啊；极为懂得礼仪文采，正是为了颐养性情啊。

人如果仅仅看到活着可贵，那便必定走上死路；仅仅看到一个利字，那便必然受到大害；把四体不勤看作安乐，那便必然招来危险；把纵情任性，争强好胜视为快乐，那便必定走向灭亡。因此，圣人把情欲统一在礼仪标准之中，让二者得兼；如果完全服从情欲要求，二者便会全都丧失。所以儒家学说让人们二者得兼，而墨家学说让二者皆失。这就是儒、墨两家的区别。

礼制是治国、正名的最高标准，是国家富强稳固的根本办法，是实行威权的正确措施，是立功成名的总纲。古代帝王遵循了这一原则，所以能一统天下，让诸侯臣服；不遵循这个原则，便丧失国家。所以有坚固的铠甲、锋利的刀矛不足以取胜，高峻的城墙、深深的堑壕不足以保证坚固，严厉的命令、繁苛的刑罚不足以保证威严。遵循这一原则就畅行无阻，不遵循这一原则就政教坏乱。楚国人用鲛、犀之皮做甲衣，像金石一样坚硬；用南阳出产的钢铁制作兵器，

如蜂虿，轻利剽遫，卒如熛风。然而兵殆于垂涉，唐昧死焉；庄蹻起，楚分而为四参。是岂无坚革利兵哉？其所以统之者非其道故也。汝颍以为险，江汉以为池，阻之以邓林，缘之以方城。然而秦师至鄢郢，举若振槁。是岂无固塞险阻哉？其所以统之者非其道故也。纣剖比干，囚箕子，为炮烙，刑杀无辜，时臣下憪然，莫必其命。然而周师至而令不行乎下，不能用其民。是岂令不严，刑不峻哉？其所以统之者非其道故也。

古者之兵，戈矛弓矢而已，然而敌国不待试而诎。城郭不集，沟池不掘，固塞不树，机变不张，然而国晏然不畏外而固者，无他故焉，明道而均分之，时使而诚爱之，则下应之如景响。有不由命者，然后俟之以刑，则民知罪矣。故刑一人而天下服。罪人不尤其上，知罪之在己也。是故刑罚省而威行如流，无他故焉，由其道故也。故由其道则行，不由其道则废。古者帝尧之治天下也，盖杀一人刑二人而天下治。《传》曰："威厉而不试，刑措而不用。"

天地者，生之本也；先祖者，

三角援双首蜈蚣戈　商代晚期
出土于陕西汉中城固五郎乡，现藏于城固县文化馆。

锋利的程度似蜂蝎蜇人一样轻捷快速，猝发如疾风突起。然而兵败垂涉，唐昧战死；到庄蹻据滇称王，楚国便一分为四。这难道是没有坚甲利器吗？是因为它治国之术不合正道的缘故。楚国人以汝水、颍水为险阻，岷江、汉江做壕堑，邓林做阻挡，方城做围墙。然而秦兵一到，楚国之别都鄢郢被攻占，像摇树叶一般陷落。这岂是没有坚固险要的地势吗？是因为它治国之术不合正道的缘故。商纣挖比干的心，囚禁箕子，制作炮烙酷刑，虐杀无辜，当时臣民恐怖，没有人能保住自己的性命。然而周兵一到，纣王的命令不能下达，百姓不听驱使。这难道是法令不严峻，刑罚不苛刻吗？是因为治国之术不合正道的缘故。

古代的兵器，只有戈、矛、弓、矢，然而不必动用，敌国便降服。城墙不用高筑，壕堑不必深挖，碉堡不需建造，机弩不要张设，然而国家太平无事，不担忧外敌入侵，坚如磐石，没有其他原因，讲明道义教百姓安分守己，适时使用民力，真心爱护他们，因此，百姓顺从法令，就像影子随身形，回音应声。偶有违令者，然后量刑处理，如此民众便能认罪伏法。因此，处罚一人能使天下人心服。被处罚者不怨恨上级，知道自己有罪。所以刑罚用得少，威权的推行却如流水一样容易，也没有其他原因，是按礼仪去做的缘故。遵循它便行得通，背离它便行不通。古代帝尧治天下，仅惩罚两三人便天下太平。《传》说"法威虽猛而不轻试，刑罚虽设而不重用。"

天地是物性的根本；祖先是人类的根本；

类之本也；君师者，治之本也。无天地恶生？无先祖恶出？无君师恶治？三者偏亡，则无安人。故礼，上事天，下事地，尊先祖而隆君师，是礼之三本也。

故王者天太祖，诸侯不敢怀，大夫士有常宗，所以辨贵贱。贵贱治，得之本也。郊畴乎天子，社至乎诸侯，函及士大夫，所以辨尊者事尊，卑者事卑，宜巨者巨，宜小者小。故有天下者事七世，有一国者事五世，有五乘之地者事三世，有三乘之地者事二世，有特牲而食者不得立宗庙，所以辨积厚者流泽广，积薄者流泽狭也。

大飨上玄尊，俎上腥鱼，先大羹，贵食饮之本也。大飨上玄尊而用薄酒，食先黍稷而饭稻粱，祭哜先大羹而饱庶羞，贵本而亲用也。贵本之谓文，亲用之谓理，两者合而成文，以归太一，是谓大隆。故尊之上玄尊也，俎之上腥鱼也，豆之上大羹，一也。利爵弗啐也，成事俎弗尝也：三侑之弗食也。大昏之未废齐也，大庙之未内尸也，始绝之未小敛，一也。大路之素帱

**透雕变形龙纹俎　春秋晚期**
出土于河南淅川下寺2号楚墓，现藏于河南博物院。俎，是商周时期流行的食具，也是祭祀礼器。它类似砧板，用来承载、切割肉食。

君师是国家得以治理的根本。无天地，怎会有物性？无祖先，怎会有人类？无君师，怎会有国家的治理？此三者失一，百姓便无法安宁地生活。因此，礼制上敬天，下尊地，奉祖先、崇君师，这便是礼的三大本源。

因此，帝王让自己的太祖配享上天，诸侯不敢想，大夫、士各有自己固定的祖宗，这是为了别贵贱。贵贱区分清楚，就是道德原则的根本。只有天子才能举行郊祀祭天，诸侯只能祭土神，包括士大夫。这就辨别了身份高贵的人祭祀尊贵的天帝，身份较低的人祭祀地位较低的土地神。应当大的就大祭，应当小的就小祭。因此，拥有天下的天子立七庙，祭祀七代祖先；有一国的诸侯立五庙，祭祀五代祖先；有方圆五十里采邑的大夫立三庙，祭祀三代祖先；有方圆三十里采邑的士立二庙，祭祀二代祖先；平民只能在住宅里祭祀祖先，不能立祖庙。这是为了辨明功业大的恩泽流传就宽广久远，功业小的恩泽流传就狭小时短。

举行袷祭先王的大礼时，樽里盛上清水，肉板上献上生鱼，献祭时先上不加作料的肉汁，表明敬重先祖的原始饮食。大袷祭先供清水再供淡酒，供饭先献黍、稷，再献稻粱做的熟饭。每月祭祀时先尝未调味的肉汁，再享用多种佳肴，既敬重了先祖的原始饮食，又重视实用。尊崇本始称之为有修饰之文，亲自尝用称之为有礼仪之理。两者结合则修饰之文与礼仪之理兼备，又终归于太古。这即是袷祭的至高境界。因此，酒樽里先酌清水，肉板上先献生鱼，盆里先供未加作料的肉汁，都同样是推崇先祖原始饮食。祭祀将成时的献酒，"尸"不再尝；礼成，"尸"不再尝祭品；至第三次劝食，"尸"就不再吃：这些都是礼仪的终结。大婚礼尚未斋戒，太庙尚未迎"尸"，人刚死尚未装殓，此皆礼仪之始。天子所乘"大路"，车惟是素色的；

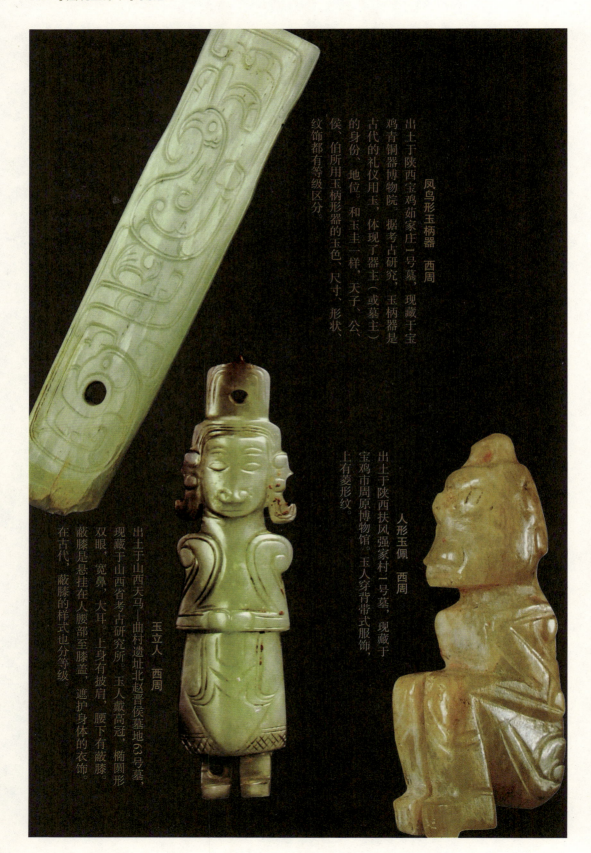

凤鸟形玉柄器　西周

出土于陕西宝鸡茹家庄一号墓，现藏于宝鸡青铜器博物院。据考古研究，玉柄器是古代的礼仪用玉，体现了器主（或墓主）的身份、地位。和玉圭一样，天子、公、侯、伯所用玉柄形器的玉色、尺寸、形状、纹饰都有等级区分。

人形玉佩　西周

出土于陕西扶风强家村一号墓，现藏于宝鸡市周原博物馆。玉人穿背带式服饰，上有菱形纹。

玉立人　西周

出土于山西天马——曲村遗址北赵晋侯墓地63号墓，现藏于山西省考古研究所。玉人戴高冠，椭圆形双眼，宽鼻，大耳。上身有披肩，腰下有蔽膝。蔽膝是悬挂在人腰部至膝盖、遮护身体的衣饰。在古代，蔽膝的样式也分等级。

编钟 战国早期

出土于河南信阳长台关一号楚墓，现藏于中国国家博物馆。根据同墓出土竹简记载，此套编钟共13枚，依次挂在彩绘木质钟架上。

天子郊祀祭天时，戴上麻布帽子；守丧三年，先穿散麻丧服：也同样是贵本重质，不求文饰。守丧三年，要恸哭失声；天子祭祖，演奏《清庙》乐章，一人领唱，三人应和；乐钟悬着，只叩击钟架；大瑟安上大红丝弦，底部开有小孔：也同样是贵本重质。

大凡礼仪，都从粗疏简略开始，成于详备的仪式程序，最终是使人心情和悦。因此，最完备的礼仪，是行礼的心情与行礼的仪式都尽善尽美；其次是心情胜过仪式，或仪式胜过心情；再次是返归本初，是回到太古时代的质朴无文。当礼的作用发挥到最完美的地步时，天地因之以和谐融洽，日月因之以普照光明，四季因之以依次更替，星辰因之以正常运转，江河因之以畅流无阻，万物因之以繁荣茂盛，好恶之心因之以调节适度，喜怒之情因之以适宜恰当。因礼制定准则，作为臣民便会和顺，作为君主就会英明。

也，郊之麻绕，丧服之先散麻，一也。三年哭之不反也，《清庙》之歌一倡而三叹，县一钟尚拊膈，朱弦而通越，一也。

凡礼始乎脱，成乎文，终乎悦。故至备，情文俱尽；其次，情文代胜；其下，复情以归太一。天地以合，日月以明，四时以序，星辰以行，江河以流，万物以昌，好恶以节，喜怒以当。以为下则顺，以为上则明。

太史公说：尽善尽美啊！制定隆重的礼仪作为人们行为的最高准则而天下无人对它作任何修改。礼仪的原则，本末衔接，终始相应，文理周详，可以分辨尊卑贵贱；观察明确，可以分辨是非善恶。因此天下人遵守礼制便太平，不遵守便混乱；遵守它就安定，不遵守它就危险。鄙陋庸俗的人不能遵守。

太史公曰：至矣哉！立隆以为极而天下莫之能益损也。本末相顺，终始相应，至文有以辨，至察有以说。天下从之者治，不从者乱；从之者安，不从者危。小人不能则也。

礼之貌诚深矣，坚白同异之察，入焉而弱。其貌诚大矣，擅作典制襦陋之说，入焉而嚣。其貌诚高矣，

礼的道理实在是深远啊，那种"离坚白""合同异"的分辨，可谓明察细微了，一旦通过礼的检验，便显得浅薄而不免被淹没。它的道理真是太博大了，那些擅自编造典章制度，偏激浅陋的论说，一经礼来评判，便自惭形秽了。它的道理果真是崇高极了，

**长台关1号楚墓出土编钟铭文拓本**
此套编钟铸有铭文12字，每3字一组，分别铸在正面和背面的铣部。据考证，铭文为"佳（惟）□□（荆历）屈㰱晋人，救戎于楚竟（境）。"□□（荆历）为人名，史书记载，鲁昭公十七年，晋灭陆浑戎战争中救助过陆浑戎，抗击了晋人的进犯。

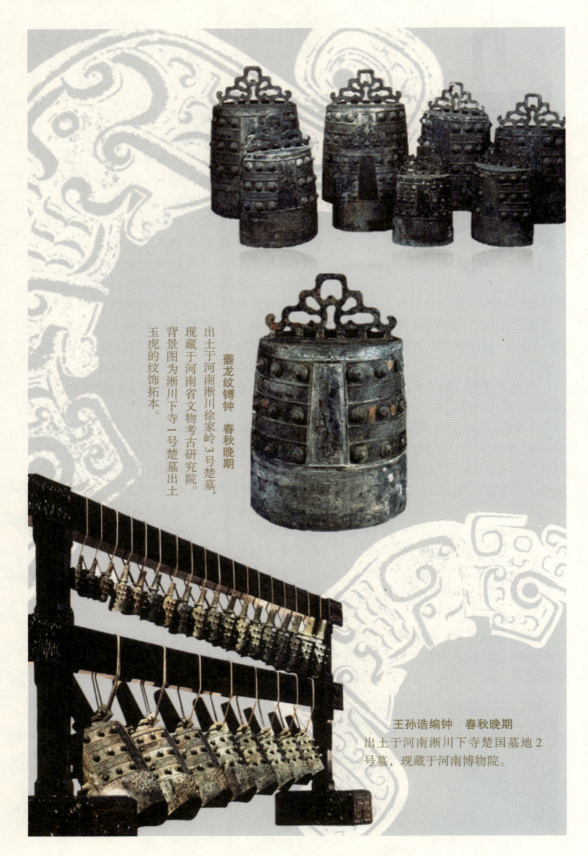

夔龙纹镈钟　春秋晚期

出土于河南淅川徐家岭3号楚墓，现藏于河南省文物考古研究院。背景图为淅川下寺一号楚墓出土玉虎的纹饰拓本。

王孙诰编钟　春秋晚期

出土于河南淅川下寺楚国墓地2号墓，现藏于河南博物院。

**痶簋　西周中期**

出土于陕西扶风庄白村西周窖藏，现藏于宝鸡市周原博物馆。盖内及器内底铸铭文44字，记载痶的先祖和父辈为周王室掌管威仪礼容，兢兢业业。现在，周王室又使自己继承先人职务，并赐给配饰，铸此宝簋，以享神祇，祈求多福。

暴慢恣睢，轻俗以为高之属，入焉而坠。故绳诚陈，则不可欺以曲直；衡诚县，则不可欺以轻重；规矩诚错，则不可欺以方员；君子审礼，则不可欺以诈伪。故绳者，直之至也；衡者，平之至也；规矩者，方员之至也；礼者，人道之极也。然而不法礼者不足礼，谓之无方之民；法礼足礼，谓之有方之士。礼之中，能思索，谓之能虑；能虑勿易，谓之能固。能虑能固，加好之焉，圣矣。天者，高之极也；地者，下之极也；日月者，明之极也；无穷者，广大之极也；圣人者，道之极也。

以财物为用，以贵贱为文，以多少为异，以隆杀为要。文貌繁，情欲省，礼之隆也；文貌省，情欲繁，礼之杀也；文貌情欲相为内外表里，并行而杂，礼之中流也。君子上致其隆，下尽其杀而中处其中。步骤

那些强横粗暴、目空一切、自命不凡的人，一由礼加以裁判，便坠落深渊了。所以说，要是把墨线拉出来，便不能以曲代直相欺骗；要是把秤挂起来，便不能以轻充重相蒙混；要是把规矩放在这里，便不能以混乱方圆的尺度相欺瞒；君子详察礼制，便不能用虚伪言行相欺诈。所以，墨线是最直的标准，秤是最公平的标准，规矩是最方圆的标准，礼是行为的最高标准。然而有人不遵守礼制，不重视礼制，此类人是谓无操守之庸人；遵循礼制，重视礼制，此类人是谓有操守之士人。对礼的范畴，能够运用思考探求它的精义，是谓善于思考；善于思考，在实行中必定须臾不离，是谓固守不变。能思考、能固守，加之衷心喜爱，那就是圣人了。天，是高的极点；地，是低的极点；日月，是光明的极点；太空，是广大的极点；圣人，是礼仪的极致。

礼制是以财物作为它的表现形式，以贵贱标志作文饰，用财物的多少表示差异，用隆重与减省作要领。仪节繁重，情欲平静，是礼仪隆重的表现形式；仪节简约，情欲真挚，这是礼仪质朴的表现形式。仪节的形式与情欲的表现互为内外表里，并行交会，这就是礼仪的适中表现。君子对礼当隆重的尽量隆重，该减省的尽量减省，应适中的尽量适中。不论处在安逸或紧迫的情况，都守礼

驰骋广骛不外，是以君子之性守宫庭也。人域是域，士君子也。外是，民也。于是中焉，房皇周浃，曲直得其次序，圣人也。故厚者，礼之积也；大者，礼之广也；高者，礼之隆也；明者，礼之尽也。

不离，如同君子的性情常处宫廷之中，守礼自持。在仁的界域内居处，便是士君子。置身礼制之外，属于一般庸人。优游礼制之内，言行举止，周旋进退，都能通权达变，全面周到，从容合礼，这就是属于圣人了。圣人之所以能成就厚德，其原因是由于他履行礼的时间长；之所以能成其大，是由于他守礼的范围广；之所以能成其高，是由于他对礼修养积累丰厚；之所以能成其明，是因为他对礼无不尽知，无不尽行。

**玉铲　龙山文化晚期**

出土于陕西神木新华遗址祭祀坑，现藏于陕西省考古研究院。考古学家认为，新华遗址让今人了解到我国陕北地区在龙山时代到夏代之间人们的社会生活状态。特别是祭祀坑出土的玉器，让我们窥见到当时人们已熟练掌握了研磨、削切、钻孔、抛光等制玉技术。

# 史记卷二十四
# 乐书第二

太史公曰：余每读《虞书》，至于君臣相敕，维是几安，而股肱不良，万事堕坏，未尝不流涕也。成王作颂，推己惩艾，悲彼家难，可不谓战战恐惧，善守善终哉？君子不为约则修德，满则弃礼，佚能思初，安能惟始，沐浴膏泽而歌咏勤苦，非大德谁能如斯！《传》曰："治定功成，礼乐乃兴。"海内人道益深，其德益至，所乐者益异。满而不损则溢，盈而不持则倾。凡作乐者，所以节乐。君子以谦退为礼，以损减为乐，乐其如此也。以为州异国殊，情习不同，故博采风俗，协比声律，以补短移化，助流政教。天子躬于明堂临观而万民咸荡涤邪秽，斟酌饱满，以饰厥性。故云《雅》《颂》之音理而民正，嚖嘈之声

太史公说：我每次读《虞书》，当读到有关君臣相互诫勉，居安思危，而左右大臣不贤，致使万事败坏时，总是痛心流泪。周成王因管叔、蔡叔之乱作《周颂·小毖》，责备自己不能防患于未然，痛惜给国家带来灾难，如此惩前毖后，能说不是诚惶诚恐，善于治国守成吗？君子不做穷困而修德，富裕而弃礼的事，逸乐时能想到初始的艰难，安定时能想到起步的危险，沐浴在幸福之中还时刻不忘当初的艰辛，若无大德谁能如此！《传》说："大治成功，礼乐制度才可兴盛。"天下仁义之道越深入推广，人们的道德修养越是高尚，他们喜好的娱乐也就越不同。满了而不减损，就会溢出；多了而不守持，就会倾倒。大凡作乐的本意，就是要用它来节制人们的过分欢快。君子以谦逊退让为礼，以节制私欲为乐，乐大致就是这样。由于国度地域不同，人情风俗各异，因此，作乐时广泛搜集各地民间歌谣，按照声律的高低、清浊组合乐歌，以补救时弊，移风易俗，以助推行政令教化。天子亲临明堂观赏而万民在乐声中荡涤心灵的污垢，吸取饱满的活力，以修养他们的性情。因此说，《雅》《颂》之音一演奏，民风就端正；高亢激昂的歌声一唱，

**骨笛　新石器时代**

出土于河南舞阳贾湖遗址。贾湖骨笛分为早期、中期、晚期3个类型：早期骨笛，距今九千多年至八千六百年左右，骨笛上开有五孔、六孔，能奏出四声音阶和完备的五声音阶。中期骨笛，距今八千六百至八千二百年左右，有七孔，能奏出六声和七声音阶。晚期骨笛，距今八千二百年至七千八百年左右，能奏出完整的七声音阶以及七声音阶以外的一些变化音。舞阳贾湖出土的骨笛，是我国音乐考古史上出现最早的吹奏乐器实物。

兴而士奋,郑卫之曲动而心淫。及其调和谐合,鸟兽尽感,而况怀五常,含好恶,自然之势也!

治道亏缺而郑音兴起,封君世辟,名显邻州,争以相高。自仲尼不能与齐优遂容于鲁,虽退正乐以诱世,作五章以刺时,犹莫之化。陵迟以至六国,流沔沈佚,遂往不反,卒于丧身灭宗,并国于秦。

秦二世尤以为娱。丞相李斯进谏曰:"放弃《诗》《书》,极意声色,祖伊所以惧也;轻积细过,恣心长夜,纣所以亡也。"赵高曰:"五帝、三王乐各殊名,示不相袭。朝廷下至人民,得以接欢喜,合殷勤,非此和说不通,解泽不流,亦各一世之化,度时之乐,何必华山之騄耳而后行远乎?"二世然之。

高祖过沛诗《三侯之章》,令小儿歌之。高祖崩,令沛得以四时歌舞宗庙。孝惠、孝文、孝景无所增更,于乐府习常肄旧而已。

至今上即位,作十九章,令侍中李延年次序其声,拜为协律都尉。通一经之士不能独知其辞,皆集会《五经》家,相与共讲习读

**乐府钟　秦代**

出土于陕西西安临潼区秦始皇陵区,现藏于陕西历史博物馆。器上有铭文"乐府"。这一编钟的出土为秦代乐府官署的存在提供了实物证明,从而改变了乐府始立于汉武帝的传统说法。

**乐府　封泥**

选自《秦封泥汇考》。据考证,秦代乐官有太乐、乐府二署,太乐掌管宗庙祭祀所用的午乐,乐府掌管供皇帝享乐用的世俗午乐。

士气就振奋;郑风、卫风之曲唱响,人心便淫乱。甚至于当乐声和谐共鸣时,鸟兽都要受到感染,更何况心怀仁、义、礼、智、信五常而性含好恶的人,这是自然的趋势啊!

国政败坏而导致郑音兴起,那些封国之君、世袭之主也都抬高郑音地位。孔丘不愿意与齐国所赠歌舞女乐同在鲁国容身,之后便离开鲁国。尽管退隐整理音乐、劝导世人,作五章乐歌以讽刺时政,还是不能改变时政世俗,以致逐渐衰弱。到了六国时代,君王们陶醉于歌舞,沉迷于声色,流连忘返,终致丧身灭族,为强秦所吞并。

秦二世尤其喜欢以音乐来娱乐。丞相李斯劝谏说:"抛弃《诗》《书》,陶醉声色,这是祖伊所担心的事;不节制细小的过失,放纵于通宵达旦的宴饮,这是商纣招致毁灭的原因。"赵高说:"五帝、三王的音乐各有不同的名称,说明彼此不相因袭。朝廷下至百姓,都会靠它来交流感情的欢乐,融合深情厚意,不然和悦的感情不会通融,布施的恩泽不会传播,这也只不过是一代的风尚,应时的娱乐,何必要有了华山的騄耳骏马,才行走远路?"秦二世赞成他的说法。

高祖路经沛县时,作《大风歌》,让儿童歌唱。高祖去世后,命沛县将它作为四时祭祀宗庙的歌舞音乐。孝惠帝、孝文帝、孝景帝无所增改,只是命乐工们在乐府里经常练习这些旧的乐章罢了。

到当今天子即位,作《郊祀歌》十九章,命侍中李延年谱上乐曲,并任命他为协律都尉。仅仅懂一部经书,不能单独理解其词意,需将通晓《五经》的专家集中起来,众人一道研读它,方能尽解其意,

之，乃能通知其意，多尔雅之文。

汉家常以正月上辛祠太一甘泉，以昏时夜祠，到明而终。常有流星经于祠坛上。使僮男僮女七十人俱歌。春歌《青阳》，夏歌《朱明》，秋歌《西皞》，冬歌《玄冥》。世多有，故不论。

又尝得神马渥洼水中，复次以为《太一之歌》。歌曲曰："太一贡兮天马下，沾赤汗兮沫流赭。骋容与兮蹋万里，今安匹兮龙为友。"后伐大宛得千里马，马名蒲梢，次作以为歌。歌诗曰："天马来兮从西极，经万里兮归有德。承灵威兮降外国，涉流沙兮四夷服。"中尉汲黯进曰："凡王者作乐，上以承祖宗，下以化兆民。今陛下得马，诗以为歌，协于宗庙，先帝百姓岂能知其音邪？"上默然不说。丞相公孙弘曰："黯诽谤圣制，当族。"

凡音之起，由人心生也。人心之动，物使之然也。感于物而动，故形于声；声相应，故生变；变成方，谓之音；比音而乐之，及干戚羽旄，谓之乐也。乐者，音之所由生也，其本在人心感于物也。是故其哀心感者，其声噍以杀；其乐心感者，其声啴以缓；其喜心感者，其声发以散；其怒心感者，其声粗以厉；其敬心感者，其声直以廉；其

歌词大多是典雅纯正的文字。

汉朝常于正月上旬辛日在甘泉宫祭太一神，自黄昏始夜祭，至天亮时结束。此时常有流星划过祭坛上空。随即让七十名童男童女一齐唱歌。春唱《青阳》，夏唱《朱明》，秋唱《西皞》，冬唱《玄冥》。这些歌词世上一般都流行，所以这里不讲它。

天子又曾得渥洼河中的神马，因而又作《太一之歌》。歌词说："太一赐恩啊天马降，身冒赤汗啊吐赭沫。纵情驰骋啊越万里，谁能匹配啊龙为友。"后来攻打大宛得千里马，马名"蒲梢"，之后又以它为题再作歌一首："天马来啊自西极，经万里啊归德君。承威灵啊降外邦，越流沙啊夷附顺。"中尉汲黯进谏说："大凡帝王制作乐歌，对上用以奉祀祖宗，对下用以教化万民。今陛下得马，并写成诗来歌唱，在宗庙里演奏，先帝和百姓岂能懂此乐？"天子沉默，内心不高兴。丞相公孙弘说："汲黯诋毁圣上创作，罪该灭族。"

大凡乐音的产生，是出于人心活动的结果。而人心的活动，是由于外界事物使得它如此。人心感于物而激动，因而表现出来就是声音；这些声音互相应和响动，便发生变化；这些变化产生了一定的规律，就形成了乐音；将这些乐音组合编排，用乐器演奏出来，再配上干、戚、羽、旄等道具的舞蹈，就叫作音乐了。音乐产生于乐音，它的本音在人心受外物影响而激动。因此，这激动生出悲哀感情的，它所发出的声音便忧郁而紧促；这激动生出快乐感情的，它所发出的声音就宽舒和谐；这激动生出欢悦感情的，它所发出的声音就奋发而爽朗；这激动生出愤怒感情的，它所发出的声音就粗犷而严肃；这激动生出崇敬感情的，它所发出的声音就率直而庄重；这激动生出喜爱感情的，它所

**虎纹大石磬　商代**
出土于河南安阳武官村。该石磬是我国现存最古老、最完整的大型乐器之一。

爱心感者，其声和以柔。六者非性也，感于物而后动，是故先王慎所以感之。故礼以导其志，乐以和其声，政以一其行，刑以防其奸。礼乐刑政，其极一也，所以同民心而出治道也。

发出的声音就和蔼而温柔。这六种声音并非人们天性所具备，而是人们的内心感受外界事物而触动产生，所以先王特别重视那些能触动人心的事物。因此他们用礼节来培植引导人们的意志，用音乐来调节人们的性情，用政令来统一人们的行为，用刑罚来禁绝人们的奸邪。礼、乐、刑、政，其最终目标只有一个，那就是要统一民心，以实现天下太平、国政清明的治世。

**柞钟　西周晚期**
出土于陕西宝鸡扶风齐家村西周窖藏，现藏于陕西历史博物馆。此套甬钟出土8件，钲部和鼓部铸有铭文。

凡音者，生人心者也。情动于中，故形于声，声成文谓之音。是故治世之音安以乐，其政和；乱世之音怨以怒，其政乖；亡国之音哀以思，其民困。声音之道，与政通矣。宫为君，商为臣，角为民，徵为事，羽为物。五者不乱，则无怗ᴢ滞之音矣。宫乱则荒，其君骄；商乱则捶，其臣坏；角乱则忧，其民怨；徵乱则哀，其事勤；羽乱则危，其财匮。五者皆乱，迭相陵，谓之慢。如此则国之灭亡无日矣。郑卫之音，乱世之音也，比于慢矣。桑间濮上之音，亡国之音也，其政散，其民流，诬上行私而不可止。

凡音者，生于人心者也；乐者，通于伦理者也。是故知声而不知音者，禽兽是也；知音而不知乐者，

凡乐音，都由人心而生。人的感情在内心激动起来，表现为声音，各种声音交织组成一定的曲调，便叫乐音。所以盛世的乐音安祥而愉快，它象征国政清平；乱世的乐音怨恨而愤怒，它象征国政混乱；亡国的乐音哀戚而忧伤，它象征百姓困苦。可见，音乐的道理与国政息息相通。宫音好比君，商音好比臣，角音好比民，徵音好比事，羽音好比物。如果宫、商、角、徵、羽五音不乱，那么便不会产生不和谐的音调了。宫音乱了便会散漫，它象征国君骄横；商音乱了便会偏邪，它象征臣下腐败；角音乱了便会忧愁，它象征百姓怨恨；徵音乱了便会悲哀，它象征徭役繁重；羽音乱了便会倾危，它象征财物匮乏。如果五音都乱了，互相侵犯干扰，就是过分放纵。到这种地步，那么亡国不日即至。郑音、卫音就是乱世之音，已经接近过分放纵了。桑间、濮上的音，就是亡国之音，表明国家政治混乱，民风败坏，欺君犯上，私欲横行，到了不可遏止的境地。

凡乐音，皆由人心而生；音乐是与人们的伦理道德相沟通的。因此，能听声而不懂乐音的是禽兽；能听懂乐音而不懂音乐的人，

背景图为殷代甲骨文「乐」字摹本和《金文录》中乐鼎铭文摹本。据学者们对甲骨文「乐」字的研究分析，认为古人创造「乐」字，有多种起源说法，包括：琴瑟之象说、悬鼓之象说、乐舞说、谷物丰收之象说、埙之象说等等。

彩陶旋纹鼓形器 新石器时代

出土于年甘肃兰州永登，现藏于兰州市博物馆。据考证，这是4000多年前的鼓乐器，属于马家窑文化半山类型。底部外缘有一圈突起的扎钩，用来固定蒙于底座的鼓皮。

摇响器（响球） 新石器时代

出土于安徽潜山薛家岗文化遗址。这种考古发现的陶制摇奏体鸣乐器，在古代文献中无记载。

石磬 新石器时代

出土于山西夏县东下冯二里头文化遗址，现藏于中国国家博物馆。下背景图为殷墟武官村1号大墓出土特磬的纹饰拓本。

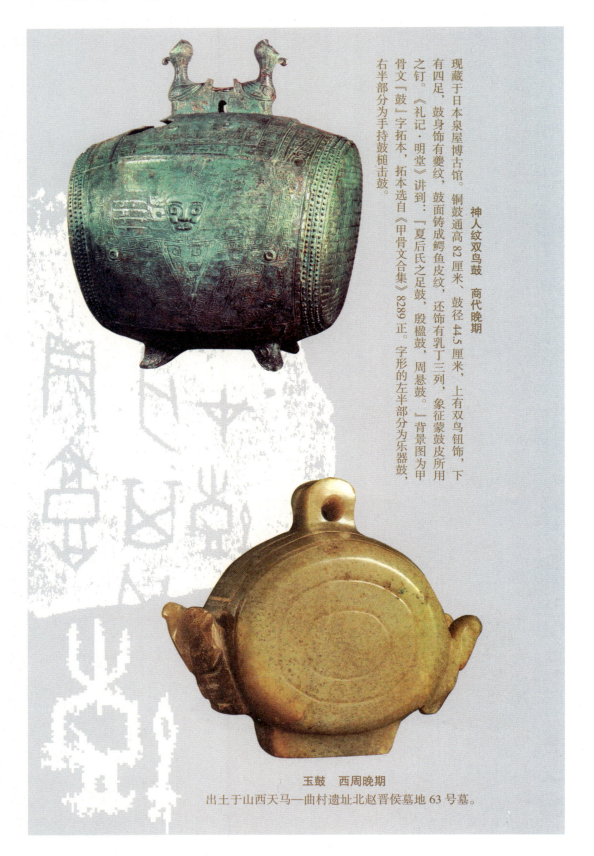

神人纹双鸟鼓 商代晚期

现藏于日本泉屋博古馆。铜鼓通高82厘米、鼓径44.5厘米，上有双鸟钮饰，下有四足，鼓身饰有夔纹，鼓面铸成鳄鱼皮纹，还饰有乳丁三列，象征蒙鼓皮所用之钉。《礼记·明堂》讲到：「夏后氏之足鼓，殷楹鼓，周悬鼓。」背景图为甲骨文「鼓」字拓本，拓本选自《甲骨文合集》8289正。字形的左半部分为乐器鼓，右半部分为手持鼓槌击鼓。

玉鼓 西周晚期

出土于山西天马—曲村遗址北赵晋侯墓地63号墓。

众庶是也。唯君子为能知乐。是故审声以知音，审音以知乐，审乐以知政而治道备矣。是故不知声者不可与言音，不知音者不可与言乐。知乐则几于礼矣。礼乐皆得，谓之有德。德者得也。是故乐之隆，非极音也；食飨之礼，非极味也。清庙之瑟，朱弦而疏越，一倡而三叹，有遗音者矣。大飨之礼，尚玄酒而俎腥鱼，大羹不和，有遗味者矣。是故先王之制礼乐也，非以极口腹耳目之欲也，将以教民平好恶而反人道之正也。

人生而静，天之性也；感于物而动，性之颂也。物至知知，然后好恶形焉。好恶无节于内，知诱于外，不能反己，天理灭矣。夫物之感人无穷而人之好恶无节，则是物至而人化物也。人化物也者，灭天理而穷人欲者也。于是有悖逆诈伪之心，有淫佚作乱之事。是故强者胁弱，众者暴寡，知者诈愚，勇者苦怯，疾病不养，老幼孤寡不得其所，此大乱之道也。是故

是普通人。只有君子才是能懂音乐的人。所以，能辨别声音进而听懂乐音，从辨别乐音进而懂得音乐，从辨别音乐进而懂得国政，那样治国之道就算完全掌握了。因此，对听不懂声音的，不能与之谈乐音；对听不懂乐音的，不可与之谈音乐。懂得了音乐，便差不多懂礼制了。对于礼制和乐教全能懂的人，可以尊称为有德之人。所谓德，就是对于礼、乐两方面都有心得体会。因此，盛大的音乐，并不在于最动听的乐音；隆重的祭礼，并不在于最美味的食品。清庙中的瑟，不过是朱红色丝弦、稀疏的底孔，演唱时不过一人领唱，几人应和而已，可它还有无尽的余音缭绕于耳。大祭的礼仪，献上的不过是代酒的清水、盘装的生鱼、不加作料的肉汁，可它还有无穷余味。因此，先王制定礼乐的目的，并非为的是极尽口、腹、耳、目之欲，而是为了教导人们平抑自己的好恶之情，从而恢复做人的正确规范。

**兽面纹鼓　商代晚期**
出土于湖北崇阳，现藏于湖北省博物馆。鼓上饰有云雷纹、乳钉纹。鼓身的对穿圆孔用于悬挂敲击。殷代甲骨文中有"鼓"字，其字形结构与出土商代铜鼓相似。

人初生时处于平静状态，这是天赋本性；受外界事物的影响而产生变化，多是人本性的表现。外物到来时，人的感知认识它，随即产生好恶的感情。如果这种好恶之情在内心得到节制，感知又被外物所诱惑，从而不能恢复初生时平静的天性，那么天理便会灭绝了。外物对于人的诱惑无穷，而人的好恶感性之情便形成了。这种好恶之情不能在内心得到节制，当外物到来时，人就会被外物同化。所谓人被同化就是天理灭绝而一味追求私欲。于是就产生背叛欺诈之心，就会出现邪恶放荡、为非作歹的失去理智的行为。这样一来，强凌弱，众暴寡，智巧骗朴实，勇猛辱怯懦，有病不得疗养，老幼孤寡得不到安养，这便是造成大乱的根源。因此，先

先王制礼乐，人为之节：衰麻哭泣，所以节丧纪也；钟鼓干戚，所以和安乐也；婚姻冠笄，所以别男女也；射乡食飨，所以正交接也。礼节民心，乐和民声，政以行之，刑以防之。礼乐刑政四达而不悖，则王道备矣。

乐者为同，礼者为异。同则相亲，异则相敬。乐胜则流，礼胜则离。合情饰

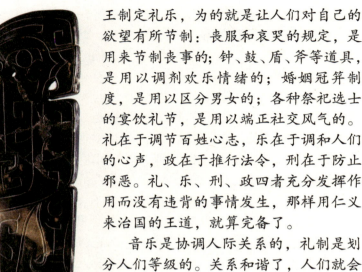

**鸮纹特磬　商代晚期**

出土于河南安阳殷墟妇好墓，现藏于中国国家博物馆。悬孔上有绳索磨痕。古代成组使用的磬叫作编磬，单悬而用的磬叫作特磬。古代金石之乐，是由石磬与编庸（铙）等乐器组合而成。

貌者，礼乐之事也。礼义立，则贵贱等矣；乐文同，则上下和矣；好恶著，则贤不肖别矣；刑禁暴，爵举贤，则政均矣。仁以爱之，义以正之，如此则民治行矣。

乐由中出，礼自外作。乐由中出，故静；礼自外作，故文。大乐必易，大礼必简。乐至则无怨，礼至则不争。揖让而治天下者，礼乐之谓也。暴民不作，诸侯宾服，兵革不试，五刑不用，百姓无患，天子不怒，如此则乐达矣。合父子之亲，明长幼之序，以敬四海之内。天子如此，则礼行矣。

大乐与天地同和，大礼与天地同节。和，故百物不失；节，故祀天祭地。明则有礼乐，幽则有鬼神，

王制定礼乐，为的就是让人们对自己的欲望有所节制：丧服和哀哭的规定，是用来节制丧事的；钟、鼓、盾、斧等道具，是用以调剂欢乐情绪的；婚姻冠笄制度，是用以区分男女的；各种祭祀选士的宴饮礼节，是用以端正社交风气的。礼在于调节百姓心志，乐在于调和人们的心声，政在于推行法令，刑在于防止邪恶。礼、乐、刑、政四者充分发挥作用而没有违背的事情发生，那样用仁义来治国的王道，就算完备了。

音乐是协调人际关系的，礼制是划分人们等级的。关系和谐了，人们就会互相亲近；等级划分了，人们便会相互敬重。过分偏重音乐，就会让人们放纵，过分偏重礼制就会让人们疏远。调和人们内在性情，端正人们外在仪态，是礼和乐要求的事情。礼仪制度确立了，贵贱之间就有了等级；作乐文采协同了，上下关系便能够和睦；好恶有了明确标准，贤与不肖便分清楚了；用刑罚来禁止凶暴，用爵禄来推举贤能，治国就会公平合理。用仁义爱民，用义理来教民，这样治民之事便容易办好了。

乐从人的内心发出，礼在人的外表显示。乐从内心发出，所以显得平静；礼从外表显示，所以便需文饰。高尚的音乐一定平易，盛大的礼仪一定简朴。乐教深入人心便无怨，礼至谦则无争。拱手互让就能治理天下，说的就是礼乐的功效。暴民不再作乱，诸侯都恭顺服从，兵器不再动用，刑罚不再施行，百姓无忧患，天子不恼怒，这样乐教的目的便达到了。在四海之内，父子关系和睦，长幼之序区分，人人都来敬奉天子，天子能做到这种地步，礼制便大行天下了。

典雅庄重的音乐，如同天地一样协和万物；庄严隆重的礼仪，如同天地一般调节万物。因为乐能协和，所以万物在融洽中发展变化；由于礼能节制，所以用它来祭祀天地。在人世间有礼乐教化，在幽冥中有鬼神护佑，

如此则四海之内合敬同爱矣。礼者,殊事合敬者也;乐者,异文合爱者也。礼乐之情同,故明王以相沿也。故事与时并,名

**夔龙凤纹编镈 春秋晚期**

出土于山西太原金胜村晋国赵卿墓,现藏于山西省考古研究所。同墓出土形式、纹饰相同的铜镈共5件,大小依次成列,加上14件蟠蛇纹镈,组合成一套编镈。此套镈在已知的春秋时期编镈中是独一无二的,音律上已达到七声音阶的先进水平。

与功偕。故钟鼓管磬羽籥干戚,乐之器也;诎信俯仰级兆舒疾,乐之文也。簠簋俎豆制度文章,礼之器也;升降上下周旋裼袭,礼之文也。故知礼乐之情者能作,识礼乐之文者能述。作者之谓圣,述者之谓明。明圣者,述作之谓也。

乐者,天地之和也;礼者,天地之序也。和,故百物皆化;序,故群物皆别。乐由天作,礼以地制。过制则乱,过作则暴。明于天地,然后能兴礼乐也。论伦无患,乐之情也;欣喜欢爱,乐之容也。中正无邪,礼之质也;庄敬恭顺,礼之制也。若夫礼乐之施于金石,越于声音,用于宗庙社稷,事于山川鬼神,则此所以与民同也。

王者功成作乐,治定制礼。其功大者其乐备,其治辨者其礼具。干戚之舞,非备乐也;亨孰而祀,非达礼也。五帝殊时,不相沿乐;三王异世,不相袭礼。乐极则忧,礼粗则偏矣。及夫敦乐而无忧,礼

这样四海之内就能相互尊敬,相互亲爱。礼制就是用不同的礼节规定使人们相互尊敬;乐教,就是用不同的乐曲形式让人们相互亲爱。礼乐的情理是相同的,因此圣明的君主都沿袭重视礼乐。所以制定的礼仪要和当时的形势相符合,音乐的命名要和功业相适应。所以钟、鼓、管、磬、羽、籥、干、戚,是奏乐器物;屈伸、俯仰、聚散、快慢的各种舞姿,是音乐的形式。簠、簋、俎、豆等祭器及各种礼乐的规范制度,是礼仪的用具;升降、上下、周旋、开掩外衣等行礼动作,是礼仪的形式。所以懂得礼乐道理的人才能制礼作乐,懂得礼乐表现形式的人才能论述礼乐。能制定礼乐的人称为圣哲,能论述礼乐的人称为明达。所谓明达和圣哲,就是论述和制作礼乐之意。

音乐是天地万物相互协和的体现,礼仪是天地万物有条不紊的体现。因为相互和协,所以一切事物融洽相处;因为有条不紊,所以一切事物各有区分。音乐是遵循天的融和万物之理制作的,礼仪是遵循地势的高低尊卑之理制定的。超越礼制便混乱,作乐过激则放纵。懂得了天地道理,然后才能制作礼乐。论说伦理而无相毁害,是乐的本性;能让人欣喜欢乐,是乐的功用。中正平和而无邪恶,是礼的本质;外貌庄重肃静、谦恭谨慎,是礼的制度。说到礼乐要通过钟磬之类乐器表现出来,借助声音传播出去,用在宗庙社稷各种场合,用以祭祀山川鬼神,这是从天子到平民都相同的。

帝王创业成功之后便制作音乐,国家安定之后便制定礼仪。功业伟大的,作乐就完备;国政清明的,制礼就周全。手执盾斧的歌舞,不算是完美的音乐;采用熟食来祭祀,不算是隆重的礼仪。五帝之间时代不同,所作之乐不相沿袭;三王之间世事各异,所制之礼也不相承继。欢乐到极点则生忧患,礼仪粗陋则会出现偏差。至于让音乐既兴盛完美又

夔龙凤纹编镈鼓部纹饰　春秋晚期

备而不偏者，其唯大圣乎？天高地下，万物散殊而礼制行也；流而不息，合同而化而乐兴也。春作夏长，仁也；秋敛冬藏，义也。仁近于乐，义近于礼。乐者敦和，率神而从天；礼者辨宜，居鬼而从地。故圣人作乐以应天，作礼以配地。礼乐明备，天地官矣。

蟠蛇纹编镈　春秋晚期
出土于山西太原金胜村晋国赵卿墓，现藏于山西省考古研究所。

天尊地卑，君臣定矣。高卑已陈，贵贱位矣。动静有常，小大殊矣。方以类聚，物以群分，则性命不同矣。在天成象，在地成形，如此则礼者天地之别也。地气上阶，天气下降，阴阳相摩，天地相荡，鼓之以雷霆，奋之以风雨，动之以四时，煖之以日月，而百化兴焉。如此则乐者天地之和也。

化不时则不生，男女无别则乱登，此天地之情也。及夫礼乐之极

不会产生忧患，让礼仪做到周备又不致出现偏差，只有圣人才能做到吧？天高在上，地低在下，万物散布而各不相同，为使它们有序，礼制便推行起来；阴阳周流不息，会合齐同而化育万物，为使它们协和起来，音乐便时兴起来。春生夏长，是天地仁爱的表现；秋收冬藏，是天地道德的体现。仁爱，与乐的精神相近，道德与礼的精神相近。音乐促进和同，效法神灵而顺从天道；礼仪重在区别，效法鬼而顺从地道。所以圣人作音乐以顺天意，制礼仪以配地意。礼乐二者显著而完善，天地的作用便会各尽其能。

按照天尊地卑的道理，君臣关系便可以确定。按照地势高低的分布，贵贱的名位便可以明确。按照运动静止的常规，大小的事物便可以区分。人以类聚，物以群分，它们各自的天性由此而显。在天有日月星辰和各种现象，在地有山川人物的不同形式，由此可知，所谓礼，便是反映天地万物之间的区别。地气上升，天气下降，阴阳相互摩擦，天地相互激荡，导致雷霆震响，风雨起落，四时交替运转，日月光华照耀，因而万物得以生长。由此看来，所谓乐，便是体现天地万物之间和协的。

化育不合天时则万物不能生长，男女没有区分则生出淫乱，此为天地间的情理。等到礼

乎天而蟠乎地，行乎阴阳而通乎鬼神，穷高极远而测深厚，乐著太始而礼居成物。著不息者天也，著不动者地也。一动一静者，天地之间也。故圣人曰："礼云乐云。"

昔者舜作五弦之琴以歌《南风》；夔始作乐，以赏诸侯。故天子之为乐也，以赏诸侯之有德者也。德盛而教尊，五谷时孰，然后赏之以乐。故其治民劳者，其舞行级

**五弦琴　战国早期**

出土于湖北随州擂鼓墩 1 号墓，现藏于湖北省博物馆。五弦琴琴面尾端绘有两幅人面神画像。人面神形象究竟是谁？相关考证说法有多种：夏后启、始创五弦琴的神农、舜时乐正夔、伏羲和女娲。

远；其治民佚者，其舞行级短。故观其舞而知其德，闻其谥而知其行。《大章》，章之也；《咸池》，备也；《韶》，继也；《夏》，大也；殷周之乐尽也。

天地之道，寒暑不时则疾，风雨不节则饥。教者，民之寒暑也，教不时则伤世。事者，民之风雨也，事不节则无功。然则先王之为乐也，以法治也，善则行象德矣。夫豢豕为酒，非以为祸也；而狱讼益烦，则酒之流生祸也。是故先王因为酒礼，一献之礼，宾主百拜，终日饮酒而不得醉焉，此先王之所以备酒

和乐上达于天而下播于地，与阴阳并行，与鬼神相通之时，它们的作用便可以达到极为高远之处，渗透到极为深厚之地，以至于乐处于天的位置，礼居于地的地位。显示着运行不息道理的是天，显示静止不动道理的是地。此一动一静交替而产生的，便是天地间之万物。因此圣人说："礼乐取法于天地啊。"

从前舜作五弦琴用以伴奏《南风歌》；命夔始制乐，以便赏赐诸侯。所以天子制乐，便是赏赐有德诸侯的。德高教严、五谷丰收的，天子才将乐赏赐给他。因此诸侯治国不善而百姓劳苦的，舞队行列间隔便疏而远；治国有术而让百姓安逸的，舞队行列间隔便密而近。因此，看到赏给他舞队的疏密，便可以知道他德行的薄厚；听到加给他的谥号，便可以知道他行为的善恶。《大章》是赞扬唐尧德行卓著的；《咸池》是歌颂黄帝德政的完备的；《韶》是表彰虞舜能继承唐尧美德的；《夏》是称赞夏禹能光大虞舜功业的；殷、周时代的音乐，也都能够最充分地表现当时的文治武功。

就天地运行的道理来说，寒暑不合时令便要发生疾疫，风雨失调便会造成灾荒。音乐教化人，如同寒暑一样，要是不合时宜便会加害社会。礼制政令，对于民众就像风雨一样，要是不加以调节就会失效。由此可见，先王作乐，就在于效法天地运行的准则，用作施政的辅助方法，效法得当就会让臣民的行为合于道德规范。例如养猪酿酒，并非让人惹祸的；可是打官司的日渐增多，这是纵饮无度、酗酒生事造成的祸患。为此先王制定宴饮的礼节，每进一杯酒，宾主都要多次行礼，就是整天饮酒也不至于醉，这便是先王用来防止酗酒

祸也。故酒食者，所以合欢也。

乐者，所以象德也；礼者，所以闭淫也。是故先王有大事，必有礼以哀之；有大福，必有礼以乐之：哀乐之分，皆以礼终。

乐也者，施也；礼也者，报也。乐，乐其所自生；而礼，反其所自始。乐章德，礼报情反始也。所谓大路者，天子之舆也；龙旂九旒，天子之旌也；青黑缘者，天子之葆龟也；从之以牛羊之群，则所以赠诸侯也。

乐也者，情之不可变者也；礼也者，理之不可易者也。乐统同，礼别异，礼乐之说贯乎人情矣。穷本知变，乐之情也；著诚去伪，礼之经也。礼乐见天地之情，达神明之德，降兴上下之神，而凝是精粗之体，领父子君臣之节。

是故大人举礼乐，则天地将为昭焉。天地欣合，阴阳相得，煦妪覆育万物，然后草木茂，区萌达，

**兽面纹爵　商代早期**
现藏于故宫博物院。爵是饮酒器，也是礼器。爵最早出现在夏代，由陶爵发展为铜爵。

惹祸的办法。这样一来，酒食宴会便能起到联欢同乐的作用了。

音乐是用来进行道德教化的，礼是用以制止纵欲无度的。所以先王遇有丧葬大事，必定有相应的丧礼以示哀悼；遇有喜庆大事，也必定有相应的喜礼以示欢乐：哀悼和欢乐的分寸，都以礼来加以制约。

音乐是实施恩德的；礼是报答恩惠的。音乐能表达内心的快乐，礼能表达对布施恩惠者的回报。因此，作乐是为了表彰功德，制礼是报答恩德。所谓"大路"，是天子的车子；龙旗九穗，是天子的旗帜；边沿青黑的龟甲，是天子的宝龟；随后成群的牛羊，这些都是天子赐给诸侯的礼物。

音乐，表达内心情感不可变；礼，体现伦理世事不可易。音乐统管情感，让人们和谐协调；礼制区分等级，让人们各安其位，礼和乐的道理贯通于人情世事之中。探求人的内心本原，推知其变化规律，此为乐的实质；发扬人的真诚品德，去除虚伪，此为礼的原则。礼和乐能够昭示天地的情意，沟通神灵的恩德，感动神祇下临，化育大小万物，调整君臣父子关系。

因此圣人推行礼乐，天地和谐而生养万物，这变得昭然彰显。天地自然交会，阴阳相互感应，养育万物，随后草木茂盛，作物

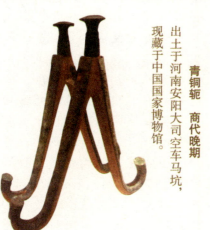

青铜轭　商代晚期
出土于河南安阳大司空车马坑，现藏于中国国家博物馆。

**龙形弓形器　商代晚期**
出土于河南安阳殷墟妇好墓，现藏于中国国家博物馆。商周时期，墓葬的车马坑中常见弓形器。有关它的具体用途，学者们考证的说法有多种：挂马缰的钩，车马器的附饰件，马铃或旗铃，用于张开旗帜，等等。

羽翩奋，角觡生，蛰虫昭稣，羽者妪伏，毛者孕鬻，胎生者不殰而卵生者不殈，则乐之道归焉耳。

乐者，非谓黄钟大吕弦歌干扬也，乐之末节也，故童者舞之；布筵席，陈樽俎，列笾豆，以升降为礼者，礼之末节也，故有司掌之。乐师辩乎声诗，故北面而弦；宗祝辩乎宗庙之礼，故后尸；商祝辩乎丧礼，故后主人。是故德成而上，艺成而下；行成而先，事成而后。是故先王有上有下，有先有后，然后可以有制于天下也。

乐者，圣人之所乐也，而可以善民心。其感人深，其风移俗易，故先王著其教焉。

夫人有血气心知之性，而无哀乐喜怒之常，应感起物而动，然后心术形焉。是故志微噍杀之音作而民思忧；啴缓慢易繁文简节之音作

**曾侯乙无枚甬钟 战国早期**

萌发，禽鸟奋飞，畜兽活跃，蛰虫复苏，羽鸟孵雏，兽类孕育，胎生者不流产，卵生者不破裂，此皆归于音乐功劳。

音乐，不单是黄钟大吕、弹琴唱歌、仪仗舞蹈等，这不过是礼的细微末节，所以让儿童表演就足够了；摆设筵席，陈设酒食，置放礼器，用升降进退表示种种登堂礼仪，这不过是礼的细微末节，所以让主管官员承办就足够了。乐师仅仅懂得乐的技艺，所以只能坐在堂下弹奏；宗祝只晓得宗庙祭祀的形式，所以只能站在"尸"后面赞礼；商祝单单懂治丧安葬的形式，所以只能站在主人后面做司仪。因此懂得礼乐的精髓是主要的，而会礼乐的仪式、技艺是次要的；德行修养方面的成效是主要的，而处理事务方面的成绩是次要的。因此，先王有了上下、前后、尊卑、主次的区别，然后才能制礼作乐，推广至普天之下。

音乐是圣人所喜欢的东西，它可以使民心向善。它感人至深，可移风易俗，所以先王曾设立专门机构来推行乐教。

人都有感情和理智的天性，可是喜怒哀乐之情态却变化无常，感应外界事物而内心触动，之后内在的思想情感才能表现出来。因此微弱无力之音一奏，人就会感到忧愁；和缓轻慢、曲调丰富多变而节奏简明之音一

**曾侯乙编钟（局部） 战国早期**

**曾侯乙无枚甬钟钟铭文**

**七弦琴 战国中晚期**
出土于湖北荆门郭店 1 号楚墓，现藏于荆门市博物馆。
琴通体涂黑漆。弦柄浮雕两蛇盘绕状。

而民康乐；粗厉猛起奋末广贲之音作而民刚毅；廉直经正庄诚之音作而民肃敬；宽裕肉好顺成和动之音作而民慈爱；流辟邪散狄成涤滥之音作而民淫乱。

是故先王本之情性，稽之度数，制之礼义，合生气之和，道五常之行，使之阳而不散，阴而不密，刚气不怒，柔气不慑，四畅交于中而发作于外，皆安其位而不相夺也。然后立之学等，广其节奏，省其文采，以绳德厚也。类小大之称，比终始之序，以象事行，使亲疏贵贱长幼男女之理皆形见于乐：故曰"乐观其深矣"。

**七弦琴局部**

土敝则草木不长，水烦则鱼鳖不大，气衰则生物不育，世乱则礼废而乐淫。是故其声哀而不庄，乐而不安，慢易以犯节，流湎以忘本。广则容奸，狭则思欲，感涤荡之气而灭平和之德，是以君子贱之也。

凡奸声感人而逆气应之，逆气成象而淫乐兴焉。正声感人而顺气

响，人就会感到康乐；粗犷猛烈、奋发高亢的激越之音一发，人就会变得刚毅；清廉刚强、正直庄诚之音一起，人就会变得肃敬；宽润悦耳、流畅活泼之音一作，人就会变得慈爱；放荡邪恶、节奏急速放纵之音一唱，人就会变得淫乱。

因此，先王根据人的这种情性，审核音律的法度标准，按照礼仪原则制定乐制，使之合乎阴阳的和畅关系，遵循五常次序，让气质属阳者不会散漫，属阴者不会闭塞，属刚者不至于暴怒，属柔者不可胆怯，使阴阳、刚柔四种气质畅行交流于内，而激发体现于外，各安其位，互不侵犯。然后确立习乐的等级及进度，逐渐增加节奏的训练，考究辞章文采，衡量如何表现仁厚之德。按标准规定音律十二级的大小排列，使之高低相应；按终结与开始排列音律的先后位置，使之各遵其序，用以表现社会伦理关系，让亲疏、贵贱、长幼、男女之间的伦理，全都通过音乐表现出来：所以说"通过音乐观察社会人生是非常深刻的"。

土壤贫薄，草木不能生长；水流太急，鱼鳖不能长大；元气衰竭，生物不能发育；社会动乱，礼仪便废弛，音乐便生淫荡。所以此种乱世之音便显得悲哀而不庄重，狂乐而不安定，散漫草率而节奏紊乱，沉迷其中，流连忘返。声音广宽时包藏邪恶，声音狭急挑动欲望，感受邪逆之气，就会销蚀平和之德，因此，君子鄙视它。

凡是邪恶之声刺激时，邪逆之气便会相应和，邪逆之气一经出现，淫乐便会兴起。纯正之声感染时，和顺的正气便会相应和，

应之，顺气成象而和乐兴焉。倡和有应，回邪曲直各归其分，而万物之理以类相动也。

是故君子反情以和其志，比类以成其行。奸声乱色不留聪明，淫乐废礼不接于心术，惰慢邪辟之气不设于身体，使耳目鼻口心知百体皆由顺正，以行其义。然后发以声音，文以琴瑟，动以干戚，饰以羽旄，从以箫

**彩绘三角雷纹排箫　战国早期**

出土于湖北随州擂鼓墩1号墓，现藏于湖北省博物馆。整器呈单翼片状，由13根不同长短的箫管依次并列，吹口在上，以三个竹夹经缠缚而成。据考古研究，排箫是我国最早出现的编管乐器。它是前文所述《韶》乐的主要伴奏乐器。所以，《韶》又称《箫韶》。

管，奋至德之光，动四气之和，以著万物之理。是故清明象天，广大象地，终始象四时，周旋象风雨；五色成文而不乱，八风从律而不奸，百度得数而有常；小大相成，终始相生，倡和清浊，代相为经。故乐行而伦清，耳目聪明，血气和平，移风易俗，天下皆宁。故曰"乐者乐也"。君子乐得其道，小人乐得其欲。以道制欲，则乐而不乱；以欲忘道，则惑而不乐。是故君子反情以和其志，广乐以成其教，乐行而民乡方，可以观德矣。

德者，性之端也；乐者，德之华也；金石丝竹，乐之器也。诗，言其志也；歌，咏其声也；舞，动其容也：三者本乎心，然后乐气从之。是故情深而文明，气盛而化神，和

和顺的正气一经出现，和乐便会兴起。好像唱和相呼应，邪正曲直各归其本位一样，万事万物之理都是如此同类相应。

所以君子要恢复人的天赋善性，从而调和心志，效法纯正品行以培养自己的德行。不让奸声淫色留在耳目之中，不让淫乐秽礼接触心灵，不让怠情邪怪之恶习沾染身体，让耳、目、口、鼻、心智和身体各部分都平和顺畅，健康发展。然后以声音来显示，用琴瑟演奏，用干、戚配合舞蹈，用羽旄来装饰，用管箫来伴奏，发扬至高道德的光辉，调节四季之和气，显示万物发展的道理。所以用清明的乐曲象征天，用开阔洪亮广大的乐曲象征地，用周而复始的乐曲象征四季，用往复回旋的舞姿来象征风雨飘摇；五行之声，宫、商、角、徵、羽，相应成文，且有序不乱，而乐律如八方之风，依次而动，互不干扰，各种节奏都各有刻度和规律。宫调羽调高低相成，十二律或唱或和，或清或浊，往复交替，形成音乐的常理。所以，音乐的推行能让人伦关系区分清楚，耳目聪明，气血平和，移风易俗，以致达到天下太平。因此说"音乐就是让人快乐"。君子之乐在于增进道德修养，小人之乐在于满足私欲。用道德约束私欲，便可快乐而不迷乱；为求私欲而忘记道德，以追求私欲而忘记修养道德，便会迷乱而没有真快乐。所以，君子反归天性以调和心性，推广音乐以促成其乐教，正乐得以推广，民心自然归于正道，便可以看到德政的功效。

道德，是人性的根本；音乐，是德行的表现；金、石、丝、竹所制乐器，是演奏音乐的器具。诗，用言词表达思想情感；歌，用音曲歌咏言词的声音；舞，用肢体动作和表情来展现：三者出于内心本性，然后乐气相随相从。所以感情深厚，乐曲就光明；乐势旺盛，变化就神妙。

**漆木虎座鸟架鼓底座　战国中晚期**
出土于湖北枣阳九连墩楚墓。

**彩绘乐舞图鸳鸯形漆盒　战国早期**
出土于湖北随州擂鼓墩1号墓，现藏于湖北省博物馆。
器腹部两侧绘有漆画：右侧为击鼓图，中间为一兽形
鼓座，上面树立建鼓，一旁是一兽举鼓槌击鼓，另一
旁是一高大佩剑武士伴随鼓声起舞；左侧为撞钟图，
两鸟兽为钟架柱，横梁为两层，上层为两鸟兽对立，
口衔托，悬挂2件甬钟，下层鸟兽腿上悬挂2件磬，
旁边是人鸟形乐师，拿着钟棒撞击钟。

顺积中而英华发外，唯乐不可以为伪。

乐者，心之动也；声者，乐之象也；文采节奏，声之饰也。君子动其本，乐其象，然后治其饰。是故先鼓

**玉戚 西周**

出土于陕西西安张家坡西周墓地，现藏于中国国家博物馆。大武舞是一种重要的礼仪性舞蹈。《礼记·祭统》中讲道："夫大尝禘，升歌清庙，下而管象，朱干玉戚以舞大武。"意思是说，周天子在祖庙举行禘礼，要手持红盾和玉斧，跳大武舞，载歌载舞。

以警戒，三步以见方，再始以著往，复乱以饬归，奋疾而不拔，极幽而不隐。独乐其志，不厌其道；备举其道，不私其欲。是以情见而义立，乐终而德尊；君子以好善，小人以息过：故曰"生民之道，乐为大焉"。

君子曰：礼乐不可以斯须去身。致乐以治心，则易直子谅之心油然生矣。易直子谅之心生则乐，乐则安，安则久，久则天，天则神。天则不言而信，神则不怒而威。致乐以治心者也；致礼以治躬者也。治躬则庄敬，庄敬则严威。心中斯须不和不乐，而鄙诈之心入之矣；外貌斯须不庄不敬，而慢易之心入之矣。故乐也者，动于内者也；礼也者，动于外者也。

**匽侯铜泡拓本 西周早期**

出土于北京房山区琉璃河252号墓，现藏于首都博物馆。铜泡上有铭文"匽侯武锡"。有考证认为，这是以铜泡为盾饰的大武道具"锡干"。

和顺蕴藏，神采迸发，只有音乐，不可以伪装。

音乐，是内心活动的体现；声音，是音乐表现的形式；乐曲的章法结构，是声音的排列组合。君子内心有所感动，用声音表达出来，然后加以编排和修饰。反映武王伐纣的《大武》，就是先击鼓警示众人，三次顿足，以示演出即将开始。一曲结束后再次顿足，开始起舞，表明第二次起兵正式伐纣。最后再次奏起气氛浓烈的尾声乐章，欢庆整装凯旋。整套舞蹈动作迅速而不乱，乐曲曲调精深含蓄而不隐晦。乐曲充分表现了武王既以讨伐暴虐之志为乐，又不违背仁义的道理；既能尽行仁义的道理，又不放纵自己的私欲。这样的乐曲既表达了感情，又确立了道义；随着舞乐的终场，其表现的美德备受人们的尊重；乐曲让君子更加好善，让小人能改过自新：这些都说明"养民之道，音乐可算是最重要的"。

君子说：礼、乐是一刻也不能离开人们的身心。研治音乐，用以修养心性，平易、正直、慈爱、忠信之心便会自然而生；平易、正直、慈爱、忠信之心生就会快乐，心情快乐了内心便安定舒畅；内心安定舒畅了，便能延年益寿；延年益寿了，便能上通于天；上通于天，便能进入无所不通的境界。那便能像天一样，虽不说话而有威信；像神一样，虽不发怒而有威严。求得音乐用以提高心性的修养；求得礼制用以端正人们外表行为。外表行为端正了，便庄重恭敬；庄重恭敬了，气势便会威严。内心只要片刻不和不乐，鄙诈之心就会乘而入内；外表只要有片刻不庄不敬，轻浮怠慢之念就会乘机入内。所以说，音乐是影响人的内在感情的；礼仪是影响人的外表行为的。音乐

乐极和，礼极顺。内和而外顺，则民瞻其颜色而弗与争也，望其容貌而民不生易慢焉。德辉动乎内而民莫不承听，理发乎外而民莫不承顺。故曰："知礼乐之道，举而错之天下无难矣。"

乐也者，动于内者也；礼也者，动于外者也。故礼主其谦，乐主其盈。礼谦而进，以进为文；乐盈而反，以反为文。礼谦而不进，则销；乐盈而不反，则放。故礼有报而乐有反。礼得其报则乐，乐得其反则安。礼之报，乐之反，其义一也。

**三式㽙钟　西周中期**
出土于陕西扶风庄白村西周窖藏，现藏于宝鸡市周原博物馆。

夫乐者乐也，人情之所不能免也。乐必发诸声音，形于动静，人道也。声音动静，性术之变，尽于此矣。故人不能无乐，乐不能无形。形而不为道，不能无乱。先王恶其乱，故制《雅》《颂》之声以道之，使其声足以乐而不流，使其文足以纶而不息，使其曲

的最高目标在于和悦，礼仪的最高目标在于恭顺。做到内心和悦与外貌恭顺，那样只须看到他的脸色便不会与他相争了，只须望见他的容貌便不会对他轻浮怠慢了。因为道德的光芒是从内心喷发的，人们便无不听从他；事理是从外表体现的，人们无不顺服它。所以说："了解礼乐的功效，采用并推广它，治理好天下，那便毫无困难了。"

音乐，影响人的内心世界；礼仪，影响人的外在行为。所以，礼仪注重谦逊退让，音乐注重充实丰富。礼仪看重谦让，但还要进取，以努力向前为善；音乐看重丰满，但还要节制，以反躬自省为善。礼仪要是只看重谦退，却不求奋进求取，便会招致消沉；音乐要是只看重丰满，却不能反身自省，便会招致放纵。因此，礼仪要求进取，音乐要求自省。实行礼仪而进取便愉快，欣赏音乐能自省节制便安逸。如此看来，礼仪的进取，音乐的自省，其道理是一致的。

音乐就是让人快乐，这是人的性情中所不可缺少的。快乐必定由声音发出，由动作表现，这是人的禀性。声音、动作、情感、心性的变化，全由音乐表现出来。正由于人们不能没有快乐，有了快乐又不能没有歌舞，歌舞这种表现形式如果不遵循规则，那便不可能不出现混乱。先王憎恶这种乱，因而制定《雅》《颂》一类音乐加以引导，使其声足以为乐而不流于放纵，使其乐章有条有理而不

**三式㽙钟钲部铭文**
扶风庄白村西周窖藏出土此式㽙钟甲、乙、丙、丁、戊、己6件，每件钲部铸有铭文，文字相连，共109字。甲钟铭文为4行33字。

**青铜乐器坎　春秋早期**
发掘于河南新郑郑国祭祀遗址。

直繁省廉肉节奏，足以感动人之善心而已矣，不使放心邪气得接焉，是先王立乐之方也。是故乐在宗庙之中，君臣上下同听之，则莫不和敬；在族长乡里之中，长幼同听之，则莫不和顺；在闺门之内，父子兄弟同听之，则莫不和亲。故乐者，审一以定和，比物以饰节，节奏合以成文，所以合和父子君臣，附亲万民也，是先王立乐之方也。故听其《雅》《颂》之声，志意得广焉；执其干戚，习其俯仰诎信，容貌得庄焉；行其缀兆，要其节奏，行列得正焉，进退得齐焉。故乐者，天地之齐，中和之纪，人情之所不能免也。

夫乐者，先王之所以饰喜也；军旅铁钺者，先王之所以饰怒也。

**铜钮钟　春秋早期**
出土于河南新郑郑国祭祀遗址青铜乐器坎。

会陷于死板，使其曲调的曲折平直、复杂简单、清淡丰润、高低缓急，足以感人的善心即可，总之不使那种放纵和邪恶的念头影响人的心灵，此即先王作乐的原则。所以，此乐在宗庙里演奏，君臣上下一道听了，便无不和谐敬肃；在地方上演奏，长幼老少一道听了，便无不和顺服从；在家庭内演奏，父子兄弟一道听了，便无不和睦亲爱。所以，音乐就是经过审察，选择一种适中的声音来规定曲调的和谐，配上各种乐器来表现它的节奏，组合此种节奏而构成一定乐曲，用以协调君臣父子，亲近万民，此是先王作乐的原则。所以听到《雅》《颂》一类的音乐，人们的心境便会变得开阔；持盾斧一类舞具，演习俯仰屈伸的舞姿，人们的仪容就会变得庄严；熟悉舞步的位置，合着舞步的节拍，人们的行为就会端正，举止便会合于规范。所以，音乐是天地和合的产物，是阴阳协调的纲纪，是人情不可缺少的要素。

音乐，是先王用来寄托喜悦的；军队和兵器，是先王用以表示愤怒的。因此，先王

故先王之喜怒皆得其齐矣。喜则天下和之，怒则暴乱者畏之。先王之道礼乐可谓盛矣。

魏文侯问于子夏曰："吾端冕而听古乐则唯恐卧，听郑卫之音则不知倦。敢问古乐之如彼，何也？新乐之如此，何也？"

子夏答曰："今夫古乐，进旅而退旅，和正以广，弦匏笙簧合守拊鼓，始奏以文，止乱以武，治乱以相，讯疾以雅。君子于是语，于是道古，修身及家，平均天下：此古乐之发也。今夫新乐，进俯退俯，奸声以淫，溺而不止，及优侏儒，獶杂子女，不知父子。乐终不可以语，不可以道古：此新乐之发也。今君之所问者乐也，所好者音也。夫乐之与音，相近而不同。"

文侯曰："敢问如何？"

子夏答曰："夫古者天地顺而四时当，民有德而五谷昌，疾疢不作而无妖祥，此之谓大当。然后圣人作为父子君臣以为之纪纲，纪纲既正，天下大定，天下大定，然后正六律，和五声，弦歌《诗》《颂》，

的喜怒哀乐皆得其中正了。他欢悦时，天下百姓与之高兴；他愤怒时，暴乱之人感到畏惧。先王治国之道的礼乐，可以说是非常广大了。

魏文侯问子夏说："我衣冠端正、庄严恭敬地听古乐时，唯恐打瞌睡，但是听郑、卫两国乐曲时，却不知道疲倦。请问古乐让我那样，是何原因？新乐使我这样，又是何原因？"

**青铜乐器坎　春秋早期**

发掘于河南新郑郑国祭祀遗址。该遗址出土 11 套编钟，由成组的编镈和钮钟组成，共 254 件。它们对于认识我国古代青铜乐钟的发展具有极其重要的价值。

子夏回答说："现在先说古乐，表演时同进同退，动作整齐划一，乐曲平和中正，意境宽广，管弦乐器到敲鼓击拊时，才随着一起合奏，开始表演时击鼓，结束表演时击铙，调理纷乱的节奏击拊，控制快速的节奏用雅。君子在表演结束时发表议论，称颂古代的事迹，从而达到修养身心，治理家庭，进而安定天下的目的：此即古乐的表演。再讲新乐，表演时进退弯着身子，动作参差不齐，曲调邪恶放荡，使人沉醉迷惑而不能自拔，加上艺人表演时，男女混杂，尊卑不分。此种音乐，直到表演结束时也不知道它是何意，更不能由它来称述古代事迹：此即新乐的表演。现在你所问的是音乐，而爱好的却是乐音。说起这音乐与乐音，是相近而并不相同的两回事。"

魏文侯问："请问这是怎么回事？"

子夏说："古代天地通畅，四时和顺，百姓道德高尚，年年丰收，没有疾疫，没有灾殃，称为太平盛世。之后圣人确定君臣父子之间的关系作为人伦的纲常，纲常确定了，天下便安全安定了，天下安全安定后，圣人才考正六律，调和五音，谱成乐曲来歌唱《诗》《颂》，

**立象兽面纹铙　商代晚期**

出土于湖南长沙宁乡老粮仓，现藏于湖南省博物馆。该铙饰有丰富的纹饰，除了铙身的兽面纹和云雷纹，舞部沿口和铣部饰有虎纹和鱼纹，鼓部饰有浮雕兽面纹和夔龙纹，兽面两侧饰有卷鼻立象。也有学者将「铙」称作「庸」。庸可细分为中原的编庸（编铙）、南方的镛（大铙）。从古代乐器发展来看，称「铙」是从前段的铃的角度去看，称「庸」从后段的钟的角度去看。

**成周铃　西周**

现藏于故宫博物院。正面有阳文2行4字「王命成周」。成周即西周王朝的东都。铃是乐器，也可作车、马、旗等装饰物。

**兽面纹铙　春秋早期**

出土于山西天马—曲村遗址北赵晋侯墓地64号墓，现藏于山西博物院。《周礼·夏官·大司马》中讲：「乃退，鸣铙且却，乃表乃止。」据考证，编铙主要用于军队之中。作战退军时，由卒长击铙向击鼓进军的众鼓手发出信号，停止击鼓，表示停止行进。背景图为河南南阳出土汉代画像石中铙演奏图的拓本。

灰陶埙　新石器时代
出土于山东潍坊姚官庄龙山文
化遗址，现藏于山东省博物馆。

曾侯乙墓出土编磬　战国早期

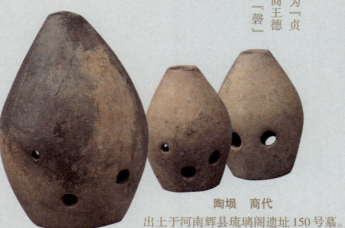

陶埙　商代
出土于河南辉县琉璃阁遗址150号墓。

甲骨文「磬」字
拓本选自《甲骨文合集》13507。卜辞为「贞
□王德磬，若」，大意是，询问上帝商王德
行用击磬表现是否顺利。从字形上看，「磬」
字就是手持木槌敲击的人。

此之谓德音，德音之谓乐。《诗》曰：'莫其德音，其德克明，克明克类，克长克君。王此大邦，克顺克俾。俾于文王，其德靡悔。既受帝祉，施于孙子。'此之谓也。今君之所好者，其溺音与？"

这便是高尚优美的乐音，这样的乐音才称为音乐。《诗》说：'静修德音，其德克明，克明克善，克长克君。治此大邦，克顺克亲。至于文王，其德无憾。既受天泽，施于子孙。'说的便是这个。今天君侯喜好的，是沉溺迷乱的乐音吧？"

**陶埙 春秋早期**
出土于河南新郑郑国祭祀遗址。陶埙是我国古老的乐器之一。陶埙从新石器时代的一音孔埙、二音孔埙、三音孔埙，发展到殷代的五音孔埙、六音孔埙，西汉时又出现了七音孔。

文侯曰："敢问溺音者何从出也？"

子夏答曰："郑音好滥淫志，宋音燕女溺志，卫音趣数烦志，齐音骜辟骄志，四者皆淫于色而害于德，是以祭祀不用也。《诗》曰：'肃雍和鸣，先祖是听。'夫肃肃，敬也；雍雍，和也。夫敬以和，何事不行？为人君者，谨其所好恶而已矣。君好之则臣为之，上行之则民从之。《诗》曰'诱民孔易'，此之谓也。然后圣人作为鞉鼓椌楬埙篪，此六者，德音之音也。然后钟磬竽瑟以和之，干戚旄狄以舞之。此所以祭先王之庙也，所以献酬酳酢也，所以官序贵贱各得其宜也，此所以示后世有尊卑长幼序也。钟声铿，铿以立号，号以立横，横以立武。君子听钟声则思武臣。石声硁，硁以立别，别以致死。君子听磬声则思死封疆之

**篪 战国早期**
出土于湖北随州擂鼓墩一号墓，现藏于湖北省博物馆。篪是我国古代一种横吹单管乐器。它用竹子制成，管状，有六音孔。

魏文侯说："请问溺音是从何而来的？"

子夏回答说："郑国的音乐十分放荡，使人心志迷乱；宋国的音乐安逸柔媚，使人心志消沉；卫国的音乐急切多变，让人心志烦乱；齐国的音乐傲慢怪僻，让人心志骄纵。这四类音乐皆偏重淫色而有害于道德，所以祭祀大典是不用它们的。《诗经》说：'肃雍和鸣，先祖是听。'所谓'肃'，即肃敬之意；所谓'雍'，即和睦之意。如能做到肃敬而和谐，又有何事不可行？做君主的，能对自己的好恶谨慎处之即可。因为君主喜欢何事，臣下便会专做；上面如何做，下面便随着做。《诗经》说'诱民甚易'，即指此而言。再说圣人后来制造了鞉、鼓、椌、楬、埙、篪等乐器，此六者，皆是可发德音之器。之后，用钟、磬、竽、琴来伴奏，用干、戚、旄、狄来伴舞。这可以用来祭祀先王的宗庙，可以用来设宴接待宾客，可以用来区分官职大小、身份高低，使其恰如其分，也就可以用以启示后人，让他们懂得有尊卑长幼的次序了。钟声铿锵，铿锵之声可以树立号令，号令可以鼓舞雄壮气势，气势雄壮，战事就可胜利。所以君子听到铿锵的钟声就会想到骁勇善战的将军。磬声坚定，坚定之声可以让人区分是非曲直、善恶丑美，对此明辨，人们就会为正义而死。所以君子听到坚定的磬声就会想到效死疆场

臣。丝声哀，哀以立廉，廉以立志。君子听琴瑟之声则思志义之臣。竹声滥，滥以立会，会以聚众。君子听竽笙箫管之声则思畜聚之臣。鼓鼙之声谨，谨欢以立动，动以进众。君子听鼓鼙之声则思将帅之臣。君子之听音，非听其铿锵而已也，彼亦有所合之也。"

宾牟贾侍坐于孔子，孔子与之言，及乐，曰："夫《武》之备戒之已久，何也？"答曰："病不得其众也。""永叹之，淫液之，何也？"答曰："恐不逮事也。""发扬蹈厉之已蚤，何也？"答曰："及时事也。"《武》坐致右宪左，何也？"答曰："非武坐也。""声淫及《商》，何也？"答曰："非《武》音也。"子曰："若非《武》音，则何音也？"答曰："有司失其传也。如非有司失其传，则武王之志荒矣。"子曰："唯丘之闻诸苌弘，亦若吾子之言是也。"

宾牟贾起，免席而请曰："夫《武》之备戒之已久，则既闻命矣。敢问迟之迟而又久，何也？"

陶纹笙　战国早期
出土于湖北随州擂鼓墩1号墓，现藏于湖北省博物馆。

的封疆大吏和良将。琴瑟之声悲哀，悲哀之声可以让人清廉刚正，清廉刚正可以让人坚定志向。所以君子听到琴瑟之声就会想到有志节的正义之士。竹管声宽广，宽广之声可以让人们会合聚集，会合聚集就能团结起民众。所以君子听到竽、笙、箫、管之声就会想抚恤百姓、宽容亲民的官吏。鼓鼙之声喧腾，喧腾之声会鼓舞士气，鼓舞士气便能指挥士兵前进。所以君子听到鼓鼙之声便会想到统率大军的将帅。由此可见，君子听音乐，并非仅仅听听响亮悦耳之声便可以了，而是要从乐声中听到与自己情趣相投的内容。

宾牟贾陪孔子坐，孔子与他讲话，谈及音乐，说："《大武》演奏开始前要长时间击鼓作准备，是什么意思？"宾牟贾回答说："这是为了表现武王伐纣时，担心得不到士兵的拥护，所以准备了很长时间才出战的情节。""那种曼声歌唱，把声调拖得很长，是什么意思？"回答说："这象征武王担心诸侯军赶不上伐纣的战机。""那种演奏一开始，便威武雄壮地举手顿足，却又很快结束，是什么意思？"回答说："这象征把握战机，速战速决。""表演《大武》时，有时忽然跪下，右膝着地而左膝抬起，又是怎么回事？"回答说："跪下，非《大武》应有的动作。""乐声曼长，连绵不绝，带有《商》乐的音调，这又是怎么回事？"回答说："这不是《大武》所应有音调。"孔子问："如果不是《大武》应有音调，又是何音调？"回答说："此系乐官错误传授所致。如果不是乐官传授有失，就是武王年纪大糊涂了。"孔子说："我以前从苌弘先生处听到的，也与你所说的相似。"

宾牟贾站起来，离席，恭敬地问："《大武》开始前长时间击鼓准备，已尊命领教过了。请问舞者亮相，在原地不动，等待时间很久，是何道理？"

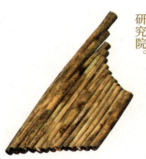

骨排箫　西周
出土于河南鹿邑太清宫镇长子口墓，现藏于河南省文物考古研究院。

子曰："居，吾语汝。夫乐者，象成者也。总干而山立，武王之事也；发扬蹈厉，太公之志也；武乱皆坐，周召之治也。且夫《武》，始而北出，再成而灭商，三成而南，四成而南国是疆，五成而分陕，周公左，召公右，六成复缀，以崇天子，夹振之而四伐，盛威于中国也。分夹而进，事蚤济也。久立于缀，以待诸侯之至也。且夫女独未闻牧野之语乎？武王克殷反商，未及下车，而封黄帝之后于蓟，封帝尧之后于祝，

**青铜铎　战国早期**
出土于浙江绍兴印山越王陵。出土时有木柄和木舌。摇动木舌，铜铎发出清脆之声。

封帝舜之后于陈；下车而封夏后氏之后于杞，封殷之后于宋，封王子比干之墓，释箕子之囚，使之行商容而复其位。庶民弛政，庶士倍禄。济河而西，马散华山之阳而弗复乘；牛散桃林之野而不复服；车甲衅而藏之府库而弗复用；倒载干戈，苞之以虎皮；将率之士，使为诸侯，名之曰'建櫜'：然后天下知武王之不复用兵也。散军而郊射，左射《狸首》，右射《驺虞》，而贯革之射息也；裨冕搢笏，而虎贲之士税剑也；

戈　西周早期
出土于陕西宝鸡扶风齐家村一号墓葬，现藏于宝鸡市周原博物馆。

孔子说："请坐下，我来告诉你。音乐，是反映功业成就的。舞者手持盾牌，站稳如山，这是象征武王指挥若定；举手顿足，威武雄壮，是显示太公的豪迈意志；《大武》接近尾声时跪下来，象征周公、召公共同辅政，偃武修文的治绩。再说《大武》，首先是武王北上，再接着是武王胜利灭商，第三是武王胜利南归，第四是开拓南疆，第五是表现周公、召公分陕而治，周公在陕之左，召公在陕之右，第六段是演员回到原来方位，表示诸侯凯旋，尊崇拥戴天子，表演中，舞队两边夹着演员挥动金铎，并按着铎声的节奏奋起向四方击刺，表示武王四面征讨，威震中国。接着舞队分成两列行进，表示伐纣之战早已成功。至于舞者站在舞位上久立不动，是表示武王等待各路诸侯的到来。况且，你难道没听过牧野战役的传说吗？武王在牧野战胜殷纣王，进军商都，尚未下车，便把黄帝的后裔封到蓟地，把帝尧的后裔封到祝国，把帝舜的后裔封到陈国；下车之后，又把夏朝后裔封到杞国，把殷朝的后裔封到宋国，同时整修了王子比干的坟墓，把箕子从牢狱中释放出来，派他察访商容，还恢复了商容的官职。还为百姓废除殷纣暴政，给官吏们加倍增俸。接着渡过黄河，西进，把战马散放华山南面，不再用以拉战车；把牛散放到桃林之野，不再用以运辎重；把战车、铠甲包装起来藏入库房，不再使用；把干戈等兵器倒置，用虎皮包裹起来；把统兵作战的将帅封为诸侯，称为'建櫜'：所有这些都是为了让天下人都知道武王不再用兵作战了。然后解散军队，举郊射典礼，在东郊学宫习射时奏《狸首》乐曲，在西郊学宫习射时奏《驺虞》，表示射穿铠甲、杀戮流血的战事从此停止；大家头戴礼帽，身穿礼服，腰插笏板，勇猛善战的虎将解除了佩剑；在明堂里

祀乎明堂，而民知孝；朝觐，然后诸侯知所以臣；耕藉，然后诸侯知所以敬：五者天下之大教也。食三老五更于太学，天子袒而割牲，执酱而馈，执爵而酳，冕而总干，所以教诸侯之悌也。若此，则周道四达，礼乐交通，则夫《武》之迟久，不亦宜乎？"

**夔纹爵　西周早期**
出土于陕西宝鸡扶风云塘村 20 号墓葬，宝鸡市周原博物馆。

祭祀祖先，使百姓懂得孝顺的道理；春秋两季定期朝见天子，使诸侯懂得怎样做臣子；天子率三公九卿诸侯大夫亲耕籍田，使诸侯知道如何恪尽职守。以上五件事，便是天下重大的礼教措施。在太学里尊养年老的官员，天子亲自解外衣袒左臂割牲，捧酱请他们吃，端酒杯请他们漱口，还头戴礼帽，手持盾牌，亲自主持慰问演出仪式，这些都是为教诸侯知道尊敬长辈的道理。由此可见，周朝的治国之道要传向四方，礼乐功能要到处推行，那么《大武》开始演出时等待很久，难道不是理所应当吗？"

子贡见师乙而问焉，曰："赐闻声歌各有宜也，如赐者宜何歌也？"

师乙曰："乙，贱工也，何足以问所宜！请诵其所闻，而吾子自执焉。宽而静，柔而正者宜歌《颂》；广大而静，疏达而信者宜歌《大雅》；恭俭而好礼者宜歌《小雅》；正直清廉而谦者宜歌《风》；肆直而慈爱者宜歌《商》；温良而能断者宜歌《齐》。夫歌者，直己而陈德；动己而天地应焉，四时和焉，星辰理焉，万物育焉。故《商》者，五帝之遗声也，商人志之，故谓之《商》；《齐》者，三代之遗声也，齐人志之，故

子贡去见乐官师乙并向他请教，问道："我听说唱歌要适合各自的性格，像我这样性格的人，应当唱何种歌？"

师乙说："我是个卑微的乐工，怎敢承您询问该唱何种歌呢！且允许我谈一下听到过的，请您自己斟酌吧。据说性格宽厚沉静、温柔端正的人，宜歌《周颂》；开朗清静、通达诚实的人，宜歌《大雅》；谦恭谨慎、讲究礼仪的人，宜歌《小雅》；正直清廉、谦退礼让的人，宜歌《国风》；爽直坦率、慈爱的人，宜歌《商颂》；温和善良、果断的人，宜歌《齐风》。歌唱一事，就是直率地表达自己的感情，表现某种德性；使自己内心受触动，天地也在响应，四时调和，星辰位列有序，万物生发。所谓《商颂》一歌，是五帝时流传下来的，商代人把它记录下来，因而称它为《商颂》；《齐风》一歌，是三代时流传下来的，齐国人把它记录下来，因

**莒公孙朝子钟　战国早期**
出土于山东诸城臧家庄，现藏于诸城博物馆。同墓还出土莒公孙朝子镈。此套铜钟共 9 件。钟长方形扁钮，下口凹。纹饰与镈相同。于部铸铭文 17 字。春秋时期，臧家庄一带为莒国属地，战国时期被齐国所据。莒公孙朝子不见于史书记载。

谓之《齐》。明乎《商》之诗者，临事而屡断；明乎《齐》之诗者，见利而让也。临事而屡断，勇也；见利而让，义也。有勇有义，非歌孰能保此？故歌者，上如抗，下如队，曲如折，止如槁木，居中矩，句中钩，累累乎殷如贯珠。故歌之为言也，长言之也。说之，故言之；言之不足，故长言之；长言之不足，故嗟叹之；嗟叹之不足，故不知手之舞之足之蹈之。"《子贡问乐》。

凡音由于人心，天之与人有以相通，如景之象形，响之应声。故为善者天报之以福，为恶者天与之以殃，其自然者也。

故舜弹五弦之琴，歌《南风》之诗而天下治；纣为朝歌北鄙之音，身死国亡。舜之道何弘也？纣之道何隘也？夫《南风》之诗者生长之音也，舜乐好之，乐与天地同意，得万国之欢心，故天下治也。夫朝歌者不时也，北者败也，鄙者陋也，纣乐好之，与万国殊心，诸侯不附，百姓不亲，天下畔之，故身死国亡。

而卫灵公之时，将之晋，至于濮水之上舍。夜半时闻鼓琴声，问左右，皆对曰："不闻。"

此称它为《齐风》。懂《商颂》的人，遇事常能决断；懂得《齐风》的人，见利总能辞让。遇事常能决断，是勇；见利总能辞让，是义。但此种勇和义，不由歌曲何能表现出来？所以就唱歌的变化来，歌声上扬时高亢激昂，歌声下降时低沉压抑，歌声转折时如折断东西一样干脆利落，歌声中止时如枯槁之木沉寂，它们的种种变化都合乎规矩，接连不断有如串串明珠。所以如果把歌曲作为一种语言，不过是拖长声说话的一种语言而已。人们心里高兴，因而便使用语言来表达；光说还不够，因而便拖长了声音来说；拖长了声音还不够，因而便感叹吟咏起来；感叹吟咏还不够，因而便情不自禁地手舞足蹈起来。"以上为《子贡问乐》篇。

大凡音乐都是从人心中产生，而天与人又是息息相通的，正好像影子映出物体之形，回音呼应响声一样。所以做了好事用幸福来回报，做了坏事的用灾祸来惩罚，这是自然的道理。

所以从前虞舜弹奏五弦琴，唱起《南风》，能让天下大治；殷纣喜欢朝歌的北鄙之音，却身死国亡。虞舜的前景为何如此宏远？殷纣的前途又为何这样狭窄呢？这是因为《南风》是适合生长的音乐，虞舜爱好它，这种音乐和天地的意志相同，能获得各诸侯的欢心，所以能使天下大治。而朝歌的靡靡之音是不合时宜的；"北"是衰败之意，"鄙"是粗劣之意，殷纣却喜好这种音乐，和各诸侯不同心，以致诸侯不归附他，百姓不亲近他，天下都反叛他，所以身死国亡。

卫灵公时，灵公要去晋国，到了濮水上游住宿下来。半夜，他听到弹琴的声音，问左右，都回答说："不曾听到。"

**十弦琴　战国早期**
出土于湖北随州擂鼓墩 1 号墓，现藏于湖北省博物馆。这件古琴由琴体、琴尾和活动底板构成。纹饰简单，通体涂以黑漆。

乃召师涓曰："吾闻鼓琴音，问左右，皆不闻。其状似鬼神，为我听而写之。"师涓曰："诺。"因端坐援琴，听而写之。明日，曰："臣得之矣，然未习也，请宿习之。"灵公曰："可。"因复宿。明日，报曰："习矣。"即去之晋，见晋平公。平公置酒于施惠之台。酒酣，灵公曰："今者来，闻新声，请奏之。"平公曰："可。"即令师涓坐师旷旁，援琴鼓之。未终，师旷抚而止之曰："此亡国之声也，不可遂。"平公曰："何道出？"师旷曰："师延所作也。与纣为靡靡之乐，武王伐纣，师延东走，自投濮水之中，故闻此声必于濮水之上，先闻此声者国削。"平公曰："寡人所好者音也，愿遂闻之。"师涓鼓而终之。

平公曰："音无此最悲乎？"师旷曰："有。"平公曰："可得闻乎？"师旷曰："君德义薄，不可以听之。"平公曰："寡人所好者音也，愿闻之。"师旷不得已，援琴而鼓之。一奏之，有玄鹤二八集乎廊门；再奏之，延颈而鸣，舒翼而舞。

灵公便召集乐官师涓来问："我明明听到有弹琴的声音，问左右，都说没听到。这情形犹如鬼神在弹琴，你替我听听，把它记录下来。"师涓说："是。"就端坐好，把着琴，一边听一边记录。第二天，师涓说："我记下了这乐曲，但还不熟悉，请让我再过一宿，好熟悉它。"灵公说："可以。"之后，师涓又住了一宿。次日，师涓报告说："我已熟悉了。"灵公离开此地抵达晋国，见了晋平公。平公在施惠台设酒宴招待灵公一行。酒兴正酣，灵公说："这回我来贵国的路上，听到一首新乐曲，请让乐师演奏下。"平公说："好。"随后便让师涓坐到晋国乐师师旷身旁，师涓操琴弹了起来。还未弹完，师旷手按琴弦制止说："此是亡国之音，不可再弹下去。"平公问："此是何道理？"师旷说："此乐曲为师延所作。师延曾为纣王演奏此靡靡之音，后来武王伐纣时，师延东逃，投入濮水自杀，所以能听到此乐曲之地必定在濮水上游，而最先听到此乐曲的人，他的国家也必定会衰亡。"平公说："我爱好的就是音乐，希望能让我听完。"师涓就一直弹到曲终。

晋平公问："乐曲中有没有更富感染力的呢？"师旷说："有。"平公说："能让我听一听吗？"师旷说："你德义修养尚不深厚，不可听。"平公说："我爱好的就是音乐，希望奏给我听。"师旷没办法，只得操琴弹起来。弹奏第一段时，便有十六只黑色鹤聚集在廊门口；弹奏第二段时，仙鹤们竟伸颈鸣叫，展翅飞舞。

**宴乐纹锦瑟残片　战国早期**
出土于河南信阳长台关 1 号楚墓，现藏于河南省文物考古研究院。该残片为瑟首面板，画面表现了击鼓、吹笙、吹篪、弹琴、歌唱等宴乐场景。

平公大喜，起而为师旷寿。反坐，问曰："音无此最悲乎？"师旷曰："有。昔者黄帝以大合鬼神，今君德义薄，不足以听之，听之将败。"平公曰："寡人老矣，所好者音也，愿遂闻之。"师旷不得已，援琴而鼓之。一奏之，有白云从西北起；再奏之，大风至而雨随之，飞廊瓦，左右皆奔走。平公恐惧，伏于廊屋之间。晋国大旱，赤地三年。

听者或吉或凶。夫乐不可妄兴也。

曾侯乙墓出土凤鸟纹五弦琴（局部）战国早期

晋平公大喜，站起来给师旷敬酒祝福。回到座位后，又问："乐曲中还有没有比这更富感染力的曲子呢？"师旷说："有。从前黄帝曾用它来大会鬼神，今天你的德义不够深厚，不能听它，要是听了，将招致不利。"平公说："我已经老了，所爱好的就是音乐，希望让我把它听完。"师旷没有办法，只得又操琴弹奏。奏第一段时，便有白云从西北天边涌起；奏第二段时，大风刮起，大雨随下，廊瓦吹飞，左右大臣吓得奔跑逃命。晋平公害怕起来，吓得躲在走廊旁边的房间里。之后，晋国有大旱灾，寸草不生达三年之久。

同是一支乐曲，有的得到吉祥，有的得到灾祸。可见，音乐是不能随便演奏的。

太史公曰：夫上古明王举乐者，非以娱心自乐，快意恣欲，将欲为治也。正教者皆始于音，音正而行正。故音乐者，所以动荡血脉，通流精神而和正心也。故宫动脾而和正圣，商动肺而和正义，角动肝而和正仁，徵动心而和正礼，羽动肾而和正智。故乐所以内辅正心而外异贵贱也；上以事宗庙，下以变化黎庶也。琴长八尺一寸，正度也。弦大者为宫而居中央，君也。商张右傍，其余大小相次，不失其次序，则君臣之

太史公说：远古时代的明君之所以提倡音乐，并非为了娱乐之心，快意纵欲，而是要以此来治理天下。端正教化都从推行乐教开始，音乐端正纯洁，行为也就端正了。因此乐音就是震荡气血，沟通精神及调和、修养身心的。所以宫声动荡脾经，调养纯正圣洁之心；商声动荡肺经，调养正义之心；角声动荡肝经，调养仁爱之心；徵声动荡心经，调养礼让之心；羽声动荡肾经，调养明智之心。所以说音乐的功能在于对内端正心术，对外区分贵贱；对上侍奉祖先宗庙，对下教化平民百姓。琴长八尺一寸，这是标准尺度。弦大的为宫而居中央，象征君位。发商声的弦排在宫的右侧，其余大小弦依次排列，不乱次序，象征君臣地位的弦就算安排适当了。

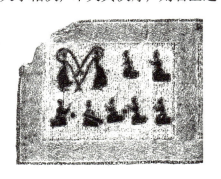

**《舞乐》画像石拓本　西汉**
出土于山东济宁原济宁师范专科学校 10 号石椁墓，现藏于济宁市博物馆。画像表现了击鼓、抚琴、吹箫等乐人演奏场景，以及舞者挥动长袖翩翩起舞。

位正矣。故闻宫音，使人温舒而广大；闻商音，使人方正而好义；闻角音，使人恻隐而爱人；闻徵音，使人乐善而好施；闻羽音，使人整齐而好礼。夫礼由外入，乐自内出。故君子不可须臾离礼，须臾离礼则暴慢之行穷外；不可须臾离乐，须臾离乐则奸邪之行穷内。故乐音者，君子之所养义也。夫古者，天子诸侯听钟磬未尝离于庭，卿大夫听琴瑟之音未尝离于前，所以养行义而防淫佚也。夫淫佚生于无礼，故圣王使人耳闻《雅》《颂》之音，目视威仪之礼，足行恭敬之容，口言仁义之道。故君子终日言而邪辟无由入也。

所以一听到宫声，便使人感到畅宽和广；一听到商声，就会让人感到方正好义；一听到角声，就使人产生恻隐仁爱之心；一听到徵声，就会让人乐善好施；一听到羽声，便会让人端庄好礼。礼的内容由外深入人心，乐由人心之中发扬在外。因此君子不可以片刻离开礼，离开礼片刻，凶恶傲慢便会腐蚀人的行为；不可以片刻离开乐，离开乐片刻，奸邪行为便会腐蚀人的心态。所以音乐是君子用以修养德行的。古代天子、诸侯听钟磬之乐未尝离开殿庭，卿大夫听琴瑟之乐未尝离开庭堂，就是为了修养道德，防止淫佚。淫佚生于无礼，因此，圣人使人耳闻《雅》《颂》之音，目视威仪之礼，足行恭敬的仪表举止，口言仁义之道。因此，君子即使终日与人言，邪恶行径都无从侵入其心灵。

**编磬　战国早中期**
出土于河南陕县（现三门峡市陕州区）后川 2040 号东周墓。据考古推断，该墓为战国时魏国墓葬。出土的成组编镈、编钟、编磬表明墓主的身份等级高。

# 史记卷二十五
# 律书第三

王者制事立法，物度轨则，壹禀于六律，六律为万事根本焉。

其于兵械尤所重，故云"望敌知吉凶，闻声效胜负"，百王不易之道也。

武王伐纣，吹律听声，推孟春以至于季冬，杀气相并而音尚宫。同声相从，物之自然，何足怪哉？

**玉钺　陶寺文化**
出土于山西临汾尧都区下靳墓地48号墓，现藏于山西省考古研究所。史前时期的玉钺是军权、王权的象征物。

兵者，圣人所以讨强暴，平乱世，夷险阻，救危殆。自含齿戴角之兽见犯则校，而况于人怀好恶喜怒之气？喜则爱心生，怒则毒螫加，情性之理也。

昔黄帝有涿鹿之战，以定火灾；颛顼有共工之陈，以平水害；成汤有南巢之伐，以珍夏乱。递兴递废，胜者用事，所受于天也。

自是之后，名士迭兴，晋用咎犯，而齐用王子，吴用孙武，申明军约，赏罚必信，卒伯诸侯，兼列邦土，虽不及三代之诰誓，然身宠君尊，当世显扬，可不谓荣焉？岂与世儒暗于大较，不权轻重，猥云德化，不当用兵，大至君辱失守，小乃侵犯削弱，遂执不移等哉！故

王者处理要事，建立法度，制定各种度量规则，都遵循六律。六律是万事万物的根本原理。

六律在用兵作战中尤其受到重视，所以说"观望敌阵可以预知吉凶，听到律声应验胜负"，这是历代帝王不变之理。

周武王伐商纣王时，令乐师吹律听声，从初春之律一直吹到冬末之律，听出诸声相合杀气之声以宫声为主。同声相从，是事物的自然之理，有什么值得奇怪呢？

军队，圣人用以讨伐强暴，平定乱世，铲除险难，挽救危亡。连长牙生角的野兽受到侵犯尚且要进行报复，何况人还有好恶喜怒的情绪呢？高兴时生出仁爱之心，发怒时用狠毒手段施加于人，这是人之常情。

古时黄帝在涿鹿与蚩尤作战，平定了神农氏家族所带来的灾害；颛顼与共工交战，解除了水患；成汤兴兵讨伐，将夏桀流放到南巢，灭夏平乱。兴废交替，胜者执政，这是承受天命。

此后，名士相继出现，晋国用咎犯，齐国用王子，吴国用孙武，发布军令，赏罚必信，终于称霸诸侯，兼并土地，虽不及夏、商、周三代功业，然而他们自身受宠，国君尊重，显扬当世，可不谓荣耀吗？这岂是世俗儒生不明国家大法，竟坚持成见不改所能等同呢！儒生们不权衡轻重缓急，妄谈德治，反对用兵，大至君主受辱、国家失守，小而国家受侵、国力削弱，无法与名士相提并论！

铜内玉戈　商代晚期
出土于河南安阳殷墟妇好墓，
现藏于中国国家博物馆。

鸟形车铃和双兔车饰　商代
现藏于故宫博物院。

玉戈　西周
出土于北京房山区琉璃河西周燕国墓地，现藏于首都博物馆。

教笞不可废于家，刑罚不可捐于国，诛伐不可偃于天下，用之有巧拙，行之有逆顺耳。

夏桀、殷纣手搏豺狼，足追四马，勇非微也；百战克胜，诸侯慑服，权非轻也。秦二世宿军无用之地，连兵于边陲，力非弱也；结怨匈奴，絓祸于越，势非寡也。及其威尽势极，闾巷之人为敌国。咎生穷武之不知足，甘得之心不息也！

高祖有天下，三边外畔；大国之王虽称蕃辅，臣节未尽。会高祖厌苦军事，亦有萧、张之谋，故偃武一休息，羁縻不备。

历至孝文即位，将军陈武等议曰："南越、朝鲜自全秦时内属为臣子，后且拥兵阻阸，选蠕观望。高祖时天下新定，人民小安，未可复兴兵。今陛下仁惠抚百姓，恩泽加海内，宜及士民乐用，征讨逆党，以一封疆。"孝文曰："朕能任衣冠，念不到此。会吕氏之乱，功臣宗室共不羞耻，误居正位，常战战栗栗，恐事之不终。且兵凶器，虽克所愿，动亦耗病，谓百姓远方何？又先帝知劳民不可烦，故不以为意。朕岂自谓能？今匈奴内侵，军吏无功，边民父子荷兵日久，朕常为动心伤痛，无日忘之。今未能销距，愿且坚边设候，结和通使，休宁北陲，为功多矣。

**玉圭　西汉中期**
出土于河北满城陵山中山靖王刘胜墓，现藏于河北省文物保护中心。

所以在卿大夫封邑训诫、鞭笞不可废，在诸侯封国刑罚不可弃，在帝王的天下诛杀征伐不可止，只是实行起来有精巧拙劣之差，有顺应或背离民心之别罢了。

夏桀、殷纣能徒手捕豺狼，徒步追驷马快车，勇力非同一般；百战百胜，诸侯慑服，权势绝非轻微。秦二世驻军于无用之地，在边疆驻军，力量并不弱；与匈奴结怨，在南越招祸，势力并不小。然而到他们威势穷尽，普通平民都可与之对抗。罪过在于他们无休止用兵而不知节制，贪得无厌之心无休止啊！

高祖取得天下，三面有外患；国内有异姓诸侯王虽称屏藩辅臣，然而没有尽臣属的义务。由于高祖厌恶用兵，又有萧何、张良的谋划，所以停止战事，尽力休养生息，实行笼络手段而不设防备战。

到孝文帝即位，将军陈武等议论说："南越、朝鲜在秦朝全盛时内附做臣子，后依仗军队，屯驻险隘，徘徊观望而蠢动。高祖时国家初定，百姓稍安，不可再兴师动众。如今陛下仁爱慈惠，安抚百姓，恩及天下，宜趁士民乐于听命之时，讨伐边地逆党，一统封疆。"孝文帝说："我穿上皇帝衣冠，还没有想到这一步。恰逢吕氏作乱，功臣宗室都不以立我为耻，我误居正位，常战战兢兢，唯恐在位不能善终。况且兵器是凶器，即使用兵能达到预定目标，但用兵总是要耗费资财，造成人民疲惫，令百姓去征伐远方会如何？再说先皇帝懂得疲劳之民不可再去烦扰，所以不把用兵的事放在心上。我岂能自以为能干吗？今天匈奴侵扰内地，军队反击无功，边民父子服兵役已久，我常为之动心伤痛，没有一天忘记他们。如今敌对形势未能消除，我打算暂且加强边防，设置侦察哨所，结和通使，安定北边，如此功绩多一些。

且无议军。"故百姓无内外之繇，得息肩于田亩，天下殷富，粟至十余钱，鸣鸡吠狗，烟火万里，可谓和乐者乎！

太史公曰：文帝时，会天下新去汤火，人民乐业，因其欲然，能不扰乱，故百姓遂安。自年六七十翁亦未尝至市井，游敖嬉戏如小儿状。孔子所称有德君子者邪！

《书》曰，二十八舍。律历，天所以通五行八正之气，天所以成熟万物也。舍者，日月所舍。舍者，舒气也。

不周风居西北，主杀生。东壁居不周风东，主辟生气而东之。至于营室。营室者，主营胎阳气而产之。东至于危。危，垝也。言阳气之危，垝故曰危。十月也，律中应钟。应钟者，阳气之应，不用事也。其于十二子为亥。亥者，该也。言阳气藏于下，故该也。

广莫风居北方。广莫者，言阳气在下，阴莫阳广大也，故曰广莫。东至于虚。虚者，能实能虚，言阳气冬则宛藏于虚，日冬至则一阴下

暂且不要议论出兵。"因此，百姓无内外徭役，才能卸去负担从事生产，天下富裕，粟至每斗十余钱，鸡鸣犬吠，炊烟万里，可谓和乐景象！

太史公说：文帝时，正逢天下初离战乱，人民乐于从事耕织之业，朝廷顺应人民的愿望，尽量不予干扰，所以百姓能够安定。即使六七十岁的乡下老翁也未曾进过集市，游玩嬉戏如儿童一般天真。这便是孔子所称赞的有德行的治国者吧！

《尚书》说：二十八宿。音律和历法，是上天用来贯通五行八节之气，是万事万物成熟的条件。所谓舍，就是日月停留的地方。所谓舍，就是歇息缓气之意。

不周风居西北方，主扼杀生机。东壁宿处在不周风东边，主开辟生长之气并让它往东去。到达营室宿。营室宿天区，主孕育并产生阳气。向东达到危宿。所谓危，毁灭之意。说阳气至此而毁灭，所以叫危宿。十月，与十二律中的应钟律管相应。所谓应钟，是指阳气相应向下收藏，无所用事。就十二地支而言属亥。所谓亥，是闭藏之意。是说阳气隐藏在地下，所以闭藏起来了。

广莫风居北方。所谓广莫，是指阳气在下，阴气覆盖着阳气而很广大，所以叫广莫。向东抵达虚宿。所谓虚，就是能实能虚，阳气在冬季就藏于虚空之中，太阳运行到冬至，一

**漆栻盘　西汉**
出土于甘肃武威磨嘴子，现藏于甘肃省博物馆。栻盘是古代星占家常用的一种天文仪器。

**彩绘髹漆二十八宿天文图木箱　战国早期**
出土于湖北随州擂鼓墩1号墓，现藏于湖北省博物馆。

**曾侯乙编钟（局部） 战国早期**
出土于湖北随州擂鼓墩1号墓，现藏于湖北省博物馆。

**曾侯乙无枚甬钟铭文拓本**

选自《殷周金文集成》1.313。曾侯乙墓出土编钟是目前已知规模最大、音域最宽、音律校准、保存最好的乐器。全套编钟刻有错金篆体铭文2828字，涉及记事、标音、律名。其中隧部和左鼓部铭文是按姑洗（C调）记写的阶名和音名，钟背部铭文记有曾国与楚国、齐国、晋国、申国等国的律名。

藏，一阳上舒，故曰虚。东至于须女。言万物变动其所，阴阳气未相离，尚相胥如也，故曰须女。十一月也，律中黄钟。黄钟者，阳气踵黄泉而出也。其于十二子为子。子者，滋也；滋者，言万物滋于下也。其于十母为壬癸。壬之为言任也，言阳气任养万物于下也。癸之为言揆也，言万物可揆度，故曰癸。东至牵牛。牵牛者，言阳气牵引万物出之也。牛者，冒也，言地虽冻，能冒而生也。牛者，耕植种万物也。东至于建星。建星者，建诸生也。十二月，律中大吕。大吕者，其于十二子为丑。

条风居东北，主出万物。条之言条治万物而出之，故曰条风。南至于箕。箕者，言万物根棋，故曰箕。正月也，律中泰蔟。泰蔟者，言万物蔟生也，故曰泰蔟。其于十二子为寅。寅言万物始生蟓然也，故曰寅。南至于尾，言万物始生如尾也。南至于心，言万物始生有华心也。南至于房。房者，言万物门户也，至于门则出矣。

阴向下潜藏，一阳上升舒展，所以叫虚宿。向东到达须女宿。说万物改变原状，阴阳气尚未分离，还在彼此等待，所以叫须女。时在十一月，与十二律中的黄钟律管相应。所谓黄钟，指阳气随黄泉而出。就十二地支而言属子。所谓子，是滋润之意；所谓滋，是说万物被滋润于地下。就十干而言属壬癸。壬是孕育之意，是说阳气在地下孕育万物。癸的含义就是揆度，是说万物可以估量，所以叫癸。往东到达牵牛宿。所谓牵牛，是说阳气牵引万物而出。所谓牛，就是外冒之意，是说地面虽然冰冻，也可以冒出来生长。牛，还可以耕地种植作物。向东抵达建星宿。所谓建星，就是可以创造各种生物。时在十二月，与十二律中的大吕律管相应。这个月就十二地支而言属丑。

条风居东北方，主生发万物。条，调理万物促其生出，所以叫条风。向南抵达箕宿。所谓箕，是说万物的根基，所以叫箕宿。时在正月，与十二律中的泰蔟律管相应。所谓泰蔟，是说万物聚生，所以叫泰蔟。就十二地支而言属寅。寅是说万物开始生发，象蚯蚓一样蠕动，所以叫寅。向南到达尾宿，是说万物开始生发，像尾巴一样细小。向南抵达心宿，是说万物开始生发有嫩芽。向南抵达房宿。所谓房，是说万物的门户，到达门旁就出去了。

曾侯乙墓钟架铜人像（局部） 战国早期

曾侯乙墓出土笙管和簧片 战国早期

曾侯乙墓出土了6件匏制笙，它们由笙斗、笙管、簧片组成，表面用漆通饰彩绘。背景图为曾侯乙墓出土编钟的铭文拓本。

信阳长台关楚墓编钟（局部） 战国早期

明庶风居东方。明庶者，明众物尽出也。二月也，律中夹钟。夹钟者，言阴阳相夹厕也。其于十二子为卯。卯之为言茂也，言万物茂也。其于十母为甲乙。甲者，言万物剖符甲而出也；乙者，言万物生轧轧也。南至于氐。氐者，言万物皆至也。南至于亢。亢者，言万物亢见也。南至于角。角者，言万物皆有枝格如角也。三月也，律中姑洗。姑洗者，言万物洗生。其于十二子为辰。辰者，言万物之蜄也。

清明风居东南维，主风吹万物而西之轸。轸者，言万物益大而轸轸然。西至于翼。翼者，言万物皆有羽翼也。四月也，律中中吕。中吕者，言万物尽旅而西行也。其于十二子为巳。巳者，言阳气之已尽也。西至于七星。七星者，阳数成于七，故曰七星。西至于张。张者，言万物皆张也。西至于注。注者，言万物之始衰，阳气下注，故曰注。五月也，律中蕤宾。蕤宾者，言阴气幼少，故曰蕤；痿阳不用事，故曰宾。

景风居南方。景者，言阳气道竟，故曰景风。其于十二子为午。午者，阴阳交，故曰午。其于十母为丙丁。丙者，言阳道著明，故曰丙；丁者，言万物之丁壮也，故曰丁。西至于弧。弧者，言万物之吴落且就死也。西至于狼。狼者，言万物可度量，断万物，故曰狼。

明庶风居东方。所谓明庶，是说万物尽出。时在二月，与十二律中夹钟律管相应。所谓夹钟，是说阴阳气夹于两侧。就十二地支而言属卯。卯的含义就是茂盛，是说万物茂盛。就十天干而言属甲乙。所谓甲，是说万物剖开外荚壳而生芽；所谓乙，是说万物生长过程曲折。向南到达氐宿。所谓氐，是说万物齐生。向南到达亢宿。所谓亢，是说万物生长得相当高了。向南抵达角宿。所谓角，是说万物长出枝杈像兽角一样。时在三月，与十二律中的姑洗律管相应。所谓姑洗，是说万物生机勃勃、焕然一新。就十二地支而言属辰。所谓辰，是说万物萌动复苏。

清明风居东南角，主风吹万物而使之向西到达轸宿。所谓轸，是说万物越来越壮大旺盛。向西到达翼宿。所谓翼，是说万物长出了羽翼。时在四月，与十二律中的中吕律管相应。所谓中吕，是说万物都要移动而西行。就十二地支而言属巳。所谓巳，是说阳气已尽。向西抵达七星宿。所谓七星，是说阳数成于七，所以叫七星。往西到达张宿。所谓张，是说万物都已伸张。向西抵达注宿。所谓注，是说万物开始衰败，阳气下倾，所以叫注。时在五月，与十二律中的蕤宾律管相应。所谓蕤宾，是说阴气微弱，所以叫蕤；阳气萎缩不起作用，所以叫宾。

景风居南方。所谓景，是说阳气通道已至极限，所以叫景风。就十二地支而言属午。所谓午，是说阴阳气交错，所以叫午。就十天干而言属丙丁。所谓丙，是说阳气的通道明显，所以叫丙；所谓丁，是说万物成长壮大，所以叫丁。向西到达弧宿。所谓弧，是说万物走向凋落，将要死亡了。向西抵达狼宿。所谓狼，是说万物可以度量，从而判断万物的区别，所以叫狼。

**编钟（局部）　战国早期**
出土于河南信阳长台关楚墓，现藏于中国国家博物馆。全套编钟 13 枚，每枚钟体都能发出两个音，即"一钟双音"。

**孔雀纹瑟　战国时期**
出土于湖北沙市喻家台41号墓，现藏于沙市博物馆。琴体涂以黑漆，琴首和尾岳的挡板内外侧的两端用红色、黄色彩绘龙纹、孔雀纹。

凉风居西南维，主地。地者，沈夺万物气也。六月也，律中林钟。林钟者，言万物就死气林林然。其于十二子为未。未者，言万物皆成，有滋味也。北至于罚。罚者，言万物气夺可伐也。北至于参。参言万物可参也，故曰参。七月也，律中夷则。夷则，言阴气之贼万物也。其于十二子为申。申者，言阴用事，申贼万物，故曰申。北至于浊。浊者，触也，言万物皆触死也，故曰浊。北至于留。留者，言阳气之稽留也，故曰留。八月也，律中南吕。南吕者，言阳气之旅入藏也。其于十二子为酉。酉者，万物之老也，故曰酉。

阊阖风居西方。阊者，倡也；阖者，藏也。言阳气道万物，阖黄泉也。其于十母为庚辛。庚者，言阴气庚万物，故曰庚；辛者，言万物之辛生，故曰辛。北至于胃。胃者，言阳气就藏，皆胃胃也。北至于娄。娄者，呼万物且内之也。北至于奎。奎者，主毒螫杀万物也，奎而藏之。九月也，律中无射。无射者，阴气盛用事，阳气无余也，故曰无射。其于十二子为戌。戌者，言万物尽灭，故曰戌。

凉风居西南角，主地。所谓地，是说吞没万物的生气。时在六月，与十二律中的林钟律管相应。所谓林钟，是说万物变得死气沉沉。就十二地支而言属未。所谓未，是说万物都已成熟，有滋味了。向北抵达罚宿。所谓罚，是说万物之气消灭，可以砍伐。向北到达参宿。所谓参，是说万物可以掺入，所以叫参。时在七月，与十二律中的夷则律管相应。所谓夷则，是说阴气残害万物。就十二地支而言属申。所谓申，是说阴气发挥作用，限制并伤害万物，所以叫申。向北抵达浊宿。所谓浊，是碰撞、冒犯之意，是说万物都趋于死亡，所以叫浊。向北到达留宿。所谓留，是说阳气还在停留。时在八月，与十二律中的南吕律管相应。所谓南吕，是说阳气进入闭藏状态。就十二地支而言属酉。所谓酉，是说万物衰老，所以叫酉。

阊阖风居西方。所谓阊，是倡导之意；所谓阖，是闭藏之意。是说阳气引导万物，闭藏于黄泉之下。就十天干而言属庚辛。所谓庚，是说阴气改变万物，所以叫庚；所谓辛，是说万物的新生，所以叫辛。向北抵达胃宿。所谓胃，是说阳气走向闭藏，就像胃包藏一样。向北到达娄宿。所谓娄，是说招引万物并容纳之。向北抵达奎宿。所谓奎，主刑杀万物，包罗、收藏万物。时在九月，与十二律中的无射律管相应。所谓无射，是阴气旺盛发生作用，阳气净尽无余了，所以叫无射。就十二地支而言属戌。所谓戌，是说万物尽灭，所以叫戌。

律数：

九九八十一以为宫。三分去一，五十四以为徵。三分益一，七十二以为商。三分去一，四十八以为羽。三分益一，六十四以为角。

黄钟长八寸十分一，宫。大吕长七寸五分三分一。太蔟长七寸七分二，角。夹钟长六寸一分三分一。姑洗长六寸七分四，羽。仲吕长五寸九分三分二，徵。蕤宾长五寸六分三分一。林钟长五寸七分四，角。夷则长五寸四分三分二，商。南吕长四寸七分八，徵。无射长四寸四分三分二。应钟长四寸二分三分二，羽。

生钟分：

子一分。丑三分二。寅九分八。卯二十七分十六。辰八十一分六十四。巳百四十三分一百二十八。午七百二十九分五百一十二。未二千一百八十七分一千二十四。申六千五百六十一分四千九十六。酉万九千六百八十三分八千一百九十二。戌五万九千四十九分三万二千七百六十八。亥十七万七千一百四十七分六万五千五百三十六。

生黄钟术曰：以下生者，倍其实，三其法。以上生者，四其实，三其法。上九，商八，羽七，角六，宫五，徵九。置一而九三之以为法。

律数：

九九八十一分长的律管之音定为宫声。截去三分之一，五十四分长的律管之音定为徵声。五十四分长的律管再加长三分之一，七十二分长律管之音定为商声。把商声律管截去三分之一，四十八分长的律管之音定为羽声。把羽声律管加长三分之一，六十四分长的律管之音定为角声。

黄钟律管长八十一分，定为宫声。大吕律管长七十五又三分之一分。太蔟，律管长七十二分，定为角声。夹钟律管长六十一又三分之一分。姑洗长六寸七分四，定为羽声。仲吕律管长五十九又三分之二分。蕤宾律管长五十六又三分之一分。林钟律管长五寸七分四，夷则律管长五十四又三分之二分定为商声。南吕律管长四寸十分八，定为徵声。无射律管长四十四又三分之二分。应钟律管长四十二又三分之二分，定为羽声。

计算其他律与黄钟律的比例：

子（黄钟）一。丑（林钟）三分之二。寅（太蔟）九分之八。卯（南吕）二十七分之十六。辰（姑洗）八十一分之六十四。巳（应钟）二百四十三分之一百二十八。午（蕤宾）七百二十九分之五百一十二。未（大吕）二千一百八十七分之二千零四十八。申（夷则）六千五百六十一分之四千零九十六。酉（夹钟）一万九千六百八十三分之一万六千三百八十四。戌（无射）五万九千零四十九分之三万二千七百六十八。亥（仲吕）十七万七千一百四十七分之十三万一千零七十二。

计算其他律与黄钟律比例的方法：求律管截短下生的比例，将原律乘以二，除以三。求律管加长上生的比例，将原律乘以四，除以三。最高的配数是九，商声配数是八，羽声配数是七，角声配数是六，宫声配数是五，徵声配数是九。把一乘以九个三作分母，如果分子分母相等，得数是一。（如果把一乘

**云雷纹钟槌和云雷纹磬槌 战国早期**
出土于湖北随州擂鼓墩 1 号墓，现藏于湖北省博物馆。

实如法，得长一寸。凡得九寸，命曰"黄钟之宫"。故曰：音始于宫，穷于角；数始于一，终于十，成于三；气始于冬至，周而复生。

神生于无，形成于有，形然后数，形而成声。故曰神使气，气就形。形理如类有可类。或未形而未类，或同形而同类，类而可班，类而可识。圣人知天地识之别，故从有以至未有，以得细若气，微若声。然圣人因神而存之，虽妙必效情，核其华道者明矣。非有圣心以乘聪明，孰能存天地之神而成形之情哉？神者，物受之而不能知其去来，故圣人畏而欲存之。唯欲存之，神之亦存。其欲存之者，故莫贵焉。

太史公曰：在旋玑玉衡以齐七政，即天地二十八宿。十母、十二子、钟律调自上古。建律运历造日度，可据而度也。合符节，通道德，即从斯之谓也。

以十一个三作分子），得数是九寸，名"黄钟宫调式"。所以说：五声相生的次序是始于宫声，终于角声；数目开始于一，满于十，成于三；气候变化始于冬至，一年周而复始。

精神生于无，形体生于有，先有形体然后有数，形体生成之后有五声。所以说精神支配元气，元气附于形体。形体的性质能确定便有类可分。有的异形而不能归类，有的同形而同类，种类可以分辨，种类可以认识。圣人明白天地的差别，从万物已有的形质到天地未形成状态，以至能察知纤细者如太易之气，微妙者如五声之律。但是，圣人凭借神奇智慧探知它们，虽说它们极其微妙也必定让其显露出真情，考查神妙之道也就明白无误了。要是没有圣明之心驾驭聪慧之智，谁能探索到天地之精神转化为形体的实际过程呢？精神，物承受它而不知其来龙去脉，所以，圣人敬畏它而保存它。正因为想要保存它，精神也就存在着。人们想要保存它，就把它看得最尊贵。

太史公说：观察北斗七星，以调整日、月、五星运行，以及天地二十八宿运行位置。十天干、十二地支、十二律的配合始于上古。设置律制，推算历法和日行度数，可以根据它们来测度时令。要让测度的数据符合实际，体现事物的本质和道理，那就要遵循上述律制。

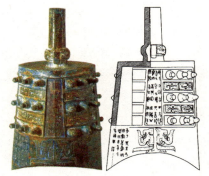

虢季编钟（M2001：49）及摹本

虢季编钟　西周晚期
出土于河南三门峡虢国墓地，现藏于河南省文物考古研究院。

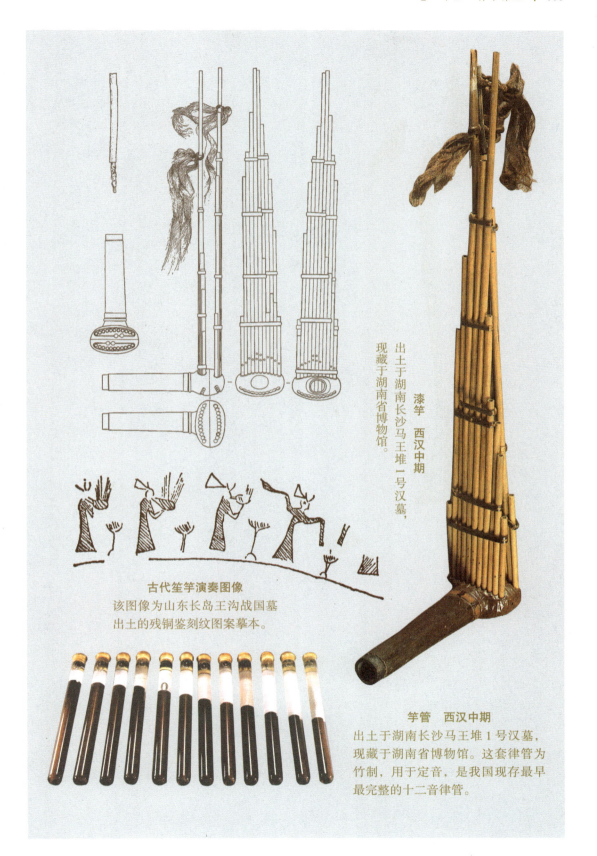

漆竽　西汉中期
出土于湖南长沙马王堆一号汉墓，现藏于湖南省博物馆。

**古代笙竽演奏图像**
该图像为山东长岛王沟战国墓出土的残铜鉴刻纹图案摹本。

**竽管　西汉中期**
出土于湖南长沙马王堆1号汉墓，现藏于湖南省博物馆。这套律管为竹制，用于定音，是我国现存最早最完整的十二音律管。

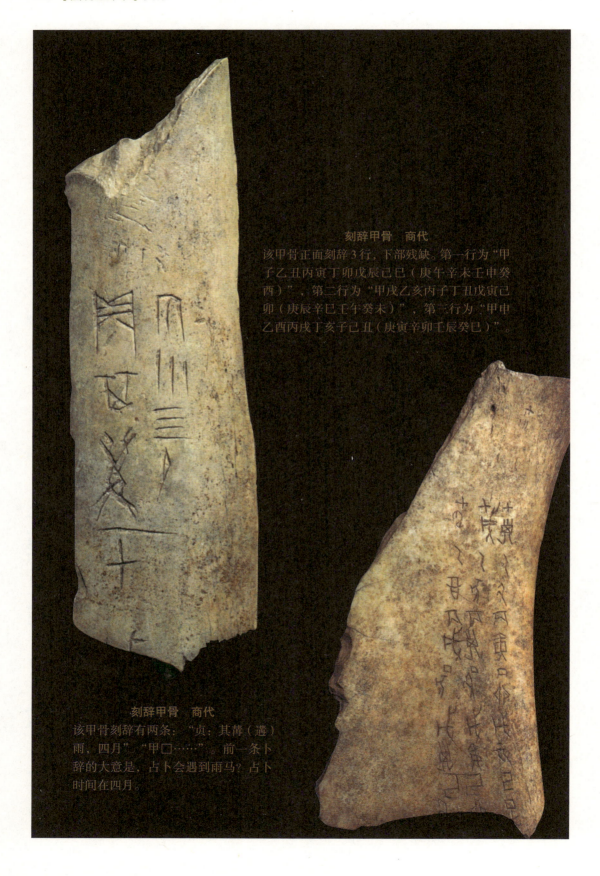

刻辞甲骨　商代

该甲骨正面刻辞3行，下部残缺。第一行为"甲子乙丑丙寅丁卯戊辰己巳（庚午辛未壬申癸酉）"，第二行为"甲戌乙亥丙子丁丑戊寅己卯（庚辰辛巳壬午癸未）"，第三行为"甲申乙酉丙戌丁亥子己丑（庚寅辛卯壬辰癸巳）"。

刻辞甲骨　商代

该甲骨刻辞有两条："贞：其菁（蕭）雨，四月""甲□……"前一条卜辞的大意是，占卜会遇到雨马？占卜时间在四月。

# 史记卷二十六
# 历书第四

昔自在古，历建正作于孟春。于时冰泮发蛰，百草奋兴，秭鴃先滜。物乃岁具，生于东，次顺四时，卒于冬分。时，鸡三号，卒明。抚十二月节，卒于丑。日月成，故明也。明者孟也，幽者幼也，幽明者雌雄也。雌雄代兴，而顺至正之统也。日归于西，起明于东；月归于东，起明于西。正不率天，又不由人，则凡事易坏而难成矣。王者易姓受命，必慎始初，改正朔，易服色，推本天元，顺承厥意。

太史公曰：神农以前尚矣。盖黄帝考定星历，建立五行，起消息，正闰余，于是有天地神祇物类之官，是谓五官。各司其序，不相乱也。民是以能有信，神是以能有明德。民神异业，敬而不渎，故神降之嘉生，民以物享，灾

甲骨卜辞"贞，来春不其受年"

甲骨卜辞『今秋□伐羌』

以上殷墟甲骨卜辞拓本选自《甲骨文合集》。卜辞文字提及春季、秋季。

很久以前的古代制定历法，确定岁首始于孟春。此时冰雪融化，冬眠的动物都活动起来，草木奋发萌芽，杜鹃鸟首先啼鸣。万物与岁时俱生，在春季繁盛，依次度过四季，止于冬去春来。此时雄鸡鸣叫三遍，天亮。顺着十二个月的节气，止于建丑的十二月。日、月各依轨道交替出现，所以昼夜都有光明。白天明亮高贵，夜间黑暗卑下，昼夜是阴阳交替关系。阴阳交替发挥作用，形成了完善的系统。太阳在西方落下，早晨从东方升起；月亮在早晨落下，在夜晚起明。确定正朔岁首不遵循天道规律，又不顺从人们生产生活需要，各项事情就容易失败而难以成功。王者改朝换代，承受天命，必定要慎重奠定开国基础，修订历法，易服色，推算天道元气运行规律，以顺承天意。

太史公说：神农氏以前的事已经过去很久。黄帝考察星象、制定历法，建立五行学说，发现万物生灭之道，设闰月来收纳十二个月以外多余的天数，从而纠正寒暑季节的误差，于是设立祭祀天地神祇和各类不同职责的官职，叫作五官。五官各任其职，彼此不相干扰。百姓因此知道岁时祭祀天地神祇，诚实无欺，天地神祇因此能够调和阴阳，赐福百姓，彰显美德。人、神各司其职，虔敬不渎职，所以天地神祇赐福给百姓好收成，百姓用物品上

一月

二月

三月

四月

五月

六月

七月

八月

九月

十月

十一月

十二月

有关12个月的殷墟甲骨卜辞
拓本均选自《甲骨文合集》。

祸不生，所求不匮。少暤氏之衰也，九黎乱德，民神杂扰，不可放物，祸菑荐至，莫尽其气。颛顼受之，乃命南正重司天以属神，命火正黎司地以属民，使复旧常，无相侵渎。

其后三苗服九黎之德，故二官咸废所职，而闰余乖次，孟陬殄灭，摄提无纪，历数失序。尧复遂重黎之后，不忘旧者，使复典之，而立羲和之官。明时正度，则阴阳调，风雨节，茂气至，

**甲骨刻辞干支表　商代**

拓本选自《甲骨文合集》37896。根据商代晚期甲骨刻辞的内容，我们可以知道，商代人们是以干支纪日的。干支，即10个天干字（甲、乙、丙、丁、戊、己、庚、辛、壬、癸）与12个地干字（子、丑、寅、卯、辰、巳、午、未、申、酉、戌、亥）相配成的60个干支，表示60天的日数。

民无夭疫。年耆禅舜，申戒文祖，云"天之历数在尔躬"。舜亦以命禹。由是观之，王者所重也。

夏正以正月，殷正以十二月，周正以十一月。盖三王之正若循环，穷则反本。天下有道，则不失纪序；无道，则正朔不行于诸侯。幽、厉之后，周室微，陪臣执政，史不记时，君不告朔，故畴人子弟分散，或在诸夏，或在夷狄，是以其禨祥废而不统。周襄王二十六年闰三月，而《春秋》非之。先王之正时也，履端于始，举正于中，归邪于终。履端于始，序则不愆；举正于中，民则不惑；归邪于终，事则不悖。

供，灾祸不生，所祈求意。少暤氏衰弱，九黎族作乱，人神杂乱纷扰，不辨名物职责，灾祸接连而至，没有享尽天年的。颛顼继帝位，任命南正重为天文官，负责祭祀神祇事宜；任命火正黎做地理官，负责治理百姓，命他们恢复秩序，人神不可相互侵犯。

之后，三苗族仿效九黎族作乱，南正、火正两官都放弃职责，因此闰月不合星宿的序列，使正月不能列为岁首了，摄提星乱了方位，岁时节候失其常规。尧帝又任用重、黎的后人中不忘祖业的子孙，命他们再掌历法之职，从而设羲氏、和氏两官。辨明天时，修正历法，使阴阳协和，风调雨顺，兴旺之气降临，百姓没有夭亡和疾疫。尧老年后禅让帝位给舜，在文祖庙告诫舜说"掌管天的历法的重任落在你肩上了"。舜也用这句话告诫禹。由此看来，帝王们非常重视历法。

夏代岁首用正月，殷代岁首用十二月，周代岁首用十一月。原来三代岁首好像周而复始的循环，到了终点又回到起点。国家治理得当，岁时节候不会失调；治理得混乱，国家的历法不能在诸侯国实行。周幽王、周厉王之后，周室衰微，诸侯的大夫执政，史官记事无日期，国君每月朔日不行告庙听政之礼，所以从事天文历算的世家子弟四散，有的留在华夏各国，有的去了夷狄，所以他们观测天象、祈祷神祇、预告吉凶的职事荒废失传。周襄王二十六年有闰三月，《春秋》批评设闰月错误。古代贤王制定正确的岁时节候，在一年之始推算年历的起点，在一年的中期检验校正历法，在年终归并多余日数到闰月里。在一年之始推算年历的起点，时序便不会错乱；在一年的中期检验校正历法，百姓就不会迷惑；在年终归并多余日数到闰月里，政事就不会错谬。

其后战国并争，在于强国禽敌，救急解纷而已，岂遑念斯哉！是时独有邹衍，明于五德之传，而散消息之分，以显诸侯。而亦因秦灭六国，兵戎极烦，又升至尊之日浅，未暇遑也。而亦颇推五胜，而自以为获水德之瑞，更名河曰"德水"，而正以十月，色上黑。然历度闰余，未能睹其真也。

汉兴，高祖曰"北畤待我而起"，亦自以为获水德之瑞。虽明习历及张苍等，咸以为然。是时天下初定，方纲纪大基，高后女主，皆未遑，故袭秦正朔服色。

至孝文时，鲁人公孙臣以终始五德上书，言"汉得土德，宜更元，改正朔，易服色。当有瑞，瑞黄龙见"。事下丞相张苍，张苍亦学律历，以为非是，罢之。其后黄龙见成纪，张苍自黜，所欲论著不成。而新垣平以望气见，颇言正历服色事，贵幸。后作乱，故孝文帝废不复问。

至今上即位，招致方士唐都，分其天部；而巴落下闳运算转历，然后日辰之度与夏正同。乃改元，更官号，封泰山。

竹简《五行》　战国时期
出土于湖北荆门郭店1号楚墓，现藏于荆门市博物馆。

之后，战国时期各国并立，战争连绵不断，目的在于让国家强大，俘敌救难，解决纷争罢了，哪有工夫考虑历法！这时只有邹衍，通晓五行之理，分析事物消长的关系，因而名扬于各诸侯国。由于秦灭六国，战争频繁，又因称帝不久，没有来得及顾上历法。然而也颇能推究五行相克的道理，从而自认为获得了水德的瑞应，改称黄河叫"德水"，岁首用十月，崇尚黑色。然而推算历法，计算多余日数，设置闰月，还没有掌握到根本原理。

汉朝的兴起，高祖说过"北畤等待我兴建"的话，也认为自己获得了水德的祥兆。即使像张苍等通晓历法的人，都认为是对的。这时，国家初定，正在规整根本制度，高后是女主，未及筹建，所以沿用秦的历法和服色制度。

到文帝时，鲁国人公孙臣根据五德循环理论上报，说"汉朝获土德，宜改用新的元年，重新修历法，易服色。当有瑞兆，瑞兆将是黄龙出现"。此事下交给丞相张苍，张苍习乐律和历法，认为不对，把它压下来。此后，黄龙在成纪县出现，张苍自请退职，打算要著书立说之事没有办成。接着新垣平凭观察云气占卜吉凶的方术被接见，很爱谈论修改历法、易服色有关制度各项事宜，很受宠幸。后来新垣平作乱，文帝就放弃而不再过问。

当今皇上即位，招请方士唐都，测算二十八宿的矩度；还有巴郡的落下闳计算推演天体的运行，这样后来日月星辰运行位置与夏历相符了。随后改变年号，更改官名，在泰山上筑坛祭天。

因诏御史曰："乃者,有司言星度之未定也,广延宣问,以理星度,未能詹也。盖闻昔者黄帝合而不死,名察度验,定清浊,起五部,建气物分数。然盖尚矣。书缺乐弛,朕甚闵焉。朕唯未能循明也,细绩日分,率应水德之胜。今日顺夏至,黄钟为宫,林钟为徵,太蔟为商,南吕为羽,姑洗为角。自是以后,气复正,羽声复清,名复正变,以至子日当冬至,则阴阳离合之道行焉。十一月甲子朔旦冬至已詹,其更以七年为太初元年。年名'焉逢摄提格',月名'毕聚',日得甲子,夜半朔旦冬至。"

历术甲子篇

太初元年,岁名"焉逢摄提格",月名"毕聚",日得甲子,夜半朔旦冬至。

正北

十二,无大余,无小余;无大余,无小余;焉逢摄提格太初元年。

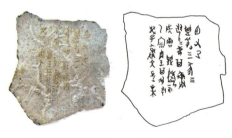

周原甲骨（H11：1）及卜辞摹本

并命令御史说:"以前有关官员说天体的位置和运行常道未经验证,广泛征求询问,以弄清这些,但还不能符合实际情况。听说从前黄帝制定历法,循环无穷,分辨清楚天体的名称和位置,确定乐律的清浊,创立五行学说,确立节气和万物在历法中的关系。可是终归久远了。文字缺失,乐律废弛,我对此很惋惜。我考虑到本朝历法尚未修定完善,研习处理余日和余分,归为水德的对立面土德。现今日正行到夏至,用黄钟律作宫声,用林钟律作徵声,用太蔟律作商声,南吕律作羽声,姑洗律作角声。各种天文景象恢复常轨,直至逢子的那天正值冬至,所以日、月会合之后分路运行的常轨得到了验证。十一月甲子朔日凌晨交冬至已观测到了,应当把元封七年改为太初元年。年名叫'焉逢摄提格',月名叫'毕聚',日期到了甲子,夜半时是朔日的开始,交冬至中气。"

历法甲子篇

太初元年,年名叫"焉逢摄提格",月份名叫"毕聚",日期到了甲子,夜半时是朔日之始,交冬至为一年之始。

正北:冬至子时

本年十二个月——无剩余的日数,无剩余的分数,这是按朔法推算的结果。无剩余的日数,无剩余的分数,这是至法推算的结果——焉逢摄提格太初元年(太初元年甲寅岁)。

周原甲骨（H11：64）及卜辞摹本

周原甲骨（H31：3）及卜辞摹本

以上西周甲骨卜辞中出现"亡年""癸子""八月辛卯",这反映了周代的计时法和所记的每日名称。据考证,计年单位在周初就已出现。

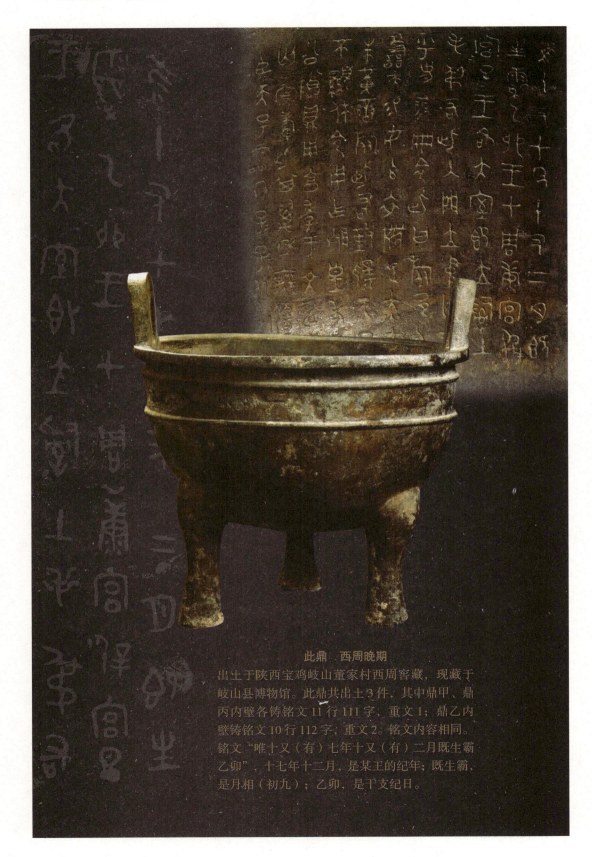

**此鼎 西周晚期**

出土于陕西宝鸡岐山董家村西周窖藏，现藏于岐山县博物馆。此鼎共出土3件，其中鼎甲、鼎丙内壁各铸铭文11行111字，重文1；鼎乙内壁铸铭文10行112字；重文2。铭文内容相同。铭文"唯十又（有）七年十又（有）二月既生霸乙卯"，十七年十二月，是某王的纪年；既生霸，是月相（初九）；乙卯，是干支纪日。

十二，大余五十四，小余三百四十八；大余五，小余八；端蒙单阏二年。

闰十三，大余四十八，小余六百九十六；大余十，小余十六；游兆执徐三年。

十二，大余十二，小余六百三；大余十五，小余二十四；彊梧大荒落四年。

十二，大余七，小余十一；大余二十一，无小余；徒维敦牂天汉元年。

闰十三，大余一，小余三百五十九；大余二十六，小余八；祝犁协洽二年。

十二，大余二十五，小余二百六十六；大余三十一，小余十六；商横涒滩三年。

十二，大余十九，小余六百一十四；大余三十六，小余二十四；昭阳作噩四年。

本年十二个月——剩余五十四日，剩余三百四十八分，这是按朔法推算的结果。剩余五日，剩余八分，这是至法推算的结果——端蒙单阏二年（太初二年乙卯岁）。

本年闰年十三个月——剩余四十八日，剩余六百十九六分，这是按朔法推算的结果。剩余十日，剩余十六分，这是按至法推算的结果——游兆执徐三年（太初三年丙辰岁）。

本年十二个月——剩余十二日，剩余六百零三分，这是按朔法推算的结果。剩余十五日，剩余二十四分，这是按至法推算的结果——彊梧大荒落四年(太初四年丁巳岁)。

本年十二个月——剩余七日，剩余十一分，这是按朔法推算的结果。剩余二十一日，无剩余的分数，这是按至法推算的结果——徒维敦牂天汉元年（天汉元年戊午岁）

本年闰年十三个月——剩余一日，剩余三百五十九分，这是按朔法推算的结果。剩余二十六日，剩余八分，这是按至法推算的结果——祝犁协洽二年（天汉二年己未岁）。

本年十二个月——剩余二十五日，剩余二百六十六分，这是按朔法推算的结果。剩余三十一日，剩余十六日，这是至法推算的结果——商横涒滩三年（天汉三年庚申岁）。

本年十二个月——剩余十九日，剩余六百一十四分，这是按朔法推算的结果，剩余三十六日，剩余二十四分，这是按至法推算的结果——昭阳作噩四年（天汉四年辛酉岁）。

**商尊　西周早期**
出土于陕西宝鸡扶风庄白村一号窖藏，现藏于宝鸡市周原博物馆。器的内底铸有铭文5行30字，其中有纪日"隹（唯）五月辰才（在）丁亥"。

闰十三，大余十四，小余二十二；大余四十二，无小余；横艾淹茂太始元年。

十二，大余三十七，小余八百六十九；大余四十七，小余八；尚章大渊献二年。

闰十三，大余三十二，小余二百七十七；大余五十二，小余一十六；焉逢困敦三年。

十二，大余五十六，小余一百八十四；大余五十七，小余二十四；端蒙赤奋若四年。

十二，大余五十，小余五百三十二；大余三，无小余；游兆摄提格征和元年。

闰十三，大余四十四，小余八百八十；大余八，小余八；彊梧单阏二年。

十二，大余八，小余七百八十七；大余十三，小余十六；徒维执徐三年。

本年闰年十三个月——剩余十四日，剩余二十二分，这是按朔法推算的结果。剩余四十二日，无剩余的分数，这是至法推算的结果——横艾淹茂太始元年（太始元年壬戌岁）。

本年十二个月——剩余三十七日，剩余八百六十九分，这是按朔法推算的结果。剩余四十七日，剩余八分，这是按至法推算的结果——尚章大渊献二年（太始二年癸亥岁）。

本年闰年十三个月——剩余三十二日，剩余二百七十七分，这是按朔法推算的结果。剩余五十二日，剩余十六分，这是按至法推算的结果——焉逢困敦三年（太始三年甲子岁）。

本年十二个月——剩余五十六日，剩余一百八十四分，这是按朔法推算的结果。剩余五十七日，剩余二十四分，这是至法推算的结果——端蒙赤奋若四年（太始四年乙丑岁）。

本年十二个月——剩余五十日，剩余五百三十二分，这是按朔法推算出来的。剩余三日，无剩余分数——游兆摄提格征和元年（征和元年丙寅岁）。

本年闰年十三个月——剩余四十四日，剩余八百八十分，这是按朔法推算的结果。剩余八日，剩余八分，这是按至法推算的结果——彊梧单阏二年（征和二年丁卯岁）。

本年十二个月——剩余八日，剩余七百八十七分，这是按朔法推算的结果。剩余十三日，剩余十六分，这是至法推算的结果——徒维执徐三年（征和三年戊辰岁）。

**丰尊　西周中期**
出土于陕西宝鸡扶风庄白村一号窖藏，现藏于宝鸡市周原博物馆。器内铸有铭文5行31字，其中有纪日"隹（唯）六月既生霸乙卯"。

**薳夫人鼎 春秋晚期**

出土于河南淅川徐家岭墓葬区 11 号墓，现藏于河南博物院。器上所铸铭文使用了太岁和岁星纪年，这是我国目前所见最早的岁星纪年的文字材料。它证明了太岁纪年的历法至少在我国春秋时期就已使用。

**逨盘　西周晚期**

出土于陕西宝鸡眉县原马家镇杨家村西周窖藏，现藏于宝鸡青铜器博物院。铭文中年、月、月相、干支四项历法资料齐备的西周青铜器有五十余件，其中包括逨鼎、逨盘。它们对于研究西周时期历法具有重要价值。

十二，大余三，小余一百九十五；大余十八，小余二十四；祝犁大芒落四年。

闰十三，大余五十七，小余五百四十三；大余二十四，无小余；商横敦牂后元元年。

十二，大余二十一，小余四百五十；大余二十九，小余八；昭阳汁洽二年。

闰十三，大余十五，小余七百九十八；大余三十四，小余十六；横艾涒滩始元元年。

正西

十二，大余三十九，小余七百五；大余三十九，小余二十四；尚章作噩二年。

本年十二个月——剩余三日，剩余一百九十五分，这是按朔法推算的结果。剩余十八日，剩余二十四分，这是按至法推算的结果——祝犁大芒落四年（征和四年己巳岁）。

本年闰年十三个月——剩余五十七日，剩余五百四十三分，这是按朔法推算的结果。剩余二十四日，没有剩余分数，这是按至法推算的结果——商横敦牂后元元年（后元元年庚午岁）。

本年十二个月——剩余二十一日，剩余四百五十分，这是按朔法推算的结果。剩余二十九日，剩余八分，这是按至法推算的结果——昭阳汁洽二年（后元二年辛未岁）。

本年闰年十三个月——剩余十五日，剩余七百九十八分，这是按朔法推算出来的结果。剩余三十四日，剩余十六分，这是按至法推算出来的结果——横艾涒滩始元元年（始元元年壬申岁）。

正西：冬至酉时

本年十二个月——剩余三十九日，剩余七百零五分，这是按朔法推算的结果。剩余三十九日，剩余二十四分，这是按至法推算的结果——尚章作噩二年（始元二年癸酉岁）。

**四十三年逨鼎　西周晚期**
出土于陕西宝鸡眉县原马家镇杨家村西周窖藏，现藏于宝鸡青铜器博物院。同时出土逨鼎12件，其中四十三年逨鼎10件。鼎腹内壁有铭文31行316字。

四十三年逨鼎（丙）铭文拓本
铭文「隹（唯）卌（四十）又三年六月既生霸丁亥」为纪年纪月纪日。

十二，大余三十四，小余一百一十三；大余四十五，无小余；焉逢淹茂三年。

闰十三，大余二十八，小余四百六十一；大余五十，小余八；端蒙大渊献四年。

十二，大余五十二，小余三百六十八；大余五十五，小余十六；游兆困敦五年。

十二，大余四十六，小余七百一十六；无大余，小余二十四；彊梧赤奋若六年。

闰十三，大余四十一，小余一百二十四；大余六，无小余；徒维摄提格元凤元年。

十二，大余五，小余三十一；大余十一，小余八；祝犁单阏二年。

十二，大余五十九，小余三百七十九；大余十六，小余十六；商横执徐三年。

闰十三，大余五十三，小余七百二十七；大余二十一，小余二十四；昭阳大荒落四年。

本年十二个月——剩余三十四日，剩余一百一十三分，这是按朔法推算出来的结果。剩余四十五日，无剩余的分数，这是按至法推算出来的结果——焉逢淹茂三年（始元三年甲戌岁）。

本年闰年十三个月——剩余二十八日，剩余四百六十一分，这是按朔法推算的结果。剩余五十日，剩余八分，这是按至法推算的结果——端蒙大渊献四年（始元四年乙亥岁）。

本年十二个月——剩余五十二日，剩余三百六十八分，这是按朔法推算的结果。剩余五十五日，剩余十六分，这是按至法推算的结果——游兆困敦五年（始元五年丙子岁）。

本年十二个月——剩余四十六日，剩余七百一十六分，这是按朔法推算的结果。无剩余日数，剩余二十四分，这是按至法推算的结果——彊梧赤奋若六年（始元六年丁丑岁）。

本年闰年十三个月——剩余四十一日，剩余一百二十四分，这是按朔法推算的结果。剩余六日，无剩余的分数，这是按至法推算的结果——徒维摄提格元凤元年（元凤元年戊寅岁）。

本年十二个月——剩余五日，剩余三十一分，这是按朔法推算的结果。剩余十一日，剩余八分，这是按至法推算的结果——祝犁单阏二年（元凤二年己卯岁）。

本年十二个月——剩余五十九日，剩余三百七十九分，这是按朔法推算的结果。剩余十六日，剩余十六分，这是按至法推算的结果——商横执徐三年（元凤三年庚辰岁）。

本年闰年十三个月——剩余五十三日，剩余七百二十七分，这是按朔法推算的结果。剩余二十一日，剩余二十四分，这是按至法推算的结果——昭阳大荒落四年（元凤四年辛巳岁）。

**四十二年逨鼎　西周晚期**
出土于陕西宝鸡眉县原马家镇杨家村西周窖藏，现藏于宝鸡青铜器博物院。器腹内壁有铭文25行280字，"佳（唯）册（四十）又二年五月既生霸乙卯"为纪年纪月纪日。

十二，大余十七，小余六百三十四；大余二十七，无小余；横艾敦牂五年。

闰十三，大余十二，小余四十二；大余三十二，小余八；尚章汁洽六年。

十二，大余三十五，小余八百八十九；大余三十七，小余十六；焉逢涒滩元平元年。

十二，大余三十，小余二百九十七；大余四十二，小余二十四；端蒙作噩本始元年。

子犯编钟铭文拓本（局部）

本年十二月——剩余十七日，剩余六百三十四分，这是按照朔法推算的结果。剩余二十七日，无剩余分数，这是按至法推算的结果——横艾敦牂五年（元凤五年壬午岁）。

本年闰年十三个月——剩余十二日，剩余四十二分，这是按朔法推算的结果。剩余三十二日，剩余八分，这是按至法推算的结果——尚章汁洽六年（元凤六年癸未岁）。

本年十二个月——剩余三十五日，剩余八百八十九分，这是按照朔法推算的结果。剩余三十七日，剩余十六分，这是按照至法推算的结果——焉逢涒滩元平元年（元平六年甲申岁）。

本年十二个月——剩余三十日，剩余二百九十七分，这是按朔法推算的结果。剩余四十二日，剩余二十四分，这是按至法推算的结果——端蒙作噩本始元年（本始元年乙酉岁）。

子犯编钟　春秋早期

传出土于山西闻喜。目前已发现的子犯编钟有甲、乙两组，每组8件，其中12件现藏于台北故宫博物院。

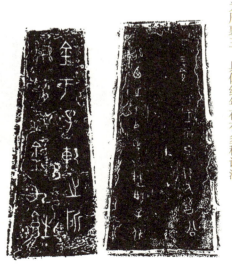

子犯编钟铭文拓本（局部）

两组编钟均有铭文，内容相同，8件编钟铭文合为全铭，内容记述了子犯辅佐晋公子重耳（晋文公）返晋复国，以及晋、楚两国的城濮之战等史事。『隹（唯）王五月，初吉丁未』是纪月纪日，『王』为周襄王，具体纪年存有多种说法。

闰十三，大余二十四，小余六百四十五；大余四十八，无小余；游兆阉茂二年。

十二，大余四十八，小余五百五十二；大余五十三，小余八；彊梧大渊献三年。

十二，大余四十二，小余九百；大余五十八，小余十六；徒维困敦四年。

闰十三，大余三十七，小余三百八；大余三，小余二十四；祝犁赤奋若地节元年。

十二，大余一，小余二百一十五；大余九，无小余；商横摄提格二年。

闰十三，大余五十五，小余五百六十三；大余十四，小余八；昭阳单阏三年。

本年闰年十三个月——剩余二十四日，剩余六百四十五分，这是按朔法推算的结果。剩余四十八日，无剩余的分数——游兆阉茂二年（本始二年丙戌岁）。

本年十二个月——剩余四十八日，剩余五百五十二分，这是按朔法推算的结果。剩余五十三日，剩余八分，这是按至法推算的结果——彊梧大渊献三年（本始三年丁亥岁）。

本年十二个月——剩余四十二日，剩余九百分，这是按朔法推算的结果。剩余五十八日，剩余十六分，这是按至法推算的结果——徒维困敦四年（本始四年戊子岁）。

本年闰年十三个月——剩余三十七日，剩余三百零八分，这是按朔法推算的结果。剩余三日，剩余二十四分，这是按至法推算的结果——祝犁赤奋若地节元年（地节元年己丑岁）。

本年十二个月——剩余一日，剩余二百一十五分，这是按朔法推算的结果。剩余九日，无剩余的分数——商横摄提格二年（地节二年庚寅岁）。

本年闰年十三个月——剩余五十五日，剩余五百六十三分，这是按朔法推算的结果。剩余十四日，剩余八分，这是按至法推算的结果——昭阳单阏三年（地节三年辛卯岁）。

**周原甲骨（H11：5）**

卜辞中，"巳"当十二干支用，纪年、纪月、纪日、纪时用。此甲骨卜辞与天文历法有关。

**周原甲骨（H11：13）**

卜辞中"既魄"，即既生魄，当在朔望之间，为月相第三分。

**蔡公子壶 春秋早期** 现藏于故宫博物院。壶口内铸铭文7行29字，内容记述蔡公子作此器。铭文"隹（唯）正月初吉庚午"为纪月纪日。

正南

十二，大余十九，小余
四百七十；大余十九，小余十六；
横艾执徐四年。

十二，大余十三，小余
八百一十八；大余二十四，小余
二十四；尚章大荒落元康元年。

闰十三，大余八，小余
二百二十六；大余三十，无小余；焉
逢敦牂二年。

十二，大余三十二，小余
一百三十三；大余三十五，小余八；
端蒙协洽三年。

十二，大余二十六，小余
四百八十一；大余四十，小余十六；
游兆涒滩四年。

正南：冬至午时。

本年十二个月——剩余十九日，剩余
四百七十分，这是按朔法推算的结果。剩余
十九日，剩余十六分，这是按至法推算的结
果——横艾执徐四年（地节四年壬辰岁）。

本年十二个月——剩余十三日，剩余
八百一十八分，这是按朔法推算的结果。剩
余二十四日，剩余二十四分，这是按至法推
算的结果——尚章大荒落元康元年（元庚元
年癸巳岁）。

本年闰年十三个月——剩余八日，剩余
二百二十六分，这是按朔法推算的结果。剩
余三十日，无剩余分数，这是按至法推算的
结果——焉逢敦牂二年（元庚二年甲午岁）。

本年十二个月——剩余三十二日，剩余
一百三十三分，这是按朔法推算的结果。剩
余三十五日，剩余八分，这是按至法推算的
结果——端蒙协洽三年（元康三年乙未岁）。

本年十二个月——剩余二十六日，剩余
四百八十一分，这是按朔法推算的结果。剩
余四十日，剩余十六分，这是按至法推算的
结果——游兆涒滩四年（元康四年丙申岁）。

**太师虘簋　西周晚期**

出土于陕西宝鸡扶风任家村西周窖藏，现藏于故宫博物馆。
器内底和盖内有对铭7行70字，内容记述周王在师量宫大
室召见太师虘，赏赐虎裘，虘铸此器纪念。铭文"正月既望
甲午"为纪月纪日，既望是月相，农历十六日。

闰十三，大余二十，小余八百二十九；大余四十五，小余二十四；疆梧作噩神雀元年。

十二，大余四十四，小余七百三十六；大余五十一，无小余；徒维淹茂二年。

十二，大余三十九，小余一百四十四；大余五十六，小余八；祝犁大渊献三年。

闰十三，大余三十三，小余四百九十二；大余一，小余十六；商横困敦四年。

十二，大余五十七，小余三百九十九；大余六，小余二十四；昭阳赤奋若五凤元年。

闰十三，大余五十一，小余七百四十七；大余十二，无小余；横艾摄提格二年。

本年闰年十三个月——剩余二十日，剩余八百二十九分，这是按朔法推算的结果。剩余四十五日，剩余二十四分，这是按至法推算的结果——疆梧作噩神雀元年（神雀元年丁酉岁）。

本年十二个月——剩余四十四日，剩余七百三十六分，这是按至法推算的结果。剩余五十一日，无剩余分数，这是按至法推算的结果——徒维淹茂二年（神雀二年戊戌岁）。

本年十二个月——剩余三十九日，剩余一百四十四分，这是按朔法推算的结果。剩余五十六日，剩余八分，这是按至法推算的结果——祝犁大渊献三年（神雀三年己亥岁）。

本年闰年十三个月——剩余三十三日，剩余四百九十二分，这是按朔法推算的结果。剩余一日，剩余十六分，这是按至法推算的结果——商横困敦四年（神雀四年庚子岁）。

本年十二个月——剩余五十七日，剩余三百九十九分，这是按朔法推算的结果。剩余六日，剩余二十四分，这是按至法推算的结果——昭阳赤奋若五凤元年（五凤元年辛丑岁）。

本年闰年十三个月——剩余五十一日，剩余七百四十七分，这是按至法推算的结果。剩余十二日，无剩余分数，这是按至法推算的结果——横艾摄提格二年（五凤二年壬寅岁）。

**扬簋铭文拓本**

器内铸有铭文10行106字，内容记述周王在周康宫册命扬管理田邑和司空等事，并进行赏赐。铭文"隹（唯）二月既生霸，辰在戊寅"是纪月纪日，"既生霸"是月亮上弦的月相。

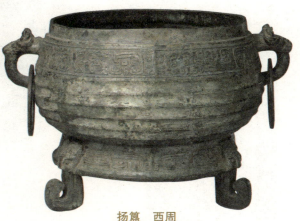

**扬簋　西周**

现藏于故宫博物院。

十二，大余十五，小余六百五十四；大余十七，小余八；尚章单阏三年。

十二，大余十，小余六十二；大余二十二，小余十六；焉逢执徐四年。

闰十三，大余四，小余四百一十；大余二十七，小余二十四；端蒙大荒落甘露元年。

十二，大余二十八，小余三百一十七；大余三十三，无小余；游兆敦牂二年。

十二，大余二十二，小余六百六十五；大余三十八，小余八；彊梧协洽三年。

闰十三，大余十七，小余七十三；大余四十三，小余十六；徒维涒滩四年。

十二，大余四十，小余九百二十；大余四十八，小余二十四；祝犁作噩黄龙元年。

闰十三，大余三十五，小余三百二十八；大余五十四，无小余；商横淹茂初元元年。

叔夷钟铭文拓本（局部） 春秋晚期
选自《殷周金文集成》1.272。

本年十二个月——剩余十五日，剩余六百五十四分，这是按朔法推算的结果。剩余十七日，剩余八分，这是按至法推算的结果——尚章单阏三年（五凤三年癸卯岁）。

本年十二个月——剩余十日，剩余六十二分，这是按朔法推算的结果。剩余二十二日，剩余十六分，这是按至法推算的结果——焉逢执徐四年（五凤四年甲辰岁）。

本年闰年十三个月——剩余四日，剩余四百一十分，这里按朔法推算的结果。剩余二十七日，剩余二十四分，这是按至法推算的结果——端蒙大荒落甘露元年（甘露元年乙巳岁）。

本年十二个月——剩余二十八日，剩余三百一十七分，这是按朔法推算的结果。剩余三十三日，无剩余的分数，这是按至法推算的结果——游兆敦牂二年（甘露二年丙午岁）。

本年十二个月——剩余二十二日，剩余六百六十五分，这是按朔法推算的结果。剩余三十八日，剩余八分，这是按至法推算的结果——彊梧协洽三年（甘露三年丁未岁）。

本年闰年十三个月——剩余十七日，剩余七十三分，这是按朔法推算的结果。剩余四十三日，剩余十六分，这是按至法推算的结果——徒维涒滩四年（甘露四年戊申岁）。

本年十二个月——剩余四十日，剩余九百二十分，这是按朔法推算的结果。剩余四十八日，剩余二十四分，这是按至法推算的结果——祝犁作噩黄龙元年（黄龙元年己酉岁）。

本年闰年十三个月——剩余三十五日，剩余三百二十八分，这是按朔法推算的结果。剩余五十四日，无剩余分数，这是按至法推算的结果——商横淹茂初元元年（初元元年庚戌岁）。

山东临淄齐国故城出土的叔夷钟，现仅存铭文拓本。铭文记述齐国叔夷灭莱有功，齐灵公给以赏赐和册命，叔夷铸器纪念。其中铭文"隹（唯）王五月，辰在戊寅"是纪月纪日。

正东

十二，大余五十九，小余二百三十五；大余五十九，小余八；昭阳大渊献二年。

十二，大余五十三，小余五百八十三；大余四，小余十六；横艾困敦三年。

闰十三，大余四十七，小余九百三十一；大余九，小余二十四；尚章赤奋若四年。

十二，大余十一，小余八百三十八；大余十五，无小余；焉逢摄提格五年。

十二，大余六，小余二百四十六；大余二十，小余八；端蒙单阏永光元年。

闰十三，无大余，小余五百九十四；大余二十五，小余十六；游兆执徐二年。

十二，大余二十四，小余五百一；大余三十，小余二十四；彊梧大荒落三年。

正东：冬至卯时

本年十二个月——剩余五十九日，剩余二百三十五分，这是按朔法推算的结果。剩余五十九日，剩余八分，这是按至法推算的结果——昭阳大渊献二年（初元二年辛亥岁）。

本年十二个月——剩余五十三日，剩余五百八十三分，这是按朔法推算的结果。剩余四日，剩余十六分，这是按至法推算的结果——横艾困敦三年（初元三年壬子岁）。

本年闰年十三个月——剩余四十七日，剩余九百三十一分，这是按朔法推算的结果。剩余九日，剩余二十四分，这是按至法推算的结果——尚章赤奋若四年（初元四年癸丑岁）。

本年十二个月——剩余十一日，剩余八百三十八分，这是按朔法推算的结果。剩余十五日，无剩余分数，这是按至法推算的结果——焉逢摄提格五年（初元五年甲寅岁）。

本年十二个月——剩余六日，剩余二百四十六分，这是按朔法推算的结果。剩余二十日，剩余八分，这是按至法推算的结果——端蒙单阏永光元年（永光元年乙卯岁）。

本年闰年十三个月——无剩余日，剩余五百九十四分，这是按朔法推算的结果。剩余二十五日，剩余十六分，这是按至法推算的结果——游兆执徐二年（永光二年丙辰岁）。

本年十二个月——剩余二十四日，剩余五百零一分，这是按朔法推算的结果。剩余三十日，剩余二十四分，这是按至法推算的结果——彊梧大荒落三年（永光三年丁巳岁）。

徐王子旃钟　春秋时期
现藏于故宫博物院。

徐王子旃钟铭文拓本

钲部及两侧有铭文14行71字，记述徐王子旃作此器。铭文『隹（唯）正月初吉元日癸亥』是纪月纪日，『初吉』是月相。

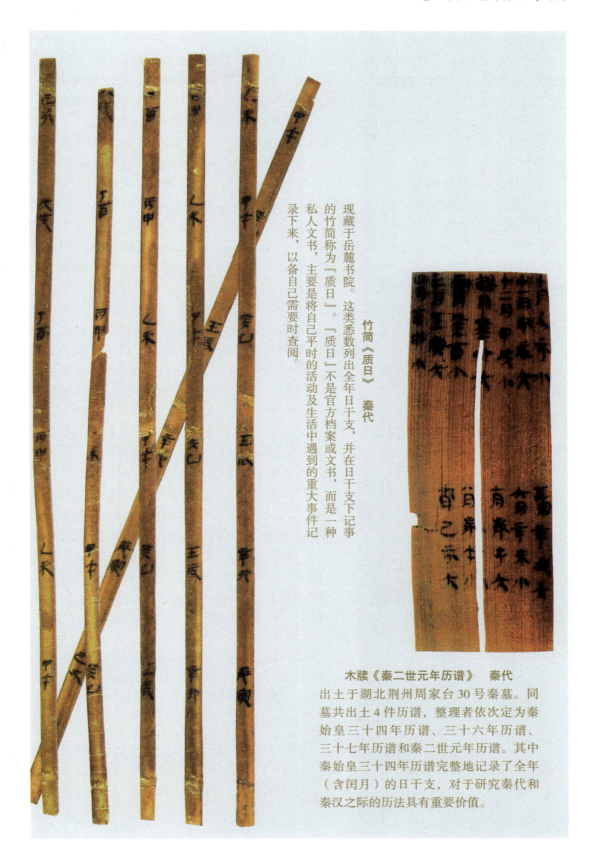

竹简《质日》 秦代

现藏于岳麓书院。这类悉数列出全年日干支，并在日干支下记事的竹简称为「质日」。「质日」不是官方档案或文书，而是一种私人文书，主要是将自己平时的活动及生活中遇到的重大事件记录下来，以备自己需要时查阅。

**木牍《秦二世元年历谱》 秦代**
出土于湖北荆州周家台 30 号秦墓。同墓共出土 4 件历谱，整理者依次定为秦始皇三十四年历谱、三十六年历谱、三十七年历谱和秦二世元年历谱。其中秦始皇三十四年历谱完整地记录了全年（含闰月）的日干支，对于研究秦代和秦汉之际的历法具有重要价值。

十二，大余十八，小余八百四十九；大余三十六，无小余；徒维敦牂四年。

闰十三，大余十三，小余二百五十七；大余四十一，小余八；祝犁协洽五年。

十二，大余三十七，小余一百六十四；大余四十六，小余十六；商横涒滩建昭元年。

闰十三，大余三十一，小余五百一十二；大余五十一，小余二十四；昭阳作噩二年。

十二，大余五十五，小余四百一十九；大余五十七，无小余；横艾阉茂三年。

十二，大余四十九，小余七百六十七；大余二，小余八；尚章大渊献四年。

闰十三，大余四十四，小余一百七十五；大余七，小余十六；焉逢困敦五年。

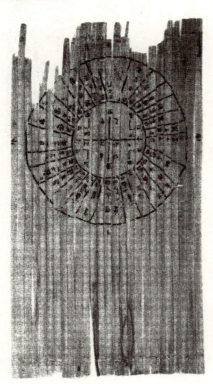

本年十二个月——剩余十八日，剩余八百四十九分，这是按朔法推算的结果。剩余三十六日，无剩余的分数，这是按至法推算的结果——徒维敦牂四年（永光四年戊午岁）。

本年闰年十三个月——剩余十三日，剩余二百五十七分，这是接朔法推算的结果。剩余四十一日，剩余八分，这是按至法推算的结果——祝犁协洽五年（永光五年己未岁）。

本年十二个月——剩余三十七日，剩余一百六十四分，这是按朔法推算的结果。剩余四十六日，剩余十六分，这是按至法推算的结果——商横涒滩建昭元年（建昭元年庚申岁）。

本年闰年十三个月——剩余三十一日，剩余五百一十二分，这是按朔法推算的结果。剩余五十一日，剩余二十四分，这是至法推算的结果——昭阳作噩二年（建昭二年辛酉岁）。

本年十二个月——剩余五十五日，剩余四百一十九分，这是按朔法推算的结果。剩余五十七日，无剩余的分数，这是按至法推算的结果——横艾阉茂三年（建昭三年壬戌岁）。

本年十二个月——剩余四十九日，剩余七百六十七分，这是按朔法推算的结果。剩余二日，剩余八分，这是按至法推算的结果——尚章大渊献四年（建昭四年癸亥岁）。

本年闰年十三个月——剩余四十四日，剩余一百七十五分，这是按朔法推算的结果。剩余七日，剩余十六分，这是按至法推算的结果——焉逢困敦五年（建昭五年甲子岁）。

**竹简线图《二十八宿占》 秦代**
出土于湖北荆州周家台 30 号秦墓。此线图由 26 枚竹简拼合，以两个大小不等的同心圆构成。大圆外侧标有东、西、南、北四方。大小圆之间的圆环部分用直线分割成 28 块扇面，扇面由内向外书写有文字，分为内、中、外三圈。内圈顺时针依次记有一天二十八时辰，如"夜半""夜过半""鸡未鸣"等。这种将一天时间平分为 28 个时分的"一日分时制"，是迄今为止关于二十八时辰的最早记载。此外，二十八时辰的下面分别写有相对应的二十八宿名。

十二，大余八，小余八十二；大余十二，小余二十四；端蒙赤奋若竟宁元年。

十二，大余二，小余四百三十；大余十八，无小余；游兆摄提格建始元年。

闰十三，大余五十六，小余七百七十八；大余二十三，小余八；彊梧单阏二年。

十二，大余二十，小余六百八十五；大余二十八，小余十六；徒维执徐三年。

闰十三，大余十五，小余九十三；大余三十三，小余二十四；祝犁大荒落四年。

右《历书》：大余者，日也。小余者，月也。端蒙者，年名也。支：丑名赤奋若，寅名摄提格。干：丙名游兆。正北，冬至加子时；正西，加酉时；正南，加午时；正东，加卯时。

本年十二个月——剩余八日，剩余八十二分，这是按朔法推算的结果。剩余十二日，剩余二十四分，这是按至法推算的结果——端蒙赤奋若竟宁元年（竟宁元年乙丑岁）。

本年十二个月——剩余二日，剩余四百三十分，这是按朔推算的结果。剩余十八日，无剩余分数，这是按至法推算的结果——游兆摄提格建始元年（建始元年丙寅岁）。

本年闰年十三个月——剩余五十六日，剩余七百七十八分，这是按朔法推算的结果。剩余二十三日，剩余八分，这是按至法推算的结果。彊梧单阏二年（建始二年丁卯岁）。

本年十二个月——剩余二十日，剩余六百八十五分，这是按朔法推算的结果。剩余二十八日，剩余十六分，这是按至法推算的结果——徒维执徐三年（建始三年戊辰岁）。

本年闰年十三个月——剩余十五日，剩余九十三分，这是按朔法推算的结果。剩余三十三日，剩余二十四分，这是按至法推算的结果——祝犁大荒落四年（建始四年己巳岁）。

以上是《历书》："大余"是指剩余的日数。"小余"是指剩余的分数。"端蒙"是年名。地支和岁阴相当：丑名赤奋若，寅名摄提格。天干与岁阳相当：丙名游兆。蔀首，冬至在子时，称正北。第二章首，冬至在酉时，称正西。第三章首，冬至在午时，称正南。第四章首，冬至在卯时，称正东。

**石日晷 西汉**

出土于内蒙古呼和浩特托克托，现藏于中国国家博物馆。这件由方形石板制成的日晷是我国现存最早的日晷。日晷是古代用来测量时间的一种设备。它可以测定任何一个地方的太阳方位，确定白天与黑夜的时间长度，到了夜晚，可以通过观测北极星来进行核对。

千章漏壶 西汉

出土于内蒙古鄂尔多斯杭锦旗，现藏于中国国家博物馆。该漏壶的壶内底上铸有阳文"千章"2字，壶身正面阴刻"千章铜漏"4字。此漏壶是西汉成帝河平二年（公元前27年）四月在千章县铸造的。后来又在第二层梁上加刻'中阳铜漏铭'。中阳和千章在西汉皆属西河郡。

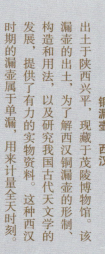

铜漏壶 西汉

出土于陕西兴平，现藏于茂陵博物馆。该漏壶的出土，为了解西汉铜漏壶的形制、构造和用法，以及研究我国古代天文学的发展，提供了有力的实物资料。这种西汉时期的漏壶属于单漏，用来计量全天时刻。

# 史记卷二十七
# 天官书第五

中宫天极星，其一明者，太一常居也；旁三星三公，或曰子属。后句四星，末大星正妃，馀三星后宫之属也。环之匡卫十二星，藩臣。皆曰紫宫。

前列直斗口三星，隋北端兑，若见若不，曰阴德，或曰天一。紫宫左三星曰天枪，右五星曰天棓，后六星绝汉抵营室，曰阁道。

北斗七星，所谓"旋玑、玉衡以齐七政"。杓携龙角，衡殷南斗，魁枕参首。用昏建者杓；杓，自华以西南。夜半建者衡；衡，殷中州河、济之间。平旦建者魁；魁，海岱以东北也。斗为帝车，运于中央，临制四乡。分阴阳，建四时，均五行，移节度，定诸纪，皆系于斗。

斗魁戴匡六星曰文昌宫：一曰上将，二曰次将，三曰贵相，四曰司

中央天区有天极星，其中一颗比较明亮的星，是天帝太一的常住所；旁边的三颗星是三公，有的人认为是太子和庶子。后面四颗星连成钩形，末尾那颗大星代表正宫皇后，其余三颗代表后宫妃嫔。环绕天极星作侍卫的十二颗星，是藩臣。总起来称作紫宫。

紫宫前面正对北斗星的开口处排列三颗星，向北下垂，前端尖锐，若隐若现，叫阴德座，又叫天一星。紫宫左侧三颗星称作天枪，右侧五颗星称作天棓，后面六颗星横过银河、抵达营室，称作阁道。

北斗星有七颗星，就是《尚书》所说"璇玑、玉衡主管七政"。斗柄连接龙角宿，斗中央正对斗宿，斗魁靠近参宿之首，黄昏时斗柄指向大地，对应的是华山及西南的地区。夜半时北斗中星衡指向大地，对应的是中原黄河、济水之间的流域。黎明时，斗魁指向大地，对应的是东海至泰山一线的东北地区。北斗星是天帝的驾乘，在天空的正中运转，制衡四方。区分阴阳，确定四季，调节五行，更替节气，制定天文历法，都由北斗星维系。

斗魁顶端排列成筐状的六颗星是文昌宫：第一颗叫上将，第二颗叫次将，第三颗叫贵

**陶刻划猪纹钵　河姆渡文化**

出土于浙江余姚河姆渡遗址，现藏于浙江省博物馆。器上两侧外壁均刻划有一个猪纹，猪身上旋划有圆圈纹与叶子纹装饰。河姆渡文化先民崇拜猪和北斗。有学者考证认为，陶钵呈斗魁状，猪图像是北斗星官的象征。

**玉璇玑　庙底沟二期文化**
出土于山西运城芮城清凉寺墓地100号墓，现藏于山西省考古研究所。

命，五曰司中，六曰司禄。在斗魁中，贵人之牢。魁下六星，两两相比者，名曰三能。三能色齐，君臣和；不齐，为乖戾。辅星明近，辅臣亲强；斥小，疏弱。

杓端有两星：一内为矛，招摇；一外为盾，天锋。有句圜十五星，属杓，曰贱人之牢。其牢中星实则囚多，虚则开出。

天一、枪、棓、矛、盾动摇，角大，兵起。

东宫苍龙，房、心。心为明堂，大星天王，前后星子属。不欲直，直则天王失计。房为府，曰天驷。其阴，右骖。旁有两星曰铃；北一星曰牵。东北曲十二星曰旗。旗中四星曰天市；中六星曰市楼。市中星众者实；其虚则耗。房南众星曰骑官。

相，第四颗叫司命，第五颗叫司中，第六颗叫司禄。在斗魁中有贵人的天牢。斗魁下端有六颗星，两两并列，名叫三能。三能六星的颜色一致时，君臣和睦；颜色不一致时，君臣相抵触。北斗第六颗星的旁边有辅星，它明亮靠近时，大臣亲善而有力；它远离而微暗时，大臣疏远而无能。

斗柄前面有两颗星：靠近北斗的是天矛，叫招摇星，远离北斗的是天盾，叫天锋星。有连环形的十五颗星，连接斗柄，是贱民的天牢。牢中充满星星，囚犯就众多；星星稀疏，囚犯就被释放。

天一星、天枪星、天棓星、天矛星、天盾星颤动，芒角增大，就会发生战争。

东方星区以苍龙为星象，由房宿、心宿组成。心宿是天王的明堂，有一颗大星叫天王，前星是太子，后星是庶子。它们不应排成直线，排成直线时，就是天王决策错误。房宿是天王的宫署，称作天驷。其北是右骖，旁有两颗星称作铃；北有一星叫牵。东北成弯曲状的十二颗星称为天旗。天旗中有四颗星称为天市；有六颗星称为市楼。天市中星星繁多，收成就好，生活殷实；星星稀少，收成就坏，生活贫困。房宿南面有许多颗星，称为骑官。

**冠状玉梳背　良渚文化**

出土于浙江余杭反山 12 号墓，现藏于浙江省文物考古研究所。

**玉琮　良渚文化**

出土于浙江余杭反山 12 号墓，现藏于浙江省文物考古研究所。有学者考证认为，该礼玉上的神徽是当时天极帝星——北斗星君的象征。

**神人神兽神徽　良渚文化**

此为反山 12 号墓出土玉琮的竖槽中所刻神徽的放大图。

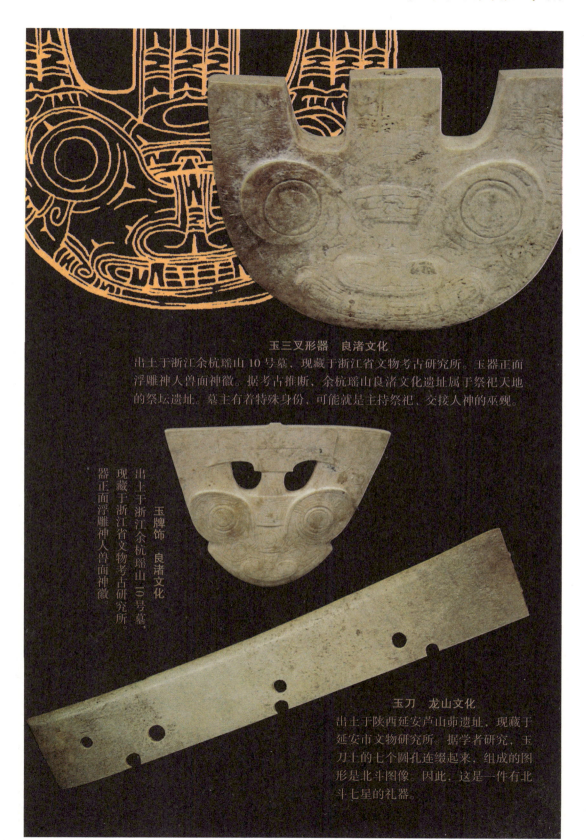

**玉三叉形器　良渚文化**

出土于浙江余杭瑶山 10 号墓，现藏于浙江省文物考古研究所。玉器正面浮雕神人兽面神徽。据考古推断，余杭瑶山良渚文化遗址属于祭祀天地的祭坛遗址。墓主有着特殊身份，可能就是主持祭祀、交接人神的巫觋。

**玉牌饰　良渚文化**

出土于浙江余杭瑶山 10 号墓，现藏于浙江省文物考古研究所。器正面浮雕神人兽面神徽。

**玉刀　龙山文化**

出土于陕西延安芦山峁遗址，现藏于延安市文物研究所。据学者研究，玉刀上的七个圆孔连缀起来，组成的图形是北斗图像。因此，这是一件有北斗七星的礼器。

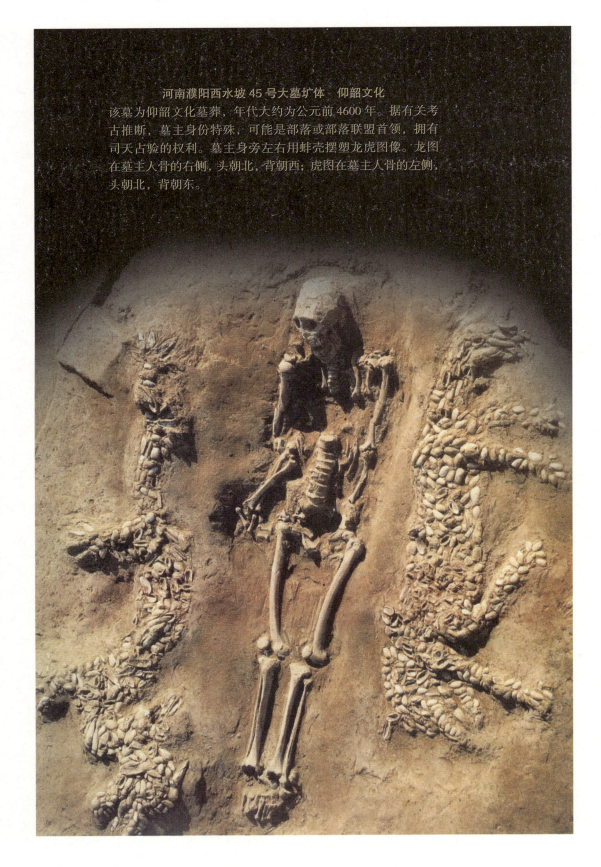

**河南濮阳西水坡 45 号大墓圹体　仰韶文化**
该墓为仰韶文化墓葬，年代大约为公元前 4600 年。据有关考古推断，墓主身份特殊，可能是部落或部落联盟首领，拥有司天占验的权利。墓主身旁左右用蚌壳摆塑龙虎图像。龙图在墓主人骨的右侧，头朝北，背朝西；虎图在墓主人骨的左侧，头朝北，背朝东。

左角，李；右角，将。大角者，天王帝廷。其两旁各有三星，鼎足句之，曰摄提。摄提者，直斗杓所指，以建时节，故曰"摄提格"。亢为疏庙，主疾。其南北两大星，曰南门。氐为天根，主疫。

尾为九子，曰君臣；斥绝，不和。箕为敖客，曰口舌。火犯守角，则有战。房、心，王者恶之也。

南宫朱鸟，权、衡。衡，太微，三光之廷。匡卫十二星，藩臣：西，将；东，相；南四星，执法；中，端门；门左右，掖门。门内六星，诸侯。其内五星，五帝坐。后聚一十五星，蔚然，曰郎位；傍一大星，将位也。月、五星顺入，轨道，司其出，所守，天子所诛也。其逆入，若不轨道，以所犯命之；中坐，成形，皆群下从谋也。金、火尤甚。廷藩西有隋星五，曰少微，士大夫。权，轩辕。轩辕，黄龙体。前大星，女主象；旁小星，御者后宫属。月、五星守犯者，如衡占。

角宿左边的一颗星是法官，右边的一颗星是将军。大角星是天王的朝廷。其两侧各有三颗星，鼎足勾连，叫摄提。摄提对着斗柄所指的方向，确立节令，所以称为"摄提格"。亢宿是外朝，掌管疾病。其一南一北的两颗大星，称为南门。氐宿是天根，主管瘟疫。

尾宿有九颗星，象征君臣；如互相排斥远离，则君臣不和。箕宿是说客，象征进谗言、搬弄是非。火星侵犯、占有角宿的位置，便会有战争。火星侵犯、占有房宿、心宿的位置，帝王厌恶此种星象。

南方星区以朱鸟为星象，由权、衡两个星座组成。衡即是太微垣，是日、月、五星的宫廷。侍卫它的是十二颗星，是藩臣：西侧是将，东侧是相，南面四颗星是执法官；中间是正门，正门左右是掖门。门内六颗星是诸侯。里面的五颗星是五帝座。后面相聚十五颗星，蔚然众多，叫郎位；旁有一颗大星，是将位。月亮和五大行星从西侧行入太微垣，沿正常轨道，观察它们出行和留守星辰的情况，被它们侵占的星辰所象征的官员，是天子惩罚的对象。如果从东方逆行进入太微垣，如不沿正常轨道，对被侵犯星辰所象征的官员定罪；冲击帝座，灾祸已经显现，都是群臣百官相勾结图谋犯上作乱。金星、火星侵犯问题更严重。太微垣西侧有五颗下垂的星，名少微，象征士大夫。权星座即是轩辕座。轩辕座是形状像黄龙一样。前面的大星象征皇后，旁边的小星代表后宫妃嫔。权星座被月亮和五星侵犯或留守的，如衡星座占兆的原则一样。

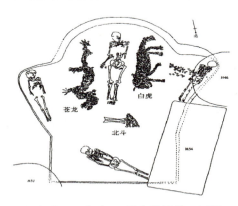

**河南濮阳西水坡 45 号大墓圹体平面图**
据考古研究，蚌壳摆塑的龙虎图像为星空之苍龙、白虎图腾。有学者经过对该墓圹体的天文学考释，认为其具有天文学含义。因而，这将中国二十八宿体系的滥觞期及古老的盖天学说的产生年代提前了近 3000 年。

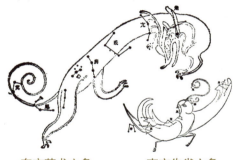

东方苍龙之象　　　南方朱雀之象

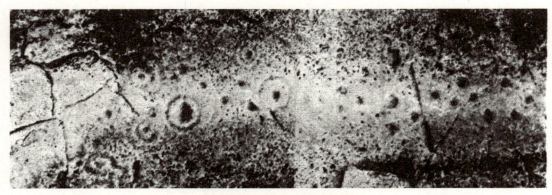

**岩画《星象图》 史前时期**
发现于江苏连云港将军崖岩画遗迹。据考古推断，该岩画遗迹的年代距今六七千年。

东井为水事。其西曲星曰钺。钺北，北河；南，南河；两河、天阙间为关梁。舆鬼，鬼祠事；中白者为质。火守南北河，兵起，谷不登。故德成衡，观成潢，伤成钺，祸成井，诛成质。

柳为鸟注，主木草。七星，颈，为员官，主急事。张，素，为厨，主觞客。翼为羽翮，主远客。

轸为车，主风。其旁有一小星，曰长沙，星星不欲明；明与四星等，若五星入轸星中，兵大起。轸南众星曰天库楼；库有五车。车星角若益众，及不具，无处车马。

西宫咸池，曰天五潢。五潢，五帝车舍。火入，旱；金，兵；水，水。中有三柱；柱不具，兵起。

奎曰封豕，为沟渎。娄为聚众。胃为天仓。其南众星曰廥积。

东井宿掌管水事。它的西侧有一颗深隐的星叫钺星。钺星的北侧是北河座，南侧是南河座。北河座、南河座和天阙座中间是交通关口。与鬼宿掌管祭祀祈祷之事；它的中央是一片白光团叫质星。火星如侵占南河座、北河座，发生战争，谷物不熟。因此帝王施行德政，就会预先从太微垣表现出征兆；帝王外出游览，就会预先从天潢座表现出征兆；帝王败德，就预先从钺星表现出征兆；帝王有灾难，就会预先从井宿表现出征兆；帝王执行诛杀，就会预先从质星表现出征兆。

柳宿是朱鸟星象的嘴，掌管草木。七星是鸟颈，掌管处理紧急事宜。张宿是鸟的嗉囊，是天厨，掌管宴请宾客。翼宿是鸟的翅膀，掌管接待外宾。

轸宿是车辆，掌管风。它的旁边有一颗小星，叫长沙星，微小，一般情况下不很明亮；长沙星明亮时与轸宿的四颗星一样，要是五星侵入轸宿当中，则兵事大起。轸宿南侧的群星叫天库楼；天库有五车星。五车星闪现光芒，有时更多，有时隐而不现，那样将无法安置车马。

西方星区有咸池座，名天五潢。五潢是五方天帝的车舍。火星侵入有旱灾，五星侵入有兵灾，水星侵入有火灾。其中有三柱座；三柱座隐而不现，兵事兴起。

奎宿又名封豕，掌管沟渠。娄宿掌聚集民众。胃宿是天帝的粮仓。它南边的众星叫廥积。

将军崖史前岩画《人面纹像》
据考古推断，人面之间有圆点和短线组成的星象图案。

昂曰髦头，胡星也，为白衣会。毕曰罕车，为边兵，主弋猎。其大星旁小星为附耳。附耳摇动，有谗乱臣在侧。昂、毕间为天街。其阴，阴国；阳，阳国。

参为白虎。三星直者，是为衡石。下有三星，兑，曰罚，为斩艾事。其外四星，左右肩股也。小三星隅置，曰觜觿，为虎首，主葆旅事。其南有四星，曰天厕。厕下一星，曰天矢。矢黄则吉；青、白、黑，凶。其西有句曲九星，三处罗：一曰天旗，二曰天苑，三曰九游。其东有大星曰狼。狼角变色，多盗贼。下有四星曰弧，直狼。狼比地有大星，曰南极老人。老人见，治安；不见，兵起。常以秋分时候之于南郊。

附耳入毕中，兵起。

北宫玄武，虚、危。危为盖屋；虚为哭泣之事。

其南有众星，曰羽林天军。军西为垒，或曰钺。旁有一大星为北落。北落若微亡，军星动角益希，及五星犯北落，入军，军起。火、金、水尤甚：火，军忧；水，水患；木、土，军吉。危东六星，两两相比，曰司空。

营室为清庙，曰离宫、阁道。汉中四星，曰天驷。旁一星，曰王良。王良策马，车骑满野。旁有八星，绝汉，曰天潢。天潢旁，江星。江星动，人涉水。

贺兰山岩画《星辰图》　史前时期

西方白虎之象

昂宿又叫髦头，是象征胡人的星，掌丧事。毕宿又名罕车，象征戍边兵士，主管狩猎。那颗大星旁边的小星星是附耳。附耳星光闪动，有谗臣乱党在身边。昂宿、毕宿的中间是天街。其北是阴国，其南是阳国。

参宿的星象是白虎。有三颗星排列成直线，像一杆秤。下面有三颗星斜着排列，叫罚星，掌斩杀。参宿的外面有四颗星，是左肩、右肩、左腿、右腿。另有三颗小星排列在角上，名觜觿，是虎头，掌管饥荒。参宿南侧有四颗星，名天厕。它的下面有一颗星名天矢星。天矢星呈黄色就吉利；呈青色、白色、黑色，就有凶险。参宿西边弯曲排列着九颗星，分三组排列：一组叫天旗，一组叫天苑，一组叫九游。参宿东侧有一颗大星叫狼。狼星的光芒改变颜色，多盗贼。参宿下面有四颗星名弧星，正对狼星。狼星下面近地平线有颗大星，名叫南极老人。南极星出现，天下平安无事；不出现，战事发生。秋分时节在城南郊常能观测到。

附耳星侵入毕宿当中，战事发生。

北方星区以神龟为星象，由虚宿、危宿组成。危宿掌宫室，虚宿掌哭丧事宜。

其南面有众星，名叫羽林天军。天军的西面是垒星，又叫钺星。旁边有一个大星叫北落。北落星若隐而不现，天军动摇，光芒更少，或五星侵犯北落星，或侵入天军，就会发生战事。火星、金星、水星的侵犯更为严重。火星侵入，战事堪忧；水星侵入，洪水为害；木星、土星入侵，战事吉利。危宿东边的六颗星，两两并列，名叫司空。

营室是帝王的祖庙，又名离宫、阁道。所在的银河里有四颗星，名叫天驷。旁边有一颗星，名叫王良。王良策马，车骑遍野。旁边有八颗星，横跨银河，名天潢。天潢旁有江星。江星动摇，人就涉水。

杵、臼四星，在危南。匏瓜，有青黑星守之，鱼盐贵。

南斗为庙，其北建星。建星者，旗也。牵牛为牺牲。其北河鼓。河鼓大星，上将；左右，左右将。婺女，其北织女。织女，天女孙也。

**彩陶花朵纹盆　大汶口文化**
出土于江苏邳州大墩子遗址，现藏于南京博物院。口缘部用黑彩绘成上、下八对半月形纹，在每对半月形纹之间，又以三四条黑红相间的竖条纹隔开。

察日、月之行以揆岁星顺逆。曰东方木，主春，日甲乙。义失者，罚出岁星。岁星赢缩，以其舍命国。所在国不可伐，可以罚人。其趋舍而前曰赢，退舍曰缩。赢，其国有兵不复；缩，其国有忧，将亡，国倾败。其所在，五星皆从而聚于一舍，其下之国可以义致天下。

以摄提格岁：岁阴左行在寅，岁星右转居丑。正月与斗、牵牛晨出东方，名曰监德。色苍苍有光。其失次，有应见柳。岁早，水；晚，旱。

杵、臼各四颗星，在危宿南面。匏瓜星，旁边有青黑色的星守着时，鱼、盐价贵。

南斗宿是庙堂，它的北面是建星座。建星座是天旗。牵牛宿掌管供祭祀用的牲畜。它的北面是河鼓座。河鼓座中的大星是大将；左边的星是左将，右边的星是右将。婺女宿的北边是织女座。织女是天帝的孙女。

观察日、月运行以测定岁星顺行或逆行。岁星叫东方木星，主管春季，判定甲日、乙日。国君失去正义，惩戒从木星显现出来。岁星运行有早有晚，根据它所在星次来确定对应国家的命运。所在星次对应的国家不可去征伐，但可以讨伐别国。岁星运行超过应处的星次称为"赢"，运行未达到应处的星次称为"缩"。赢，所在星次对应的国家遭受战祸而不会覆灭；缩，所在星次对应的国家有忧患，大将死，国家败亡。岁星所在星次，五星都相继会合到此，下面对应的国家可以靠正义一统天下。

在寅年（摄提格岁）：岁阴由东向西运行到寅位，岁星由西向东运行到丑位。正月里岁星与斗宿、牵牛宿早晨在东方出现，此时岁星名监德。颜色深青有光辉。星次错了位，能见到有柳宿便是应验。一年中早期有水情，一年中晚期有旱情。

**彩陶上的太阳纹图案　仰韶文化**
出土于河南郑州大河村新石器时代遗址。

**鹰形玉佩　凌家滩文化**

出土于安徽含山凌家滩遗址，现藏于安徽省文物考古研究所。鹰的腹部刻有圆圈和八角星纹。特殊的是，鹰的双翼被雕刻成猪首形。有学者研究认为，这与太一极星北斗有关。

八角星纹彩陶豆　大汶口文化

出土于山东泰安大汶口遗址，现藏于山东省文物考古研究院。八角星纹是大汶口文化（公元前4300～前2500年）的特有纹饰，是山东大汶口文化中期的典型器。大汶口文化是新石器时代后期父系氏族社会的典型文化形态。

岁星出，东行十二度，百日而止，反逆行；逆行八度，百日，复东行。岁行三十度十六分度之七，率日行十二分度之一，十二岁而周天。出常东方，以晨；入于西方，用昏。

单阏岁：岁阴在卯，星居子。以二月与婺女、虚、危晨出，曰降入。大有光。其失次，有应见张。其岁大水。

执徐岁：岁阴在辰，星居亥。以三月居与营室、东壁晨出，曰青章。青青甚章。其失次，有应见轸。岁早，旱；晚，水。

大荒骆岁：岁阴在巳，星居戌。以四月与奎、娄、胃、昴晨出，曰跰踵。熊熊赤色，有光。其失次，有应见亢。

敦牂岁：岁阴在午，星居酉。以五月与胃、昴、毕晨出，曰开明。炎炎有光。偃兵；唯利公王，不利治兵。其失次，有应见房。岁早，旱；晚，水。

**彩陶盆　大汶口文化**
出土于江苏邳州大墩子遗址，现藏于南京博物院。用白、黑、红三彩在口沿绘白地黑红竖道纹，腹部绘八角星与竖条相间纹饰，为大汶口文化中具有特色的彩陶装饰。

木星（岁星）出现，东行十二度，经百日停止，回转西行；西行八度，经百日，再东行。每年运行三十又十六分之七度，大约每天运行十二分之一度，经过十二年绕天一周。早晨，总是出现在东方；黄昏，从西方隐没。

卯年（单阏岁）：岁阴到（太岁）的卯位，岁星到子位。二月里与婺女宿、虚宿、危宿一起出现在早晨，名叫降入。形体大，有光。星次错了位，见到张宿便是应验。这年发大水。

辰年（执徐岁）：岁阴到辰位，岁星至亥位。岁星在三月里与营室宿、东壁宿早晨出现，名叫青章。呈鲜明青色。星次错了位，能见到轸宿便是应验。这一年早期有旱情，晚期有水情。

巳年（大荒骆岁）：岁阴到巳位，岁星到戌位。岁星在四月里与奎宿、娄宿、胃宿、昴宿早晨出现，名叫跰踵。呈熊熊燃烧状的红色，有光辉。星次错了位，能见到亢宿便是应验。

午年（敦牂岁）：岁阴到午位，岁星到酉位。岁星在五月里与胃宿、昴宿、毕宿早晨出现，名叫开明。有强烈光辉。应当停止用兵作战；只利于帝王诸侯推行庶政，不利于用兵作战。星次错了位，能见到房宿便是应验。这一年早期有旱情，晚期有水情。

**陶刻纹尖底尊　大汶口文化**
出土于山东莒县凌阳河文化遗址，现藏于中国国家博物馆。

陶刻纹尖底尊刻纹局部
器上刻划由太阳、月亮、山峰层叠组成的图像，可能是当时的原始文字。器大庄重，深厚大方，是大汶口文化富有特色的陶器。

叶洽岁：岁阴在未，星居申。以六月与觜觿、参晨出，曰长列。昭昭有光。利行兵。其失次，有应见箕。

涒滩岁：岁阴在申，星居未。以七月与东井、舆鬼晨出，曰天音。昭昭白。其失次，有应见牵牛。

**贺兰山岩画《星辰图》 史前时期**

作鄂岁：岁阴在酉，星居午。以八月与柳、七星、张晨出，曰长王。作作有芒。国其昌，熟谷。其失次，有应见危，曰犬章。有旱而昌，有女丧，民疾。

阉茂岁：岁阴在戌，星居巳。以九月与翼、轸晨出，曰天睢。白色大明。其失次，有应见东壁。岁水，女丧。

大渊献岁：岁阴在亥，星居辰。以十月与角、亢晨出，曰大章。苍苍然，星若跃而阴出旦，是谓"正平"。起师旅，其率必武；其国有德，将有四海。其失次，有应见娄。

困敦岁：岁阴在子，星居卯。以十一月与氐、房、心晨出，曰天泉。玄色甚明。江池其昌，不利起兵。其失次，有应见昴。

赤奋若岁：岁阴在丑，星居寅。以十二月与尾、箕晨出，曰天晧。黮然黑色甚明。其失次，有应见参。

当居不居，居之又左右摇，未

**贺兰山岩画《太阳图》**

未年（叶洽岁）：岁阴到未位，岁星到申位。岁星在六月里与觜觿、参宿早晨出现，名叫长列。有明亮的光芒。有利于用兵作战。星次错了位，能见到箕宿便是应验。

申年（涒滩岁）：岁阴到申位，岁星到未位。岁星在七月与东井宿、舆鬼宿早晨出现，名天音。呈明亮白光。星次错了位，能见到牵牛宿便是应验。

酉年（作鄂岁）：岁阴到酉位，岁星到午位。岁星在八月里与柳宿、七星宿、张星宿早晨出现，名长王。有辐射状光芒。国家兴盛，谷物成熟。星次错了位，能见到危宿便是应验，称为犬章。虽有旱情，但能丰收，有女死亡，百姓有疾病。

戌年（阉茂岁）：岁阴到戌位，岁星到巳位。岁星在九月里与翼宿、轸宿早晨出现，名天睢。呈十分光明的白光。星次错了位，能见到东壁宿便是应验。这年有水情，有女死亡。

亥年（大渊献岁）：岁阴到亥位，岁星到辰位岁星。岁星在十月里与角宿、亢宿早晨在东方出现，名大章。青色闪动，星体似跳动，像是从黑暗中跳出在晨曦中闪亮似的，是公平正直的表现。动员军队，其将帅必定勇敢；国家有德政，将会夺取天下。星次错了位，能见到娄宿便是应验。

子年（困敦岁）：岁阴在子位，岁星到卯位。岁星在十一月里与氐宿、房宿、心宿早晨出现，名叫天泉。呈黑色，很明亮。江河池沼的水很丰沛，不利于军事行动。星次错了位，能见到昴宿便是应验。

丑年（赤奋若岁）：岁阴在丑位，岁星到寅位。岁星在十二月里与尾宿、箕宿在早晨出现，名天晧。黮黮的黑色，很明亮。星次错了位，能见到参宿便是应验。

岁星应当停留而不停留，停留那里又左

当去去之，与他星会，其国凶。所居久，国有德厚。其角动，乍小乍大，若色数变，人主有忧。

其失次舍以下，进而东北，三月生天棓，长四尺，末兑。进而东南，三月生彗星，长二丈，类彗。退而西北，三月生天欃，长四丈，末兑。退而西南，三月生天枪，长数丈，两头兑。谨视其所见之国，不可举事用兵。

**陶盆　仰韶文化庙底沟类型**
有学者认为，陶器上图案为大火星图像。经科学研究，中国古人以大火授时的传统大约起源于大火星和参星分别处于分点附近之时，也就是公元前 5000 年左右。

其出如浮如沈，其国有土功；如沈如浮，其野亡。色赤而有角，其所居国昌。迎角而战者，不胜。星色赤黄而沈，所居野大穰。色青白而赤灰，所居野有忧。岁星入月，其野有逐相；与太白斗，其野有破军。

岁星一曰摄提，曰重华，曰应星，曰纪星。营室为清庙，岁星庙也。

察刚气以处荧惑。曰南方火，主夏，日丙、丁。礼失，罚出荧惑，荧惑失行是也。出则有兵，入则兵散。以其舍命国。荧惑，荧惑为勃乱、残贼、疾、丧、饥、兵。反道二舍以上，居之，三月有殃，五月受兵，七月半亡地，九月太半亡地。因与俱出入，国绝祀。居之，殃还至，虽大当小；久而至，当小反大。其

右摇摆；不应当离开而离开那里，与别的星球会合，那么星次对应的国家有凶险。停留得久，那个国家有厚德。它的光芒摇摆，忽小忽大，或色屡变，国君有忧愁。

它错失星次而前行，进至东北，经三个月出现天棓星，长四尺，末稍尖锐。进至东南，经三个月出现彗星，长二丈，如扫帚。退至西北，经三个月出现天欃星，长四丈，末稍尖锐。退至西南，经三个月出现天枪星，长数丈，两端尖锐。谨慎地观察它们出现的星次所对应国家，那里不可以兴办大事和用兵作战。它的出现好似上浮又像下沉，星次对应国家有大工程动土；它的出现好似下沉又像上浮，星次对应国家灭亡。星色火红而有光芒，所处星次对应国家兴盛。岁星生芒角而去作战，不能得胜。星色橙黄而下沉，所处星次对应国家大丰收。星色淡青而赤灰，所处星次对应国家有忧患。岁星经过月亮的背后，所处星次对应国家会驱逐宰相；与太白星相聚，所处星次对应国家军队溃败。

岁星又名摄提，名重华，名应，名纪。营室为天帝的宗庙，为岁星的庙堂。

观察刚毅的云气来判断荧惑的方位。荧惑名叫南方火星，主管夏季、丙日、丁日。国君丧失礼制，警戒从荧惑显示出来，荧惑运行也就失去常规。出现时就有战争发生，隐没时战争便平息。按照它所在星次确定对应国家的命运。荧惑，荧惑运行失常，预兆出现凶残、暴乱、疾病、死丧、饥荒、兵灾。逆行两个星次以上，停留在那里，三个月时有灾祸，五个月时有战祸，七个月时国土失半，九个月时国土失大半。如果某星宿与它一同升起落下，国家命脉就会断绝。停留在那里，随即发生灾祸，本来重灾会变轻；过了很久才发生灾祸，小灾反而变大灾。停留

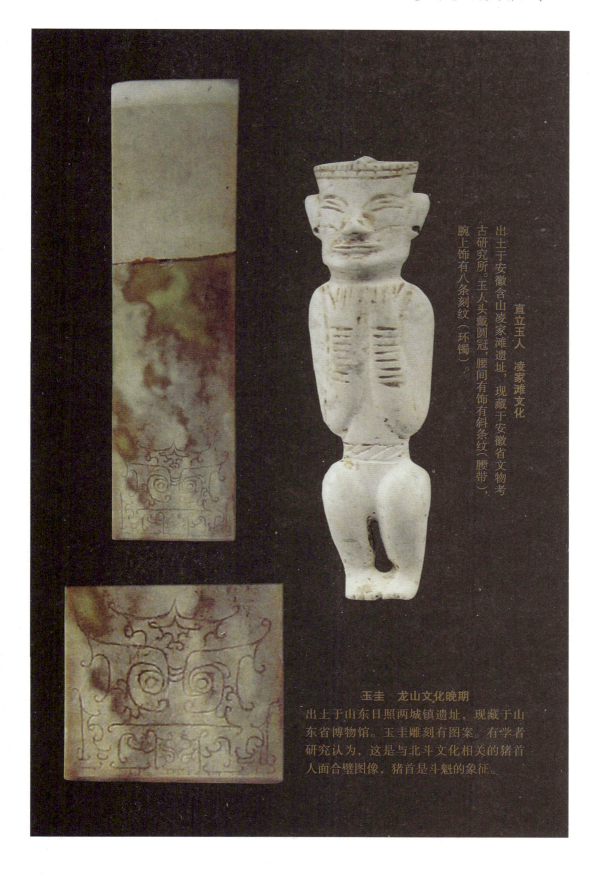

直立玉人 凌家滩文化
出土于安徽含山凌家滩遗址，现藏于安徽省文物考古研究所。玉人头戴圆冠，腰间有饰有斜条纹（腰带），腕上饰有八条刻纹（环镯）。

玉圭 龙山文化晚期
出土于山东日照两城镇遗址，现藏于山东省博物馆。玉圭雕刻有图案。有学者研究认为，这是与北斗文化相关的猪首人面合璧图像，猪首是斗魁的象征。

南为丈夫丧，北为女子丧。若角动绕环之，及乍前乍后，左右，殃益大。与他星斗，光相逮，为害；不相逮，不害。五星皆从而聚于一舍，其下国可以礼致天下。

法，出东行十六舍而止；逆行二舍；六旬，复东行，自所止数十舍，十月而入西方；伏行五月，出东方。其出西方曰"反明"，主命者恶之。东行急，一日行一度半。

其行东、西、南、北疾也。兵各聚其下；用战，顺之胜，逆之败。荧惑从太白，军忧；离之，军却。出太白阴，有分军；行其阳，有偏将战。当其行，太白逮之，破军杀将。其入守犯太微、轩辕、营室，主命恶之。心为明堂，荧惑庙也。谨候此。

**史前人类天文观测遗迹　陶寺文化中期**
发掘于山西襄汾陶寺文化中期城址。该城址的年代距今 4100 ~ 4000 年。

历斗之会以定填星之位。曰中央土，主季夏，日戊、己，黄帝，主德，女主象也。岁填一宿，其所居国吉。未当居而居，若已去而复还，还居之，其国得土，不乃得女。若当居而不居，既已居之，又西东去，其国失土，不乃失女，不可举事用兵。其居久，其国福厚；易，福薄。

其一名曰地侯，主岁。岁行十三度百十二分度之五，日行二十八分度之一，二十八岁周天。其所居，

在舆鬼宿的南面，男子有灾祸；停留在舆鬼宿的北边，女子有灾祸。如果光芒闪动，围着它，忽前忽后，忽左忽右，灾患更大。与其他星辰相遇，光芒交汇，有灾害；光芒没有交汇，无灾害。五星都相继会合在一个星次，那个星次对应的国家可以靠礼制统一天下。

按规律，荧惑向东运行十六星次而停留；向西运行两星次；经过六十天，再向东运行，从所停留的数十星次，历时十个月隐没于西方；潜行五个月，出现于东方。它出现在西方名叫"反明"，执政君主厌恶此种现象。向东行而急速，一天运行一度半。

它向东、西、南、北任何方向急速运行。军队从各个方面集合在它的下面；进行战斗，顺着它运行的方向出击就得胜，逆着它运行的方向出击就失败。荧惑跟随太白星走，军队就困扰；荧惑离开，军队就退去。出现在太白星的北面，军队有奇兵出击；出现在太白星的南边，有偏师将领战斗。当它在运行中，太白星追上它，军队失败，将领被杀。它接近或者侵犯太微垣、轩辕座和营室宿，执政国家厌恶此种现象。心宿是明堂，是荧惑的殿堂。谨慎地占候荧惑各种状况。

追踪观测斗宿的会合来判断填星的处所。名叫中央土星，主管夏末、戊日、己日，是黄帝的精灵，主宰德行，是皇后的象征。每年经过一宿天区，它所停留的星次对应国家吉利。不应当停留而停留，或已经离去而又回来，转回来停留在那里，对应国家取得土地，不然就获得妇女。如果应当停留而不停款，已经停止在那里，又向西或向东方离去，对应国家损失土地，不然便损失妇女，不能兴办大事和用兵作战。它停留长久，对应国家福气大；不经意停留一时，福气小。

它的另一名称是地侯星，主管年成。每年运行十三又一百一十二分之五度，每天运行二十八分之一度，二十八年绕天一周。它所停

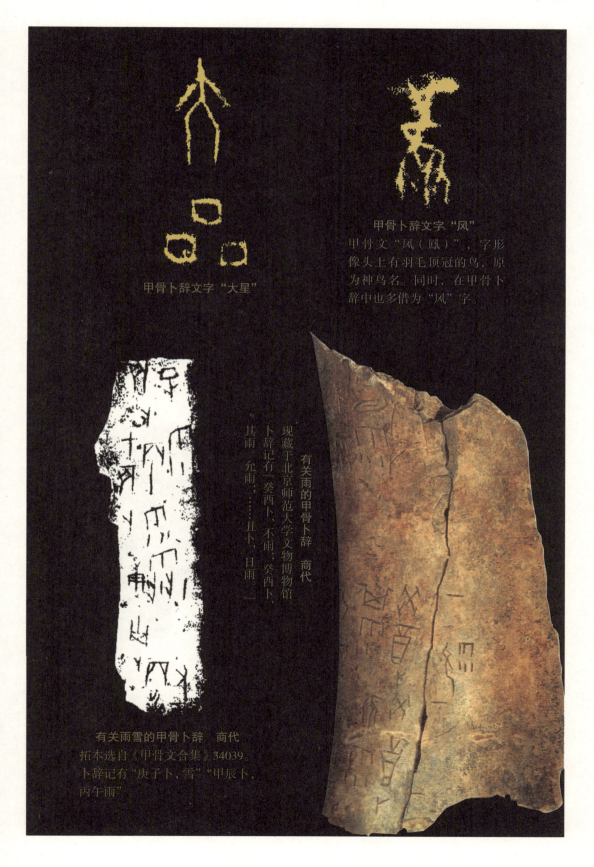

甲骨卜辞文字"大星"

甲骨卜辞文字"风"
甲骨文"风（鳳）"，字形像头上有羽毛顶冠的鸟，原为神鸟名。同时，在甲骨卜辞中也多借为"风"字。

有关雨的甲骨卜辞　商代
现藏于北京师范大学文物博物馆。卜辞记有"癸酉卜，不雨；癸酉卜，其雨……允雨；……且卜，日雨……"。

有关雨雪的甲骨卜辞　商代
拓本选自《甲骨文合集》34039。卜辞记有"庚子卜，雪""甲辰卜，丙午雨"。

**妇好三联甗　商代晚期**

出土于河南安阳小屯5号墓，现藏于中国社会科学院考古研究所。铜甗的架面四面饰有龙纹：长边两面各有五组龙纹和六个大圆形火纹；短边两侧中部各有一条龙，两侧饰有大圆形火纹。有学者研究认为，该铜甗的纹饰图案与殷商时期人们主祭大火星和观测大火星有关联。

五星皆从而聚于一舍，其下之国可以重致天下。礼、德、义、杀、刑尽失，而填星乃为之动摇。

赢，为王不宁；其缩，有军不复。填星，其色黄，光芒，音曰黄钟宫。其失次上二三宿曰赢，有主命不成，不乃大水。失次下二三宿曰缩，有后戚，其岁不复，不乃天裂若地动。

**有关星辰的甲骨卜辞　商代**
拓本选自《甲骨文合集》11503反。卜辞记有"有新大星并火"。"火"在甲骨文中有一释义为星名，即大火星。

斗为文太室，填星庙，天子之星也。

木星与土合，为内乱，饥，主勿用战，败；水则变谋而更事；火为旱；金为白衣会若水。金在南曰牝牡，年谷熟。金在北，岁偏无。火与水合为焠，与金合为铄，为丧，皆不可举事，用兵大败。土为忧，主孽卿；大饥，战败为北军，军困，举事大败。土与水合，穰而拥阏，有覆军，其国不可举事。出，亡地；入，得地。金为疾，为内兵，亡地。三星若合，其宿地国外内有兵与丧，改立公王。四星合，兵丧并起，君子忧，小人流。五星合，是谓易行，有德，受庆，改立大人，掩有四方，子

拓本选自《甲骨文合集》11503反。　有关星辰的甲骨卜辞　商代

在的天区，五星都相继会合到那里，那下面的国家可以靠威望一统天下。礼制、德行、正义、武力、刑法尽失，那么填星便会因此动摇。

填星运行超过应处的星次，国家不安宁；填星运行未达到应处的星次，军队不能回来。填星，其色黄，有光芒，声音配黄钟律、宫声。它错过星次超前两三宿天区称作"赢"，有国君的命令不能贯彻执行，不然便是发大水。它错过星次落后两三宿天区称作"缩"，王后有悲戚之事，这年阴阳不调和，不然就是天裂或地震。

斗宿是有文采装饰的太庙中央之室，是填星的庙堂，是象征天子的星。

木星和土星会合，有内乱、饥荒，尤其是不可发动战争，战则败；木星与水星会合，便改变计划和调整行事；木星与火星会合，天大旱；与金星会合，有丧事或水灾。金星在木星南边称阴阳合和，一年谷物成熟。金星在木星北面，收成很不好。火星与水星会合称为"焠"，与金星会合称为"铄"，是灾害，全都不可以兴办大事，用兵必大败。火星与土星结合有忧患，庶子担任的大臣有灾，有大的饥荒，战败成为败军，军队被围困，凡事大败。土星与水星会合，丰收却流通不畅，有覆灭的军队，与会合所处星次对应的国家不能兴办大事。土星出现，损失土地；土星隐没，取得土地。土星与金星会合，有疾病、内战、损失土地。三星要是会合，它们停留星次对应国家内外皆有战争、灾祸，改立国君。四星会合，战争和灾祸并起，贵族忧愁，百姓流亡。五星会合，这叫作改变正常行程，有德行的人受福，改立帝王，一统天下，

孙蕃昌；无德，受殃若亡。五星皆大，其事亦大；皆小，事亦小。

蚤出者为赢，赢者为客。晚出者为缩，缩者为主人。必有天应见于杓星。同舍为合。相凌为斗，七寸以内必之矣。

五星色白圜为丧旱；赤圜，则中不平，为兵；青圜为忧水；黑圜为疾，多死；黄圜，则吉。赤角犯我城，黄角地之争，白角哭泣之声，青角有兵忧，黑角则水。意，行穷兵之所终。五星同色，天下偃兵，百姓宁昌。春风秋雨，冬寒夏暑，动摇常以此。

填星出百二十日而逆西行，西行百二十日反东行。见三百三十日而入，入三十日复出东方。太岁在甲寅，镇星在东壁，故在营室。

察日行以处位太白。曰西方，秋，司兵月行及无失。日庚、辛，主杀。杀失者，罚出太白。太白失行，以其舍命国。其出行十八舍二百四十日而入。入东方，伏行十一舍百三十日；其入西方，伏行三舍十六日而出。当出不出，当入不入，是谓失舍，不有破军，必有国君之篡。

子孙发达；无德之人，遭殃或灭亡。五星都大，吉凶之事也大；五星都小，吉凶之事也小。

超期现于宿的叫作"赢"，赢者是客；滞后于宿的叫作"缩"，缩者为主。赢与缩必定有天象的应验从斗柄显示出来。同在一星次叫作会合。相互遮掩为争斗，相距在七寸以内必会有灾祸。

### 有关星辰的甲骨卜辞　商代
拓本选自《甲骨文合集》11505。卜辞记有"大星"。

五星色白而圆有丧事、旱灾；色红而圆，则内部不平静，有战祸；色青而圆有忧患、水灾；色黑而圆有疾病，多死亡；色黄而圆便吉利。射出红色光芒，有人侵犯；射出黄色光芒，有领土争端；射出白色光芒，有哭泣之声；射出青色光芒，有战争危机；射出黑色光芒，就有水灾。抑或是穷兵黩武招致的结局。五星呈一色，天下停止战争，百姓安宁幸福。春有风，秋有雨，冬寒冷，夏炎热，五星的变动常常如此。

填星出现一百二十天的逆转西行，历时一百二十天回转向东行。呈现三百三十天后隐没，隐没三十天后再现于东方。太岁在甲寅，填星在壁宿星区，原先在营室星区。

观日运行判断太白的所在。太白星名叫西方金星，秋季，主管兵、月行及无失。庚日、辛日，主管征伐。征伐失德者，惩戒的征兆由太白发出。太白运行失常，按照它所在星次确定对应国家的命运。它出现后运行十八星次，经过二百四十天，然后隐没。隐没于东方，潜伏运行十一星次经过一百三十天；它隐没于西方，潜伏运行三星次，经过十六天，然后出现。应当出现而不出现，当隐没而不隐没，这就是所说的"错失星次"，非有败军，必有国君被夺权。

**有关星辰的甲骨卜辞　商代**
卜辞记有"贞……其［新］星"。拓本选自《甲骨文合集》11488。

其纪上元，以摄提格之岁与营室晨出东方，至角而入，与营室夕出西方，至角而入；与角晨出，入毕，与角夕出，入毕；与毕晨出，入箕，与毕夕出，入箕；与箕晨出，入柳，与箕夕出，入柳；与柳晨出，入营室，与柳夕出，入营室。凡出入东西各五，为八岁，二百二十日，复与营室晨出东方。其大率，岁一周天。其始出东方，行迟，率日半度，一百二十日，必逆行一二舍；上极而反，东行，行日一度半，一百二十日入。其庳，近日，曰明星，柔；高，远日，曰大嚣，刚。其始出西方，行疾，率日一度半，百二十日；上极而行迟，日半度，百二十日，旦入，必逆行一二舍而入。其庳，近日，曰大白，柔；高，远日，曰大相，刚。出以辰、戌，入以丑、未。

当出不出，未当入而入，天下偃兵，兵在外，入。未当出而出，当入而不入，天下起兵，有破国。其当期出也，其国昌。其出东为东，入东为北方；出西为西，入西为南方。所居久，其乡利；疾，其乡凶。

有关星辰的甲骨卜辞　商代
拓本选自《甲骨文合集》6063 反。卜辞记有"辛未有霓新星"。

有关方位的甲骨卜辞　商代　卜辞多见『东土』。甲骨卜辞记有『东土』『西土』『北土』『南土』。拓本选自《甲骨文合集》7084。

据《上元历》记载，太白在寅年与营室早晨一起出现在东方，至角宿天区隐没，与营室一起在傍晚出现于西方，至角宿天区而隐没；与角宿在早晨出现，隐没于毕宿天区；与角宿傍晚出现，隐没于毕宿天区；与毕宿早晨出现，隐没于箕宿天区；与毕宿傍晚出现，隐没于箕宿天区；与箕宿早晨出现，隐没于柳宿天区；与箕宿傍晚出现，隐没于柳宿天区；与柳宿早晨出现，隐没于营室天区；与柳宿傍晚出现，隐没于营室宿天区。总计出现和隐没于东方或西方各有五次，经过八年二百二十天，再与营室早晨出现于东方。它大约每年绕天一周。它开始出现于东方，运行缓慢，大约每天半度，经过一百二十天，必定逆向运行一二星次；运行到极点便转回来，向东行，每天运行一度半，经一百二十天后隐没。当它位置低，靠近太阳，名叫明星，性柔弱；当它位置高，远离太阳，名叫大嚣，性刚强。它始现于西方，运行迅速，大概每天一度半，经一百二十天；运行到极点后便运行缓慢，每天半度，经一百二十天，拂晓隐没，必定向西行一二星次才隐没。当它位置低，靠近太阳，名叫大白，性柔弱；当它位置高，远离太阳，名叫大相，性刚强。辰时、戌时出现，丑时、未时隐没。

太白应当出现却未出现，应当隐没却未隐没。天下停战，军队在外而返。它不应当出现却出现，应当隐没而未隐没，天下争战，有破败之国。它如期出现，对应的国家兴盛。它出现于东方，占验在东方；隐没于东方，占验在北方；出现在西方，占验在西方；隐没于西方，占验在南方。停留得久，此地吉利；稍微停留，该地凶险。

出西逆行至东，正西国吉。出东至西，正东国吉。其出不经天；经天，天下革政。

小以角动，兵起。始出大，后小，兵弱；出小，后大，兵强。出高，用兵深吉，浅凶；庳，浅吉，深凶。日方南金居其南，日方北金居其北，曰赢，侯王不宁，用兵进吉退凶。日方南金居其北，日方北金居其南，曰缩，侯王有忧，用兵退吉进凶。用兵象太白：太白行疾，疾行；迟，迟行。角，敢战。动摇躁，躁。圜以静，静。顺角所指，吉；反之，皆凶。出则出兵，入则入兵。赤角，有战；白角，有丧；黑圜角，忧，有水事；青圜小角，忧，有木事；黄圜和角，有土事，有年。其已出

**有关征伐的甲骨卜辞　商代**
拓本选自《甲骨文合集》6347。卜辞的大意是，商王占卜贞问是否可以率领军队征伐，是否需要告于先祖祖乙，以祈求保佑。

三日而复，有微入，入三日乃复盛出，是谓奘，其下国有军败将北。其已入三日又复微出，出三日而复盛入，其下国有忧；师有粮食兵革，遗人用之；卒虽众，将为人虏。其出西失行，外国败；其出东失行，中国败。其色大圜黄滜，可为好事；其圜大赤，兵盛不战。

拓本选自《甲骨文合集》11501。卜辞记有「采烙云自北，西单雷……口星。三月。」

**有关星辰的甲骨卜辞　商代**

太白出现在西方，逆行至东方，正西方国家吉利。它出现在东方，行至西方，正东方国家吉利。它不应当白昼当空出现；白昼当空出现，天下政权改变。

太白形体小而光芒摇摆，发生战争。始现时大，后来小，军队力量就弱；始现时小，后来大，军队力量就强。出现时位置高，用兵作战深入就吉利，冒失轻进就凶险；位置低，冒失轻进就吉利，周密深入就凶险。太阳南移，太白在它南边，太阳北移，太白在它北边，这叫"赢"，国君不得安宁，用兵进攻吉利，撤退凶险。太阳向南移。太白在它北面，太阳向北移，太白在它南面，这叫"缩"，国君有忧患，用兵作战撤退就吉利，进攻就凶险。用兵作战效法太白：太白快行，行军当快；金星缓行，行军当慢；光芒放射，勇气发扬。动摇急躁，急躁进袭。圆而安静，稳中求胜。沿光芒所指而进，吉利；反之，凶。出现便发兵，隐没就收兵。射出红光，有战争；射出白光，有死亡；色黑而圆，有光芒，有忧愁，有治水之事；色清而圆，有细光，有忧患，有断木之事；色黄而圆，有光，有动土，有丰收。出现三天后又渐隐，隐没三日后又突现，是为退而不进，其下面对应的国家军队溃败，亡帅。隐没三天后渐现，出现三天后再突然隐去，其下面对应的国家有忧患；军队有粮有兵器，送给别人；士兵众多，将被人俘虏。出现在西方，运行失常，外国失败；出现在东方，运行失常，中原国家失败。大而圆，色黄而光润，可与他国交好；圆而大，色红，兵强而不战。

太白白，比狼；赤，比心；黄，比参左肩；苍，比参右肩；黑，比奎大星。五星皆从太白而聚乎一舍，其下之国可以兵从天下。居实，有得也；居虚，无得也。行胜色，色胜位，有位胜无位，有色胜无色，行得尽胜之。出而留桑榆间，疾其下国。上而疾，未尽其日，过参天，疾其对国。上复下，下复上，有反将。其入月，将僇。金、木星合，光，其下战不合，兵虽起而不斗；合相毁，野有破军。出西方，昏而出阴，阴兵强；暮食出，小弱；夜半出，中弱；鸡鸣出，大弱：是谓阴陷于阳。其在东方，乘明而出阳，阳兵之强；鸡鸣出，小弱；夜半出，中弱；昏出，大弱：是谓阳陷于阴。太白伏也，

**有关田桑的甲骨卜辞　商代**

拓本选自《甲骨文合集》37494。卜辞："壬子卜，鼎（贞）：[王]田桑，往來亡災。王（占）曰：吉。"田桑，即种田和养蚕。

以出兵，兵有殃。其出卯南，南胜北方；出卯北，北胜南方；正在卯，东国利。出西北，北胜南方；出西南，南胜北方；正在西，西国胜。

其与列星相犯，小战；五星，大战。其相犯，太白出其南，南国败；出其北，北国败。行疾，武；不行，文。色白五芒，出蚤为月蚀，晚为天夭及彗星，将发其国。出东为德，举事左

太白呈白色，似天狼星；呈红色，似心宿之主星；呈黄色，似参宿左侧亮星；呈青色，似参宿右侧亮星；呈黑色，似奎宿的大星。五星随太白在同一星次会合，它下面对应的国家可以凭武力统辖天下。太白运行处在正常的星位，就能有所得；处在非正常的星位，就无所可得。运行常规胜过颜色变化，颜色变化胜过位置有无，得位胜过不得位，色正胜过色不正，正常运行胜过其他一切。太白出现时停留在桑树、榆树顶端有害于下面对应的国家。上升得快，应当经过的时间没有走完，走了三分之一的天空，这将有害于对应的国家。上升了又下降，下降了又上升，国家有反叛的将军。它经过月亮的背面，大将被杀。金星与木星会合，木星有光，它下面对应的国家对阵而不交战，军队已动员而不战斗；两星会合，金星遮掩水星的光辉，对应国家有军队战败。出现在西方，黄昏时出现暗淡，奇兵强大；酉时出现，稍弱；子时出现，更弱；丑时出现，最弱：此为阴性隐于阳性。它出现在东方，天亮时出现，正兵强大；丑时出现，稍弱；子时出现，更弱；戌时出现，最弱：此为阳性隐于阴性。太白隐伏在地平线以下，派兵出战，军队有灾殃。它出现在东南，南方胜北方；出现在东北，北方胜南方；出现在正东，东方国家胜利。出现于西北，北方胜南方；出现于西南，南方胜北方；出现在正西，西方国家胜利。

太白与众恒星相遇，有小战争；与五大行星相遇，有大战。它们相互侵犯，太白经过其他星辰的南边，南边的国家失败；经过其他星辰的北边，北边的国家失败。运行快速，动武；停止运行，修德。呈白色，有五道光，出现早有月食，出现晚有妖星和彗星，将会震动对应的国家。出现于东方，主德，办事

之迎之，吉。出西为刑，举事右之背之，吉。反之皆凶。太白光见景，战胜。昼见而经天，是谓争明，强国弱，小国强，女主昌。

亢为疏庙，太白庙也。太白，大臣也，其号上公。其他名殷星、太正、营星、观星、宫星、明星、大衰、大泽、终星、大相、天浩、序星、月纬。大司马位谨候此。

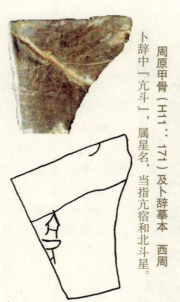

卜辞中『亢斗』，属星名，当指亢宿和北斗星。

周原甲骨（H11：171）及卜辞摹本 西周

尚左面对它，吉。出现在西方，主刑，办事尚右背着它，吉。反之，凶。太白光照在地面物体上出现影子，战争胜利。白昼出现并过午时，这叫作争明，强国变弱，小国变强，王后得势。

亢宿是天帝的外朝，太白的庙堂。太白是大臣，位号是上公。其他名称是殷星、太正星、营星、观星、宫星、明星、大衰星、大泽星、终星、大相星、天浩星、序星、月纬星。大司马在职应当谨慎占候金星运行状况。

察日辰之会，以治辰星之位。曰北方水，太阴之精，主冬，日壬、癸。刑失者，罚出辰星，以其宿命国。

是正四时：仲春春分，夕出郊奎、娄、胃东五舍，为齐；仲夏夏至，夕出郊东井、舆鬼、柳东七舍，为楚；仲秋秋分，夕出郊角、亢、氐、房东四舍，为汉；仲冬冬至，晨出郊东方，与尾、箕、斗、牵牛俱西，为中国。其出入常以辰、戌、丑、未。

其蚤为月蚀，晚为彗星及天夭。其时宜效不效为失，追兵在外不战。一时不出，其时不和；四时不出，天下大饥。其当效而出也，色白为旱，黄为五谷熟，赤为兵，黑为水。出东方，大而白，有

帛书《彗星图》 西汉早期

出土于湖南长沙马王堆3号汉墓，现藏于湖南省博物馆。马王堆汉墓帛书中有29幅彗星图。这是世界上现存最早的彗星图。

观察太阳与辰星的会合来确定辰星的位置。辰星名叫北方水星，是太阴的精灵，主管冬季，壬日、癸日。刑罚错误，惩戒征兆从水星表现出来，按照它所在的星次确定对应国家的命运。

辰星校正四季：在二月春分，傍晚出现在奎宿、娄宿、胃宿以东五宿天区，对应的是齐国；在五月夏至，傍晚出现于井宿、舆鬼宿、柳宿以东七宿天区，对应的是楚国；在八月秋分，傍晚出现于角宿、亢宿、氐宿、房宿以东四宿天区，对应的是汉朝京畿；在十一月冬至，早晨出现于东方，与尾宿、箕宿、斗宿、牵牛宿一道向西运行，对应的是中原地区。它在辰时、戌时、丑时、未时经常出现和隐没。

晨星出现得早有月食，出现得晚有慧星和妖星。辰星应当出现而未出现，是失常，追兵在外，不宜交战。一季不出现，那一季天气不调和；四季不出现，天下大饥荒。它应当出现而出现，呈白色时有旱灾，呈黄色时谷物成熟，呈红色时有战祸，呈黑色时有水灾。辰星出现

**木刻画《星象图》　西汉中晚期**

出土于江苏盱眙东阳汉墓群1号墓。该木刻画为椁室的"顶板"。其中一块木刻画的左方为圆日与金乌，周围分布九个较小的圆日，上刻一人飞奔；右方有圆月，月中有蟾蜍、白兔和半弧形线，下刻一人。圆月后分布七颗星辰，其中三颗连成直线，另有四颗为斜角排列。据考古推测，它与"后羿射九日"的传说有关。

**帛书摹本　战国晚期**

出土于湖南长沙子弹库楚墓。该帛书内容分为内层、外层两部分。内层为两篇文字，一篇是创世神话，8行3段；另一篇是天文星占，13行2段。帛书外层四周分为十六等区，其中包括青、赤、白、黑四色木和十二月神将，十二月神分为四组，每三神将一组，居于四方，代表四季及四季的孟、仲、季三月。

**"五星出东方利中国"锦制护膊 汉代**
出土于新疆和田地区民丰县尼雅遗址，现藏于新疆维吾尔自治区博物馆。

兵于外，解。常在东方，其赤，中国胜；其西而赤，外国利。无兵于外而赤，兵起。其与太白俱出东方，皆赤而角，外国大败，中国胜；其与太白俱出西方，皆赤而角，外国利。五星分天之中，积于东方，中国利；积于西方，外国用兵者利。五星皆从辰星而聚于一舍，其所舍之国可以法致天下。辰星不出，太白为客；其出，太白为主。出而与太白不相从，野虽有军，不战。出东方，太白出西方；若出西方，太白出东方，为格，野虽有兵不战。失其时而出，为当寒反温，当温反寒。当出不出，是谓击卒，兵大起。其入太白中而上出，破军杀将，客军胜；下出，客亡地。辰星来抵太白，太白不去，将死。正旗上出，破军杀将，客胜；下出，客亡地。视旗所指，以命破军。其绕环太白，若与斗，大战，客胜。兔过太白，间可械剑，小战，客胜。兔居太白前，军罢；出太白左，小战；摩太白，有数万人战，主人吏死；出太白右，去三尺，军急约战。青角，兵忧；黑角，水。赤行穷兵之所终。

兔七命，曰小正、辰星、天欃、安周星、细爽、能星、钩星。其色黄而小，出而易处，天下之文变而不善矣。兔五色，青圜忧，白圜丧，赤圜中不平，黑圜吉。赤角犯我城，黄角地之争，白角号泣之声。

在东方，形体大，色白，有军队在外，罢退。常在东方，色红，中国胜；在西方而色红，外国胜。没有军队在外，呈红色，战争会发生。它与太白一道现于东方，都呈红色而有光，外国大败，中国胜利；它与太白一道现于西方，都呈红色而有光，外国胜。五大行星占有天空之半，聚集东方，中国胜；聚集在西方，进行战争的外国胜。其中五星与辰星会合在同一星次，所处星次对应的国家以法一统天下。辰星不出现，太白是客人；它出现，太白是主人。它出现后不与太白相随，对应国家虽然调动了军队，但不会交战。它出现在东方，太白出现于西方；或者它出现在西方，太白出现在东方，叫作"各处一方"，对应国家虽然动员了军队，不会交战。错过了出现的时间，便会出现当寒冷反而温暖，当温暖反而寒冷的现象。应当出现而不出现，叫作"击卒"，战争爆发。它经太白背面而在上面出现，破军杀将，客军胜；在下面出现，客军失地。辰星靠近太白，太白不离去，将军死亡。看它所指方向，来断定败军。它环绕太白，或与太白的光芒相接，大战，客军胜。辰星经过太白，中间可以容纳一把剑，小战，客军胜。辰星停在太白前，军队罢战；经过太白左侧，小战；迫近太白，有数万人交战，主军将帅死亡；经过太白右侧，隔开三尺，军队急于挑战。放青光，有战争危险；放黑光，有水灾。红色，就是走投无路的败兵的末日。

兔星有七个名称：小正星、辰星、天欃星、安周星、细爽星、能星、钩星。它色黄，形体小，出现后移动位置，天下的礼乐变乱而不正。兔星有五色，青而圆，有忧患；白而圆，有死丧；红而圆，内部不平静；黑而圆，吉利。射红光，有人侵犯我国；射黄光，有领土争端；射白光，有哭泣之声。

其出东方，行四舍四十八日，其数二十日而反入于东方；其出西方，行四舍四十八日，其数二十日而反入于西方。其一候之营室、角、毕、箕、柳。出房、心间，地动。

辰星之色：春，青黄；夏，赤白；秋，青白，而岁熟；冬，黄而不明。即变其色，其时不昌。春不见，大风，秋则不实。夏不见，有六十日之旱，月蚀。秋不见，有兵，春则不生。冬不见，阴雨六十日，有流邑，夏则不长。七星为员官，辰星庙，蛮夷星也。

有关月食的甲骨卜辞　商代
拓本选自《甲骨文合集》11483。卜辞记有"月有食"。

角、亢、氐，兖州。房、心，豫州。尾、箕，幽州。斗，江、湖。牵牛、婺女，扬州。虚、危，青州。营室至东壁，并州。奎、娄、胃，徐州。昴、毕，冀州。觜觿、参，益州。东井、舆鬼，雍州。柳、七星、张，三河。翼、轸，荆州。

两军相当，日晕；晕等，力钧；厚长大，有胜；薄短小，无胜。重抱大破无。抱为和，背为不和，为分离相去。直为自立，立侯王；破军杀将。负且戴，有喜。围在中，中胜；在外，外胜。青外赤中，以和相去；赤外青中，

拓本选自《甲骨文合集》11482反。卜辞："旬壬申夕，月有食。"

有关月食的甲骨卜辞　商代

它出现在东方，运行四宿天区，计四十八天，大约二十天后返转隐没于东方；其后它在傍晚出现于西方，运行四宿天区计四十八天，大约二十天后在傍晚隐没于西方。另外一种情况，在营室、角宿、毕宿、箕宿、柳宿的天区能观测到它。出现在房宿、心宿之间时，有地震。

辰星的颜色：春呈青黄色；夏呈白光；秋呈青白色，年成好；冬呈黄色而不明亮。假如它的颜色改变了，那一季不昌盛。春季时不出现，有大风，秋季没有收成；夏季时不出现，有六十天的旱灾，有月食；秋季不出现，战祸，来春谷物不生长；冬季不出现，阴雨六十天，有大水淹没的城邑，来夏谷物不长。七星是主急事的员官，辰星的庙堂，是象征蛮夷的星。

角宿、亢宿、氐宿的分野是兖州。房宿、心宿的分野是豫州。尾宿、箕宿的分野是幽州。斗宿的分野是长江、太湖地区。牵牛宿、婺女宿的分野是扬州。虚宿、危宿的分野是青州。营室宿到东壁宿的分野是并州。奎宿、娄宿、胃宿的分野是徐州。昴宿、毕宿的分野是冀州。觜觿宿、参宿的分野是益州。东井宿、舆鬼宿的分野是雍州。柳宿、七星宿、张宿的分野是三河地区。翼宿、轸宿的分野是荆州。

两军对垒，出现日晕；日晕匀称，双方势均力敌；日晕厚、长、大，有胜有败；日晕薄、短、小，双方不分胜负。日晕重重相抱，军队有大败。日晕背着太阳，双方不能修和，各自退兵而去。日晕直立，有诸侯君主自立；军队失败，主将被杀。日晕出现在太阳的上方或下方时，有喜事。日晕时有青气从中四出，被围一方获胜；日晕时有青气从外贯入，围困一方获胜。外层呈青色，内层红色，

以恶相去。气晕先至而后去，居军胜。先至先去，前利后病；后至后去，前病后利；后至先去，前后皆病，居军不胜。见而去，其发疾，虽胜无功。见半日以上，功大。白虹屈短，上下兑，有者下大流血。日晕制胜，近期三十日，远期六十日。

有关日食的甲骨卜辞　商代
拓本选自《甲骨文合集》11480。卜辞记有"日有食"。

其食，食所不利；复生，生所利；而食益尽，为主位。以其直及日所宿，加以日时，用命其国也。

月行中道，安宁和平。阴间，多水，阴事。外北三尺，阴星。北三尺，太阴，大水，兵。阳间，骄恣。阳星，多暴狱。太阳，大旱丧也。角、天门，十月为四月，十一月为五月，十二月为六月，水发，近三尺，远五尺。犯四辅，辅臣诛。行南北河，以阴阳言，旱水兵丧。

有关虹的甲骨卜辞　商代
拓本选自《甲骨文合集》11405。卜辞记有"有出虹自北于河"。

月蚀岁星，其宿地，饥若亡。荧惑也乱，填星也下犯上，太白也强国以战败，辰星也女乱。食大角，主命者恶之；心，则为内贼乱也；列星，其宿地忧。

两军议和离开；外层呈红色，内层青色，两军怀着仇恨离开。光先显现后消失，驻军胜。先显现又先消失，前期有利，后期不利；后出现又后消失，前期不利，后期有利；后出现而先消失，前期、后期都不利，驻守的军队不能取胜。出现一时即消失，发生过程短暂，虽有小胜却无大功。出现半天以上，战功巨大。白光带弯而短，上下两端尖，有此现象的下面的地区会发生大流血战斗。日晕决断胜败，近期三十天，远期六十天。

日食，开始亏损时所当之地不吉；再现光，开始生光时所当之地吉；日食尽，应验在国君身上。按日食所当方位和太阳所在天区，加上发生的日期和时辰，来确定与之对应的国家的吉凶。

月运行经过中道，安宁和平。经过房宿和四星中间，多水，有乱事。房宿最北一星的北边三尺处，是阴星道。再向北三尺，是太阴道，月星经过那里，有大水，有战争。经过阳间道，国君骄纵。经过阳星道，会生出很多凶暴的刑狱案件。经过太阳道，有大旱灾，有死亡。经过角宿二星中间的天门，十月应在第二年四月，十一月应在第二年五月，十二月应在第二年六月，发生洪水，近三尺深，远五尺深。侵犯房宿四星，大臣被杀。经过南河以南，有旱灾，有战祸；经过北河以北，有水灾，有丧事。

月遮掩岁星，它的分野有饥荒，几近亡国。遮掩荧惑，有乱事；遮掩填星，有卑贱晚辈冒犯尊长辈；遮掩太白，因强国来攻打而兵败；遮掩辰星，有后妃之乱。遮掩大角星，执政者厌恶此种现象；遮掩心宿，便有朝廷内乱；遮掩众星，其分野有忧患。

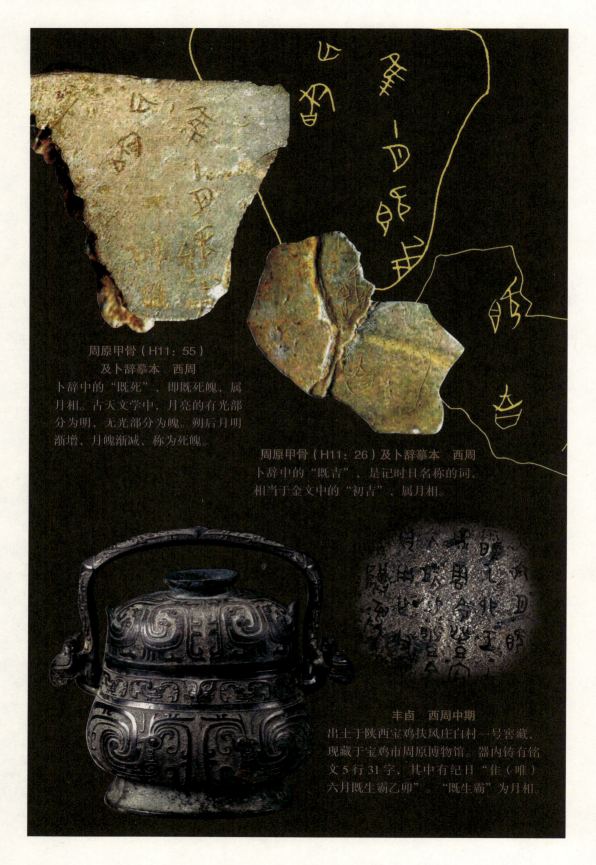

周原甲骨（H11：55）
及卜辞摹本 西周

卜辞中的"既死"，即既死魄，属
月相。古天文学中，月亮的有光部
分为明，无光部分为魄。朔后月明
渐增，月魄渐减，称为死魄。

周原甲骨（H11：26）及卜辞摹本 西周

卜辞中的"既吉"，是记时日名称的词，
相当于金文中的"初吉"，属月相。

丰卣 西周中期

出土于陕西宝鸡扶风庄白村一号窖藏，
现藏于宝鸡市周原博物馆。器内铸有铭
文5行31字，其中有纪日"隹（唯）
六月既生霸乙卯"。"既生霸"为月相。

月食始日，五月者六，六月者五，五月复六，六月者一，而五月者五，凡百一十三月而复始。故月蚀，常也；日蚀，为不臧也。甲、乙，四海之外，日月不占。丙、丁，江、淮、海岱也。戊、己，中州、河、济也。庚、辛，华山以西。壬、癸，恒山以北。日蚀，国君；月蚀，将相当之。

国皇星，大而赤，状类南极。所出，其下起兵，兵强；其冲不利。

昭明星，大而白，无角，乍上乍下。所出国，起兵，多变。

五残星，出正东东方之野。其星状类辰星，去地可六丈。

大贼星，出正南南方之野。星去地可六丈，大而赤，数动，有光。

司危星，出正西西方之野。星去地可六丈，大而白，类太白。

狱汉星，出正北北方之野。星去地可六丈，大而赤，数动，察之中青。此四野星所出，出非其方，其下有兵，冲不利。

从月食周期开始之日起，每经五个月出现月食，连续六次，每经六个月出现月食，连续五次，每过五个月出现月食，再连续六次，再过六个月出现月食一次，又每过五个月出现月食，连续五次，共一百一十三个月，后再又循环。所以月食是常事，日食不是好事。甲、乙日，应验在中国以外，日食、月食不能占候。丙、丁日，应验在长江流域、淮河流域、东海到泰山之间的地区。戊、己日，应验在中原地区、黄河流域、济水流域。庚、辛日，应验在华山以西地区。壬、癸日，应验在恒山以北地区。日食，国君承当应验；月食，将相承当应验。

国皇星，大而红，形似南极星。它出现的天区，下面对应的国家发生战争，军队强大；它对着的方位不吉利。

昭明星，大而白，无光，忽上忽下。下面对应的国家发生战争，局势很不稳定。

五残星，出现在正东方的分野。其状类辰星，离地面大约六丈。

大贼星，出现在正南方的分野。离地约六丈，大而红，频繁摇动，有光。

司危星，出现在正西方分野。离地约六丈，大而白，似太白星。

狱汉星，出现在正北方分野。离地约六丈，大而红，频繁摇动，细察其色隐隐呈青色。这四个方位的星如果出现在不该出现的方位，它们对应的国家有战争，不吉利。

**周原甲骨（H11：2）及卜辞摹本　西周**
卜辞中，"重三月"是指后三月，即闰月；"月望"是月满之义，属月相。

四填星，所出四隅，去地可四丈。

地维咸光，亦出四隅，去地可三丈，若月始出。所见，下有乱；乱者亡，有德者昌。

烛星，状如太白，其出也不行。见则灭。所烛者，城邑乱。

如星非星，如云非云，命曰归邪。归邪出，必有归国者。

有关雷电的甲骨卜辞　商代
拓本选自《甲骨文合集》1086 反。卜辞记有"壬戌雷，不雨"。

星者，金之散气，其本曰火。星众，国吉；少则凶。

汉者，亦金之散气，其本曰水。汉，星多，多水，少则旱，其大经也。

天鼓，有音如雷非雷，音在地而下及地。其所往者，兵发其下。

天狗，状如大奔星，有声，其下止地，类狗。所堕及炎火，望之如火光炎炎冲天。其下圜如数顷田处，上兑者则有黄色，千里破军杀将。

格泽星者，如炎火之状。黄白，起地而上。下大，上兑。其见也，不种而获；不有土功，必有大害。

蚩尤之旗，类彗而后曲，象旗。见则王者征伐四方。

旬始，出于北斗旁，状如雄鸡。其怒，青黑，象伏鳖。

枉矢，类大流星，蛇行而仓黑，望之如有毛羽然。

长庚，如一匹布著天。此星见，兵起。

星坠至地，则石也。河、济之间，时有坠星。

四填星，出现在天区的四角，离地约四丈。

地维星隐藏光辉，也出现在天区的四角，离地约三丈，如月初出。它一出现，下面对应的国家有动乱，有乱事的国家会灭亡，有德政的国家会兴盛。

烛星，状似太白星，它出现但不运行，一出现就立即消失。它所照耀的地方，城邑有混乱局面。

似星不是星，像云不是云，名叫归邪星。归邪星出现，必有回归本国的人。

星体是金属的散气，其本质是火。星多，国家吉；星少，凶险。

银河也是金属的散气，其本质是水。银河中星辰多，雨水多；星少，便干旱，此为常规。

天鼓星，有声音，似雷声又不是雷声，声音从地表传到地下。它运行所到之处，下面对应的国家发生战争。

天狗星，状如大奔星，有声音，它落到地面，似狗。它下落至炎火，望去似火光冲天。下面圆坑，大如数顷田地，上端尖锐呈黄色，千里奔袭败军杀将。

格泽星，似燃烧的火焰。呈黄白色，从地面起而上腾。下部大，上端尖。它出现，不播种而有收获；不治水筑城，必有大灾害。

蚩尤之旗星，似扫帚而后部弯曲，似旗帜。它出现时有帝王征伐四方。

旬始星，出现在北斗星旁，状似雄鸡。放光，青黑色，似伏着的鳖。

枉矢星，似大流星，蜿蜒曲折行进，呈青黑色，望去似有羽毛之状。

长庚星，似一匹布悬挂于天空。此星出现，战争发生。

星体陨落到地上，便是石头。黄河、济水之间的地区，常有陨落的星体。

天精而见景星。景星者,德星也。其状无常,常出于有道之国。

凡望云气,仰而望之,三四百里;平望,在桑榆上,余二千里;登高而望之,下属地者三千里。云气有兽居上者,胜。

自华以南,气下黑上赤。嵩高、三河之郊,气正赤。恒山之北,气下黑上青。勃、碣、海、岱之间,气皆黑。江、淮之间,气皆白。

徒气白。土功气黄。车气乍高乍下,往往而聚。骑气卑而布。卒气抟。前卑而后高者,疾;前方而后高者,兑;后兑而卑者,却。其气平者其行徐。前高而后卑者,不止而反。气相遇者,卑胜高,兑胜方。气来卑而循车通者,不过三四日,去之五六里见。气来高七八尺者,不过五六日,去之十余、二十余里见。气来高丈余二丈者,不过三四十日,去之五六十里见。稍云精白者,其将悍,其士怯。其大根而前绝远者,当战。青白,其前低者,战胜;其前赤而仰者,战不胜。阵云如立垣。杼云类杼。轴云抟两端兑。杓云如绳者,居前亘天,其半半天。其蜎者类阙旗故。钩云句曲。诸此云见,以五色合占。而泽抟密,其见动人,乃有占;兵必起,合斗其直。

天气晴朗时出现景星。景星是德星。它的形状不一定,常出现在政治清明的国家的上方。

大凡观察云气,抬头一望,达三四百里;平视而望,视线在桑树、榆树梢,一二千里;登高远望,俯瞰的尽头达三千里。云气像有禽兽蹲在上面的,作战胜利。

从华山以南,云气下部黑上部红。嵩高、三河地区的郊野,云气色正红。恒山以北,云气下部黑上部青。渤海、碣石、东海、泰山一带,云气皆黑。长江、淮河一带云气皆白。

象征备战的云气白。筑防御工事的云气黄。战车的云气忽上忽下,常常呈团聚状。骑战的云气低矮平铺,步战的云气团聚。云气前低后高,军行快速;前平后高,兵力精锐;后尖而低,军队退却。云气平,军行缓慢。前高后低,军队不停留即回转。云气相对抗,低的胜高的,尖锐的胜平正的。云气来得低而且沿着车道的,不过三四天,离它五六里可以看见。云气来高七八尺,不过五六日,离它一二十里可以看见。云气高一两丈,不过三四十天,离它五六十里可以看见。漂浮的云色纯白,将领强悍,士兵怯懦。云气根部大且前端延伸极远,对战。云色青白,前部低,战胜;云色前部红而翘起,战不胜。阵云像耸立的城墙。织梭云似织梭。滚筒云团聚,两端尖锐。杓子云似绳子,前居而横贯天空,它的一半绵延半个天空。彩虹云似战旗,所以光锐。钩镰云弯曲。凡属此类云气,依据五色占候。要是光润、团聚、浓密,它的出现引人注意,才值得占候;军事行动一定发生,在它所对应之地交战。

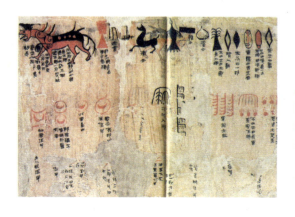

**帛书《云气占》 西汉早期**
出土于湖南长沙马王堆 3 号汉墓,现藏于湖南省博物馆。它是帛书《天气气象杂占》的一部分。画面中以动物、植物或各类器物来代表云的形状,描述了楚云、赵云、韩云、魏云等 14 国族的云气。《史记・天官书》谈及"云气占",反映了我国古代人们通过云气来观测气象。

壁画《月宫和女娲》 西汉
出土于河南洛阳浅井头西汉墓。画面中有人首蛇身的女娲，月宫中有蟾蜍和奔兔。

壁画《太阳、伏羲》 西汉
出土于河南洛阳烧沟卜千秋墓。画面中有人首蛇身的伏羲，太阳中有飞行的金乌。

《天象》画像石和《牛郎织女》画像石拓本 汉代
《天象》画像石表现了日升月落的景象，上部是载负着太阳的飞升金乌，下部是蟾蜍居中的月亮，日月之间布满星宿。《牛郎织女》画像石上，左下方连缀的四星中央是织女，左上连缀的七星中央是月宫和玉兔；中部是白虎星座；右上方连缀三星，右下方是牵牛的牛郎。

王朔所候，决于日旁。日旁云气，人主象。皆如其形以占。

故北夷之气如群畜穹闾，南夷之气类舟船幡旗。大水处，败军场，破国之虚，下有积钱，金宝之上，皆有气，不可不察。海旁蜄气象楼台，广野气成宫阙然。云气各象其山川人民所聚积。

故候息耗者，入国邑，视封疆田畴之正治，城郭室屋门户之润泽，次至车服畜产精华。实息者，吉；虚耗者，凶。

**有关春天耕作的甲骨卜辞　商代**
拓本选自《甲骨文合集》9518。卜辞记有"今春王黍于南"，意思是商王在春天亲自参加农作。甲骨文"屯"也读作"春"，字形像草木初生。

若烟非烟，若云非云，郁郁纷纷，萧索纶囷，是谓卿云。卿云，喜气也。若雾非雾，衣冠而不濡，见则其域被甲而趋。

夫雷电、虾虹、辟历、夜明者，阳气之动者也，春夏则发，秋冬则藏，故候者无不司之。

天开县物，地动坼绝。山崩及徙，川塞谿垘；泽竭地长，水澹见象。城郭门闾，闰臬枯槁；宫庙邸第，人民所次。谣俗车服，观民饮食。五谷草木，观其所属。仓府厩库，四通之路。六畜禽兽，所产去就；鱼鳖鸟鼠，观其所处。鬼哭若呼，其人逢俉。化言，诚然。

王朔所占候的，取决于太阳旁边的云气。太阳旁边的云气，是帝王的象征。都是根据它的形状来占卜。

所以北方外族地区的云气似牲畜和帐篷，南方外族地区的云气似舟船、风帆。发洪水的地方，败军的战场，亡国的废墟，地下埋藏钱币，金银珍宝，上面均有云气，不可不仔细观察。大海边的蜃气似楼台，广野中的云气形成宫殿的样子。云气各自像当地的山川形势和人民的气质。

所以占候社会盛衰吉凶，进入某个国家或地区，观察疆界是否明确划分和田地是否精细耕作，城市房屋门窗是否光洁，其次察看车马服饰是否华美、牲畜是否肥壮。充实繁荣的，吉；空虚消耗的，凶。

似烟非烟，似云非云，璀璨纷纭，缥缈疏散，叫作卿云。卿云为喜气。似雾非雾，衣帽不沾湿，它出现了，此地为战事奔忙。

那些雷电、虹霓、惊雷、夜明之类，是阳气运动而产生的，春、夏两季就发生，秋、冬两季便潜藏，所以占候者无不等待时机观察它们。

天空裂开，显现悬空物象，地震断裂。山岭崩塌移徙，江河溪涧填塞；流水回旋起伏，湖沼干涸，地面隆起，显示迹象。城郭里巷的门户，有时润泽，有时焦枯；宫殿馆舍和普通民居也是如此。观察歌谣风俗、车马服饰、居民饮食，观察庄稼草木种植之处，观察粮仓、钱库、马棚、武库和交通要冲，观察牲畜生长放牧和鱼鳖鸟鼠出没栖息之所。有鬼哭叫，偶然惊怪。谣言流传，会有应验。

凡候岁美恶，谨候岁始。岁始或冬至日，产气始萌。腊明日，人众卒岁，一会饮食，发阳气，故曰初岁。正月旦，王者岁首；立春日，四时之始也。四始者，候之日。

而汉魏鲜集腊明正月旦决八风。风从南方来，大旱；西南，小旱；西方，有兵；西北，戎菽为，小雨，趣兵；北方，为中岁；东北，为上岁；东方，大水；东南，民有疾疫，岁恶。故八风各与其冲对，课多者为

**有关祈求丰年的甲骨卜辞　商代**
拓本选自《甲骨文合集》33244。卜辞的大意是商王祈求丰年，四方土地丰收。卜辞多见"受禾"，即粟米（谷物）丰收。

胜。多胜少，久胜亟，疾胜徐。旦至食，为麦；食至日昳，为稷；昳至铺，为黍；铺至下铺，为菽；下铺至日入，为麻。欲终日有雨，有云，有风，有日。当其时者，深而多实；无云有风日，当其时，浅而多实；有云风，无日，当其时，深而少实；有日，无云，不风，当其时者稼有败。如食顷，小败；熟五斗米顷，大败。则风复起，有云，其稼复起。各以其时用云色占种所宜。其雨雪若寒，岁恶。

是日光明，听都邑人民之声。声宫，则岁善，吉；商，则有兵；徵，旱；羽，水；角，岁恶。

大凡占候年成的丰歉，一定要谨慎地占候一年的开始。一年的开始有的是冬至日，生气开始萌发；有的是腊祭的明日，人们过完年，聚集会餐，发动阳气，所以称为一年的开始。正月初一，是帝王制定的一年的开始；立春日，是四季的开始。四个岁时是占候的日期。

汉代魏鲜总结腊祭明日和正月初一时观察八方风向向来占卜的方法。风从南方来，有大旱灾；风从西南来，有小旱灾；风从西方来，有战祸；从西北来，大豆成熟，有小雨，很快要发生战争；从北方来，是中等年成；从东北来，是上等年成；从东方来，是大水灾；从东南来，人民有疾疫，年成坏。因为八方的风都有相对方向的来风相抵冲，占候时要以多者为胜。来风次数多的胜过次数少的，来风时间久的胜过时间短的，来风速度快的胜过速度慢的。旦时至食时，主麦；食时至日昳，主稷；日昳至铺时，主黍；铺时至下铺，主菽；下铺至日入，主麻。最好整天有雨，有云，有风，有太阳。这时生长的庄稼，苗扎根深，颗粒多；没有云，有风，有太阳，这时生长的庄稼，苗浅而颗粒少；有云有风，没有太阳，这时生长的庄稼，苗扎根深，颗粒较少；有太阳，无云，无风，这时生长的庄稼歉收。如果这种情况持续一顿饭的时间，小歉收；持续煮熟五斗米的时间，大歉收。如果风又刮起来，有了云，那时庄稼复苏。各自按照它的时间，根据云色占卜合适的庄稼种植。如果这两日下雨雪且寒冷，年成坏。

岁始这天如果天气晴朗，到都市听到民众作乐的声音。发出宫声，年成好，吉利；发商声，有战祸；发徵声，有旱情；发羽声，有水灾；发角声，年成不好。

或从正月旦比数雨。率日食一升，至七升而极；过之，不占。数至十二日，日直其月，占水旱。为其环域千里内占，则其为天下候，竟正月。月所离列宿，日、风、云，占其国。然必察太岁所在。在金，穰；水，毁；木，饥；火，旱。此其大经也。

正月上甲，风从东方，宜蚕；风从西方，若旦黄云，恶。

冬至短极，县土炭，炭动，鹿解角，兰根出，泉水跃，略以知日至，要决晷景。岁星所在，五谷逢昌。其对为冲，岁乃有殃。

有关雨的甲骨卜辞　商代

拓本选自《甲骨文合集》6589 正。卜辞记有「贞其亦烈雨」。殷墟甲骨卜辞中多见占卜雨水的文字，如「今日多雨」「今夕其雨疾」「黍年有足雨」等。

或者从正月一日起连续计算下雨日数。大概一日下雨，民众一天有一升之食，到七升为限；过了这个期限，不占卜。数到十二日，日数相当于月数，占卜水旱灾情。这是为本国周围千里之内占候，如果为天下占候，就占候整个正月。观察月球所处的星宿和太阳、风、云，占候那个国家。然而必须观察太岁所在的方位。在金位（西方），丰收；在水位（北方），歉收；在木位（东方），饥荒；在火位（南方），干旱。这是它的常规。

正月上旬的甲日，风从东方来，适合养蚕；风从西方来，或者早晨有黄云，年成坏。

冬至日白昼最短，在平衡器的两端悬挂土和炭，炭开始下沉，牡鹿脱角，兰根萌发，泉水迸出，大体可以知道太阳已经运行到极南的地方了，最主要取决于日晷上的日影。岁星所在的分野，谷物大丰收。与之相对冲的国家，年景有灾殃。

太史公曰：自初生民以来，世主曷尝不历日月星辰？及至五家、三代，绍而明之，内冠带，外夷狄，分中国为十有二州，仰则观象于天，俯则法类于地。天则有日月，地则有阴阳。天有五星，地有五行。天则有列宿，地则有州域。三光者，阴阳之精，气本在地，而圣人统理之。

太史公说：自当初出现人类以来，君主何尝不追踪观察日、月、星辰？到五帝、三王，继续考究它们，亲近华夏族，疏远外族，划分中国为十二州，抬头就从天上观察天象，向下便从地上取法各种事物的变化规律。天上有日月，地上有阴阳。天上有五大行星，地上有五行。天上有天区，地上有州界。日月星辰是阴阳精气结合的产物，这种精气来源于地，由圣人统一调理阴阳。

漆杆"圭尺"　陶寺文化中期

出土于山西襄汾陶寺城址中期王级大墓 IIM22。该圭尺用于测量日影长度。

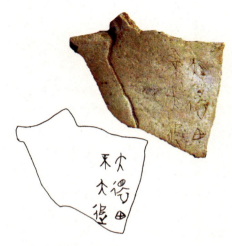

幽厉以往，尚矣。所见天变，皆国殊窟穴，家占物怪以合时应，其文图籍祥不法。是以孔子论六经，纪异而说不书。至天道命，不传；传其人，不待告；告非其人，虽言不著。

昔之传天数者：高辛之前，重、黎；于唐、虞，羲、和；有夏，昆吾；殷商，巫咸；周室，史佚、苌弘；于宋，子韦；郑则裨灶；在齐，甘公；楚，唐昧；赵，尹皋；魏，石申。

夫天运，三十岁一小变，百年中变，五百载大变；三大变一纪，三纪而大备：此其大数也。为国者必贵三五，上下各千岁，然后天人之际续备。

太史公推古天变，未有可考于今者。盖略以春秋二百四十二年之间，日蚀三十六，彗星三见，宋襄公时星陨如雨。天子微，诸侯力政，五伯代兴，更为主命。自是之后，众暴寡，大并小。秦、楚、吴、越，夷狄也，为强伯。田氏篡齐，三家分晋，并为战国。争于攻取，兵革更起，城邑数屠，因以饥馑疾疫焦苦，臣主共忧患，其察机祥候星气尤急。近世十二诸侯七国相王，言从衡者

周厉王、周幽王之前太久远了，所出现的天象变异，都是各国有不同的遗迹，各家占候怪异事物以便与当时应验了的事情相符合，他们的文字图解的书中所说吉凶祸福的先兆不足取信。因此孔子评论六经，记载怪异现象而对其解释不作记录。至于天道天命，不作传授；传授给合适的人，不用讲解；给不合适的人讲解，说了也不明白。

以往传授天文历法的人：在高辛氏之前，有重、黎；在唐、虞时代，有羲、和二氏；在夏代，有昆吾；在商代，有巫咸；在周代，有史佚和苌弘；在宋国，有子韦；在郑国，有裨灶；在齐国，有甘公；在楚国，有唐昧；在赵国，有尹皋；在魏国，有石申。

自然的气数三十年一小变，百年中变，五百年大变；经历三大变为一纪，经三纪而历尽一切变化。这就是它的周期界限。主持国政的人一定要重视这些变化周期，考察上下各千年的情况，然后天道和人道的相互关系，上下继承，前后贯通，才算完备。

太史公推算古代的天象变异，没有能验证于今天的。大约在春秋时代二百四十二年之间，出现日食三十六次，彗星三次，宋襄公时星星陨落如下雨。天子微弱，诸侯以武力征伐，五霸相继兴起，先后充当发号施令的霸主。从此以后，人多欺负人少，大国兼并小国。秦、楚、吴、越是夷狄之国，成为了强大的霸主。田氏夺取了齐国的政权，三家瓜分晋国，共同开启战国时代。战国诸侯竞争于攻城夺地，战争连续发生，城邑民众屡遭屠杀，因而造成饥荒、瘟疫、困苦，臣与君同忧虑，他们审察吉凶先兆，占候星象云气，尤其迫切。近世十二诸侯、七国竞相争霸称王，谈论合纵、

继踵，而皋、唐、甘、石因时务论其书传，故其占验凌杂米盐。

二十八舍主十二州，斗秉兼之，所从来久矣。秦之疆也，候在太白，占于狼、弧。吴、楚之疆，候在荧惑，占于鸟衡。燕、齐之疆，候在辰星，占于虚、危。宋、郑之疆，候在岁星，占于房、心。晋之疆，亦候在辰星，占于参、罚。

连横的人接踵而至，因而尹皋、唐昧、甘公、石申等人就时代形势论述编撰占候著作，所以他们的占候应验像米盐一样凌乱散碎。

二十八宿主管十二州，北斗星统辖它们，这种说法已经流传很久。秦国的疆域，占候于太白、狼星、弧星。吴、楚两国的疆域，占候于荧惑、鸟、衡。燕、楚两国的的疆域，占候于辰星、虚星、危星。宋、郑两国的疆域，占候于岁星、房星、心星。晋国的疆域，也占候于辰星和参星、罚星。

漆箱的盖面中心写有一个"斗"字，"斗"字一周按顺时针方向用篆文书写有二十八宿名称。盖面一端绘青龙，另一端绘白虎。这是迄今发现的我国关于二十八宿的最早文字记载

**彩绘髹漆二十八宿天文图木箱　战国早期**
出土于湖北随州擂鼓墩1号墓。

及秦并吞三晋、燕、代，自河山以南者中国。中国于四海内则在东南，为阳；阳则日、岁星、荧惑、填星；占于街南，毕主之。其西北则胡、貉、月氏诸衣旃裘引弓之民，为阴；阴则月、太白、辰星；占于街北，昴主之。故中国山川东北流，其维，首在陇、蜀，尾没于勃、碣。是以秦、晋好用兵，复占太白，太白主中国；而胡、貉数侵掠，独占辰星，辰星出入躁疾，常主夷狄：其大经也。此更为客主人。荧惑为孛，外则理兵，内则理政。故曰："虽有明天子，必视荧惑所在。"诸侯更强，时灾异记，无可录者。

到秦并三晋、燕、代，黄河和秦岭、太行山以南地区是中国。中国在四海之内处东南方，属于阳性；阳性的天体是日、岁星、荧惑、填星；占候于在天街以南，毕宿主宰它。它的西北是胡人、貉人、月支各族穿着毛皮、从事射猎的人民，属于阴性；阴性的天体是月、太白、辰星；占候在天街以北，昴宿主宰他们。所以中国的山河东北走向，其体系，头部在陇、蜀地区，尾部隐没于渤海、碣石山。因此秦、晋爱好战争，又占候太白，太白主宰中国；而胡人、貉人经常侵扰，只占候辰星，辰星出现和隐没显得急躁而快速，通常主宰外族：这是常规。这两颗星交替充做客人和主人。荧惑出现光芒四向喷射现象，对外就是要各备办好军事，对内就是要治理国政。所以说也一定要："即使有英明的皇帝，也一定要观察荧惑的动态。"诸侯交替称雄，关于当时的灾异各有不同记录，没有值得记载的。

壁画《仙境天界图》（局部） 西汉

出土于陕西西安理工大学西汉壁画墓。此壁画为该墓的券顶。南端正中为一只展翅飞翔的朱雀，东西两侧为龙，东侧龙前有日，日中有金乌，西侧券顶中部有月，月中有玉兔、蟾蜍，后部券顶东西两侧有仙鹤，仙鹤之下有鸿雁。北壁上部有羽人像，大耳，生有两翼和羽尾，乘坐在飞龙身上。

《白虎和三足乌》画像石拓本 西汉
出土于河南唐河针织厂汉墓，现藏于南阳汉画馆。

秦始皇之时，十五年彗星四见，久者八十日，长或竟天。其后秦遂以兵灭六王，并中国，外攘四夷，死人如乱麻，因以张楚并起，三十年之间兵相骈藉，不可胜数。自蚩尤以来，未尝若斯也。

项羽救钜鹿，枉矢西流，山东遂合从诸侯，西坑秦人，诛屠咸阳。

汉之兴，五星聚于东井。平城之围，月晕参、毕七重。诸吕作乱，日蚀，昼晦。吴、楚七国叛逆，彗星数丈，天狗过梁野；及兵起，遂伏尸流血其下。元光、元狩，蚩尤之旗再见，长则半天。其后京师师四出，诛夷狄者数十年，而伐胡尤甚。越之亡，荧惑守斗；朝鲜之拔，星茀于河戍；兵征大宛，星茀招摇：此其荦荦大者。若至委曲小变，不可胜道。由是观之，未有不先形见而应随之者也。

夫自汉之为天数者，星则唐都，气则王朔，占岁则魏鲜。故甘、石历五星法，唯独荧惑有反逆行；逆行所守，及他星逆行，日月薄蚀，皆以为占。

秦始皇时，十五年间彗星出现四次，有的为时达八十多天，彗星长度有的横贯天空。此后，秦用武力灭六国，统一中国，对外排除四夷，死人如麻，加上陈胜以张大楚国为名，号召群雄起义，三十年中士兵相互践踏，数不胜数，自蚩尤以来所未有。

项羽援救钜鹿，枉矢星向西流动，崤山以东各诸侯国联合起来，西进活埋秦降兵，烧杀抢掠咸阳。

汉朝的兴起，五大行星会合于东井。平城被围困时，在参宿、毕宿出现七层月晕。吕氏作乱，出现日食，白天昏暗。吴、楚七国叛乱，出现彗星有几丈长，天狗星经过梁国；到战争发生，尸横遍野，血流成河。元光、元狩年间，蚩尤之旗星两次出现，长达半个天空。此后，朝廷军队四出，讨伐外族的战争长达几十年，而讨伐匈奴尤其厉害。南越的灭亡，荧惑侵占斗宿；朝鲜的攻克，光芒强盛的彗星出现在南河、北河；军队出征大宛，光芒强盛的彗星扫过招摇星：这些都是天象彰明较著的大变异。要是包括隐微曲折的小变异，说不尽。由此可见，无不先有天象变异出现而人世灾祸随之于后的。

自汉朝以来研习天文历法的人，占候星象是唐都，占候云气是王朔，占候年成是魏鲜。但甘公、石申推算关于五大行星的规律，只有荧惑回转向西逆行的现象；而荧惑向西逆行侵犯其他星宿，还有其他行星向西逆行，日、月被遮掩或有亏损，都把它们作为占候的对象。

**壁画《天象图》及摹本　西汉晚期**
出土于陕西西安交通大学西汉壁画墓。位于墓室券顶的这幅壁画绘有东方苍龙、南方朱雀、西方白虎、北方玄武及其所属的二十八宿。画面中，用人物、动物或物体的形状，如农人牵牛、双角猫头鹰、猎人网兔、须女等，形象地表现了二十八宿。

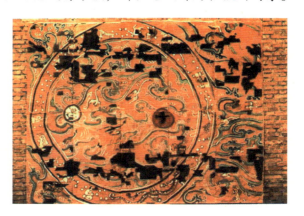

**壁画《天象图》 西汉晚期**
出土于陕西西安曲江翠竹园西汉壁画墓。该天象图主要为云气纹、太阳金乌、月亮蟾蜍、星宿、青龙、白虎等。在券顶可见星宿图，并写有"毕""轸""北斗"。

余观史记，考行事，百年之中，五星无出而不反逆行，反逆行，尝盛大而变色；日月薄蚀，行南北有时：此其大度也。故紫宫、房心、权衡、咸池、虚危列宿部星，此天之五官坐位也，为经，不移徙，大小有差，阔狭有常。水、火、金、木、填星，此五星者，天之五佐为纬，见伏有时，所过行赢缩有度。

日变修德，月变省刑，星变结和。凡天变，过度乃占。国君强大，有德者昌；弱小，饰诈者亡。太上修德，其次修政，其次修救，其次修禳，正下无之。夫常星之变希见，而三光之占亟用。日月晕适，云风，此天之客气，其发见亦有大运。然其与政事俯仰，最近天人之符。此五者，天之感动。为天数者，必通

我读史书，查考往事，近百年来，五大行星没有不回转向西逆行的，回转逆行，有时光芒强烈而变色；日、月被遮掩或亏损，运行黄道南北有一定季节：这是它们的规律。所以紫宫、房宿和心宿、权衡、咸池、虚宿和危宿分出了星区，分区管辖众星，这是上天的五座官位，是经星，不移动，大小有等级，各星间距有常规。水、火、金、木、土五星是上天的五个辅佐是纬星，隐现有一定季节，所经天区运行有规律。

日出变异，应修养德行，月出变异，应减省刑罚；星出变异，应团结和睦。凡是出现天象变异，超过常规才占候。天变，国君强大而有德会兴盛，弱小而又虚伪欺骗的会灭亡。最高明是修养德行，其次是修明国政，其次是补过，再其次是祈祷鬼神，最下等的是无视它。那些恒星的变化很少见到，而日、月、星的占候经常用得着。日晕月晕、日食月食、云和风，这些都是上天不常出现的气象，它们的出现也有其他大的变动。然而它们随国家的治乱而显现吉凶，最接近天道和人性的统一性。这五种现象是上天感动的表现。研究天文历法的人，一定要懂得天运变

三五。终始古今，深观时变，察其精粗，则天官备矣。

苍帝行德，天门为之开。赤帝行德，天牢为之空。黄帝行德，天夭为之起。风从西北来，必以庚、辛。一秋中，五至，大赦；三至，小赦。白帝行德，以正月二十日、二十一日，月晕围，常大赦载，谓有太阳也。一曰：白帝行德，毕、昴为之围。围三暮，德乃成；不三暮及围不合，德不成。二曰：以辰围，不出其旬。黑帝行德，天关为之动。天行德，天子更立年；不德，风雨破石。三能、三衡者，天廷也。客星出天廷，有奇令。

化周期。贯通古今，深入观察时势的变化，通晓它的本质和现象，这样，"天官"的理论体系就算完整了。

苍帝当政的时候，天门因此而打开。赤帝当政的时候，天牢因此而空虚。黄帝当政时，天夭因此出现。风从西北来，一定在庚、辛两日。一个秋季里，来五次，要大赦；来三次，小赦。白帝当政，在正月二十日、二十一日，月晕成圆圈，则有大赦，认为是有太阳的缘故。另有一种说法：白帝当政时，毕宿、昴宿被月晕包围。围三个晚上，德政修成；不够三个晚上，或者围不合拢德行不成。第二种说法：以辰星所围是否超过十日来占卜。黑帝当政，天关因此摇动。天帝当政时，天子要随之更换年号；不行德政，将有奇风怪雨破石惊天的灾难。三能、三衡是天廷。客星出现在天廷，将有异常的号令。

壁画《四神（白虎）云气图》（局部）　西汉早期
出土于河南永城芒砀山柿园汉墓。在汉代墓葬中，苍龙、白虎、朱雀、玄武
四神形象经常出现，它们代表星象方位，也是祥瑞辟邪、神仙升天的象征。

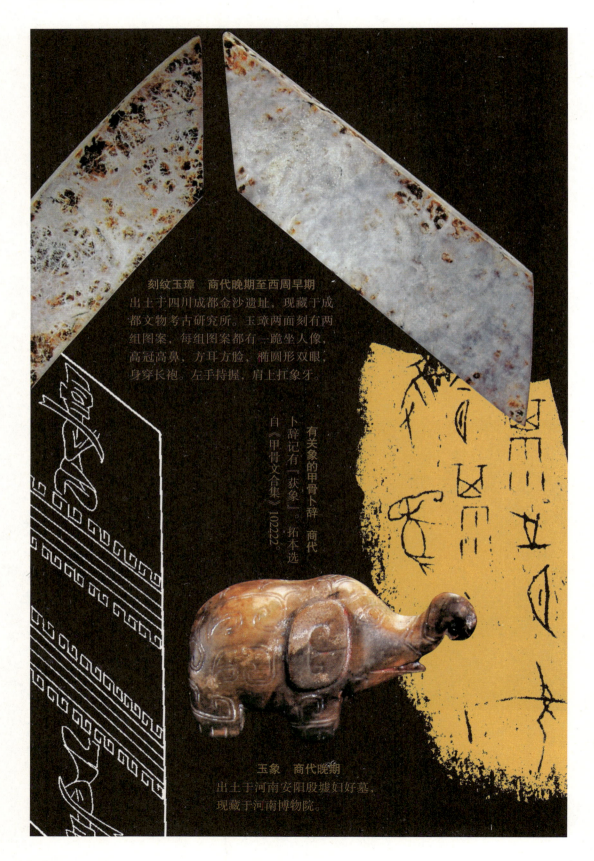

刻纹玉璋　商代晚期至西周早期
出土于四川成都金沙遗址，现藏于成都文物考古研究所。玉璋两面刻有两组图案，每组图案都有一跪坐人像，高冠高鼻，方耳方脸，椭圆形双眼，身穿长袍。左手持握，肩上扛象牙。

有关象的甲骨卜辞　商代
卜辞记有「获象」。拓本选自《甲骨文合集》10222。

玉象　商代晚期
出土于河南安阳殷墟妇好墓，现藏于河南博物院。

# 史记卷二十八
# 封禅书第六

自古受命帝王，曷尝不封禅？盖有无其应而用事者矣，未有睹符瑞见而不臻乎泰山者也。虽受命而功不至，至矣而德不洽，洽矣而日有不暇给，是以即事用希。《传》曰："三年不为礼，礼必废；三年不为乐，乐必坏。"每世之隆，则封禅答焉，及衰而息。厥旷远者千有余载，近者数百载，故其仪阙然堙灭，其详不可得而记闻云。

《尚书》曰，舜在璇玑玉衡，以齐七政。遂类于上帝，禋于六宗，望山川，遍群神。辑五瑞，择吉月日，见四岳诸牧，还瑞。岁二月，东巡狩，至于岱宗。岱宗，泰山也。柴，望秩于山川。遂觐东后。东后者，诸侯也。合时月正日，同律度量衡，修五礼，五玉三帛二生一死贽。五月，巡狩至南岳。南岳，衡山也。八月，巡狩至西岳。西岳，华山也。十一月，巡狩至北岳。北岳，恒山也。皆如岱宗之礼。中岳，嵩高也。五载一巡狩。

**玉柄形器　二里头文化**

出土于河南偃师二里头遗址 4 号坑，现藏于中国社会科学院考古研究所。

自古承受天命的帝王，哪有不举行封禅大典的？大概只有未见祥瑞就操办典礼的，没有见到祥瑞而不去泰山举行封禅大典的。后代帝王即使承受天命而功业却不够，功业够了而恩德不够，或者恩德够了而没空闲时间，所以，很少举行封禅大典。《传》说："三年不行礼，礼制必废；三年不兴乐，乐教必坏。"所以，每遇盛世，帝王必亲临泰山祭祀，以报天地之功德，到了衰世便废止了。这种情况远的已达千余年，近的也有几百年，所以说封禅大典的礼仪，湮灭不传，其详细情况无记载而不可得见。

《尚书》说，舜观察北斗七星的星象，根据它们的运行查知执政得失，处理有关四季农事和政事要务。之后祭祀天帝，起烟火祭祀六宗神灵，遥祭名山大川，遍及群神。接着验证诸侯符节，择吉日良辰，会见四岳长老及各州州牧，还回符节。当年二月里，巡视东方诸侯，到达岱宗。岱宗就是泰山。烧柴举行祭天仪式，依次祭祀名山大川，随即会见东后。东后就是东方诸侯。调整四季节气、月份的大小、一年的天数，统一调理音律和度量衡，修订祭祀、丧葬、宾客、军旅、婚姻五种礼仪，诸侯分别用五种瑞玉和三种帛，卿大夫用两种活牲，士用一种死雉，作为朝见礼物。

五月间，到南岳巡视。南岳就是衡山。八月间，到西岳巡视。西岳就是华山。十一月间，到北岳巡视。北岳就是恒山。礼仪都与在泰山朝会时相同。中岳就是嵩山。每隔五年巡视一次。

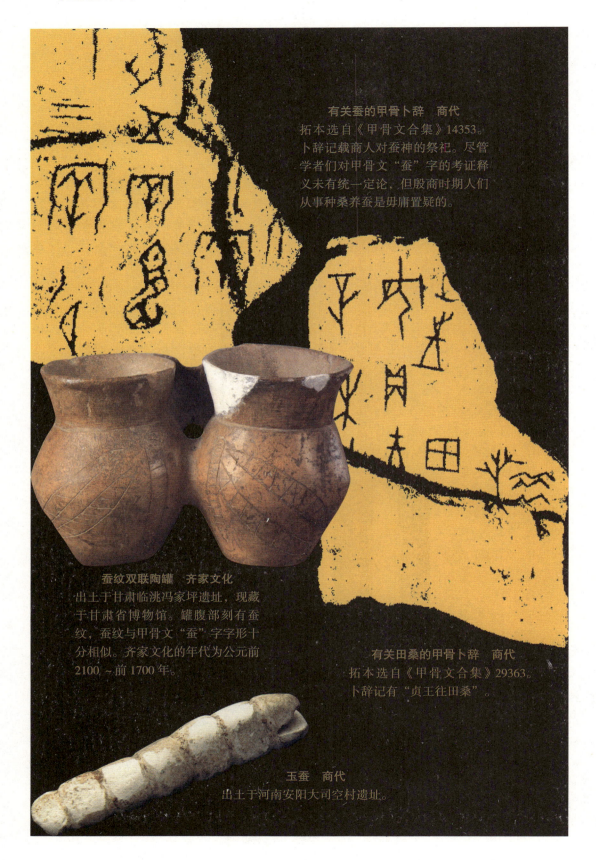

有关蚕的甲骨卜辞　商代
拓本选自《甲骨文合集》14353。
卜辞记载商人对蚕神的祭祀。尽管
学者们对甲骨文"蚕"字的考证释
义未有统一定论，但殷商时期人们
从事种桑养蚕是毋庸置疑的。

蚕纹双联陶罐　齐家文化
出土于甘肃临洮冯家坪遗址，现藏
于甘肃省博物馆。罐腹部刻有蚕
纹，蚕纹与甲骨文"蚕"字字形十
分相似。齐家文化的年代为公元前
2100～前1700年。

有关田桑的甲骨卜辞　商代
拓本选自《甲骨文合集》29363。
卜辞记有"贞王往田桑"。

玉蚕　商代
出土于河南安阳大司空村遗址。

禹遵之。后十四世至帝孔甲，淫德好神，神渎，二龙去之。其后三世，汤伐桀，欲迁夏社，不可，作《夏社》。后八世至帝太戊，有桑榖生于廷，一暮大拱，惧。伊陟曰："妖不胜

**甲骨卜辞中的"巫"字　商代**

拓本选自《甲骨文合集》5650。卜辞中有"贞巫"二字。有学者考释"巫"字，认为它是上古巫者使用的道具。

德。"太戊修德，桑榖死。伊陟赞巫咸，巫咸之兴自此始。后十四世，帝武丁得傅说为相，殷复兴焉，称高宗。有雉登鼎耳雊，武丁惧。祖己曰："修德。"武丁从之，位以永宁。后五世，帝武乙慢神而震死。后三世，帝纣淫乱，武王伐之。由此观之，始未尝不肃祇，后稍息慢也。

《周官》曰，冬日至，祀天于南郊，迎长日之至；夏日至，祭地祇。皆用乐舞，而神乃可得而礼也。天子祭天下名山大川，五岳视三公，四渎视诸侯，诸侯祭其疆内名山大川。四渎者，江、河、淮、济也。天子曰明堂、辟雍，诸侯曰泮宫。

周公既相成王，郊祀后稷以配天，宗祀文王于明堂以配上帝。自禹兴而修社祀，后稷稼穑，故有稷祠，郊社所从来尚矣。

禹遵从舜的制度。下传十四代到帝孔甲，他道德败坏，媚事鬼神，亵渎神灵，上天赐予他的二龙飞走了。过了三代，传到夏桀，商汤讨伐他。商朝想把夏朝社坛迁走，没办成，作《夏社》篇。商朝传八代后，到帝太戊，有桑树、榖树共生于朝廷大堂，一夜长到两手合抱那么粗，帝太戊十分恐惧。

伊陟说："妖邪胜不过道德。"太戊随即修身树德，不久桑树、榖树死去。伊陟把此事告诉巫咸，巫术的盛行从此开始。之后十四代，帝武丁得傅说，任为宰相，殷朝国势复兴，帝武丁号称高宗。有一次，一只野雉飞到鼎耳上鸣叫，武丁恐惧。祖己说："要修养德行。"武丁听从了他的意见，帝位得以长久安宁。之后五代，帝武乙怠慢神灵，被雷电震死。又过了三代，帝纣荒淫暴虐，周武王讨伐他。由此看来，开国帝王无不恭敬谨慎，到了末代逐渐懈怠荒淫起来。

《周官》说：冬至这一天，天子到南郊祭祀天神，迎接长日到来；夏至这一天，祭祀地神。都用乐舞，如此才合乎祭神的礼仪。天子祭祀天下名山大川，祭祀五岳时查验三公所献的礼品；祭祀四渎时巡视诸侯，诸侯要祭祀他们国内名山大川。四渎就是长江、黄河、淮河、济水。天子举行祭祀朝会的场所，叫明堂和辟雍，诸侯举行祭祀的场所叫泮宫。

周公辅佐周成王，郊外祭祀天，让后稷配享上天，在明堂祭祀祖宗，让周文王配享上帝。大禹平治水土有功，自他兴起而开始祭祀土地神，后稷教人种植庄稼有功，所以祭祀禾谷神，至于祭祀天地就由来已久了。

自周克殷后十四世，世益衰，礼乐废，诸侯恣行，而幽王为犬戎所败，周东徙雒邑。秦襄公攻戎救周，始列为诸侯。秦襄公既侯，居西垂，自以为主少暤之神，作西畤，祠白帝，其牲用骝驹黄牛羝羊各一云。其后十六年，秦文公东猎汧渭之间，卜居之而吉。文公梦黄蛇自天下属地，其口止于鄜衍。文公问史敦，敦曰："此上帝之征，君其祠之。"于是作鄜畤，用三牲郊祭白帝焉。

自未作鄜畤也，而雍旁故有吴阳武畤，雍东有好畤，皆废无祠。或曰："自古以雍州积高，神明之隩，故立畤郊上帝，诸神祠皆聚云。盖黄帝时尝用事，虽晚周亦郊焉。"其语不经见，搢绅者不道。

作鄜畤后九年，文公获若石云，于陈仓北阪城祠之。其神或岁不至，或岁数来，来也常以夜，光辉若流星，从东南来集于祠城，则若雄鸡，其声殷云，野鸡夜雊。以一牢祠，命曰陈宝。

作鄜畤后七十八年，秦德公既立，卜居雍，"后子孙饮马于河"，遂都雍。雍之诸祠自此兴。用三百牢于鄜畤。作伏祠。磔狗邑四门，以御蛊菑。

**鸟首形玉带钩　春秋早期**
出土于陕西凤翔秦公1号墓，现藏于陕西省考古研究院。

**『好畤丞印』封泥**
选自《秦封泥汇考》。秦孝公十二年（前350年）始置好畤邑。秦统一后，更名好畤县。

自从周朝战胜殷朝之后，经历十四代，国势益衰，礼乐渐废，诸侯肆意横行，周幽王被犬戎所败，周都东迁雒邑。秦襄公破戎救周，开始被列为诸侯。秦襄公既已做侯，居于西方边境，自认为应当主持祭祀西方之神少暤，建立西畤，祭祀白帝，用骝驹、黄牛、公羊各一。过了十六年，秦文公东行游猎到汧水、渭水的交汇处，占卜是否定都此地，结果吉利。秦文公梦见黄龙从天降下，身伏地面，嘴巴停在鄜地的山坡上。秦文公询问史敦，史敦说："这是上帝赐降的征兆，君王应当祭祀它。于是建立鄜畤，用牛、羊、猪三牲祭祀白帝。"

在未建立鄜畤时，雍邑附近原来有吴阳的武畤，雍邑的东边有好畤，都已荒废，无人祭祀。有人说："自古以来，雍州地势高峻，是神明的宅舍，所以立坛祭祀上帝，众神的庙都聚集于此。黄帝时曾在此祭祀，就是周代末年，也举行过祭祀。"这些事不见于经传，士大夫们也不予言说。

在建立鄜畤后九年，秦文公获得了一块状似山鸡的玉石，随即在陈仓山北坡筑城祭祀它。石鸡神有时一年都不来，有时一年来几次，来时常在夜里，发出流星一样的光芒。从东南方向飞来停在祠城中，形似雄鸡，殷殷作声，野雉也在夜间鸣叫。每次用一头牲畜来祭祀它，称它为陈宝神。

建立鄜畤之后过了七十八年，秦德公即位，为定居雍地占卜，卜辞说"后代子孙可以到黄河饮马"，随即定都雍地。雍地众多祠庙从此兴起。在鄜畤用三头白毛牲畜祭祀。修建伏日祭祀的祠庙。分解狗的肢体，悬于城邑四门，以防厉鬼为害。

德公立二年卒。其后四年，秦宣公作密畤于渭南，祭青帝。

其后十四年，秦穆公立，病卧五日不寤；寤乃言梦见上帝，上帝命穆公平晋乱。史书而记藏之府。而后世皆曰秦穆公上天。

秦穆公即位九年，齐桓公既霸，会诸侯于葵丘，而欲封禅。管仲曰："古者封泰山禅梁父者七十二家，而夷吾所记者十有二焉。昔无怀氏封泰山，禅云云；虙羲封泰山，禅云云；神农封泰山，禅云云；炎帝封泰山，禅云云；黄帝封泰山，禅亭亭；颛顼封泰山，禅云云；帝喾封泰山，禅云云；尧封泰山，禅云云；舜封泰山，禅云云；禹封泰山，禅会稽；汤封泰山，禅云云；周成王封泰山，禅社首：皆受命然后得封禅。"桓公曰："寡人北伐山戎，过孤竹；西伐大夏，涉流沙，束马悬车，上卑耳之山；南伐至召陵，登熊耳山以望江汉。兵车之会三，而乘车之会六，九合诸侯，一匡天下，诸侯莫违我。昔三代受命，亦何以异乎？"于是管仲睹桓公不可穷以辞，因设之以事，曰："古之封禅，鄗上之黍，北里之禾，所以为盛；江淮之间，一茅三脊，所以为藉也。东海致比目之鱼，西海致比翼之鸟，然后物有不召而自至者十有五焉。

**有关祭祀山岳的甲骨卜辞 商代**
拓本选自《甲骨文合集》2373 正。卜辞记有"燎于岳"。燎，焚烧柴木进行祭祀。殷商时期，燎祭十分盛行。

秦德公在位二年去世。过了四年，秦宣公在渭水南岸建立密畤，祭祀青帝。

过了十四年，秦穆公即位，生病沉睡五天不醒；醒来便说梦见了上帝，上帝派他平定晋乱。史书记载了他的话，藏于秘府。后世都说秦穆公曾登上天庭。

秦穆公继位九年，齐桓公称霸，在葵丘会见诸侯，并想去泰山祭祀天地。管仲说："古代在泰山筑坛祭天，在梁父山祭地的帝王有七十二家，而我夷吾所记得的有十二家。从前无怀氏在泰山祭天，在云云山祭地；虙羲在泰山祭天，在云云山祭地；神农在泰山祭天，在云云山祭地；炎帝在泰山祭天，在云云山祭地；黄帝在泰山祭天，在亭亭山祭地；颛顼在泰山祭天，在云云山祭地；帝喾在泰山祭天，在云云山祭地；尧在泰山祭天，在会稽山祭地；商汤在泰山祭天，在云云山祭地；周成王在泰山祭天，在社首山祭地：他们都是受天命之后，才去举行封禅大典。"齐桓公说："我北伐山戎，经过孤竹；西征大夏，渡过流沙河，扣紧马缰，挂牢车辆，攀登卑耳之山；南讨楚国，到达召陵，登上熊耳山，远眺长江、汉水。主持三次武装会盟，六次和平会盟，共九次大会诸侯，一举扶正天下。各国诸侯不敢违抗我的命令。这与夏、商、周三代帝王相比，有何区别呢？"管仲看到齐桓公不可以用言辞说服，便引用了一些具体事例来劝谏说："古代帝王到泰山祭祀天地，都用鄗上产的黍，北里产的禾，作为祭品；还用长江、淮河之间产的三棱灵茅，作祭品的草垫。还从东海找来比目鱼，从西海找来比翼鸟，然后其他珍贵之物不召自来的有十五种。

今凤凰麒麟不来，嘉谷不生，而蓬蒿藜莠茂，鸱枭数至，而欲封禅，毋乃不可乎？"于是桓公乃止。是岁，秦穆公内晋君夷吾。其后三置晋国之君，平其乱，穆公立三十九年而卒。

其后百有余年，而孔子论述六艺，传略言易姓而王，封泰山禅乎梁父者七十余王矣，其俎豆之礼不章，盖难言之。或问禘之说，孔子曰："不知。知禘之说，其于天下也视其掌。"诗云纣在位，文王受命，政不及泰山。武王克殷二年，天下未宁而崩。爰周德之洽维成王，成王之封禅则近之矣。及后陪臣执政，季氏旅于泰山，仲尼讥之。

是时苌弘以方事周灵王，诸侯莫朝周，周力少，苌弘乃明鬼神事，设射《狸首》。《狸首》者，诸侯之不来者。依物怪欲以致诸侯。诸侯不从，而晋人执杀苌弘。周人之言方怪者自苌弘。

现在凤凰、麒麟没有来，嘉谷未长出，而蓬、蒿、藜、莠等恶草长期茂盛，鸱枭等恶鸟多次飞来。在这种情况下想举行封禅大典，恐怕不可以吧？"随后齐恒公取消了打算。这一年，秦穆公送回晋国国君姬夷吾。以后三次为晋国定立国君，平定晋国内乱，秦穆公在位三十九年，去世。

这以后过了一百多年，孔子论述六艺，文中大略提到历代改朝换代称帝，到泰山筑坛祭天，到梁父山辟场祭地的有七十多位，关于他们的祭器、祭品制度，没有明确讲到，大概是因为难以说清楚。有人问禘祭的道理，孔子说："不知道。如果有人懂得禘祭的道理，那他对治理天下便了如指掌。"古诗说：纣在位，文王承受天命，但德政不足以到泰山封禅。武王灭殷二年后，天下未安定便去世了。于是周朝德政遍及各地就始于成王，成王举行封禅大典就近乎情理了。后来诸侯的大夫掌权，季氏竟去祭祀泰山，孔子嘲笑他违背礼制。

此时，苌弘以方术服事周灵王，诸侯没有来朝见周天子的。周朝势力衰弱，苌弘便宣扬鬼神之事，在诸侯朝会时设置《狸首》作射靶，《狸首》象征那些不来朝见的诸侯。想借神鬼魔怪来招致诸侯。诸侯不听从，后来晋人杀死苌弘。周人讲说方术怪异就是由苌弘开始。

有关禘祭的甲骨卜辞　商代

以上卜辞中记载有禘祭的文字内容。殷周时期，禘祭十分盛行。拓本选自《甲骨文合集》（从右至左）22088、14748、34050。

**兽形金饰　春秋中期**
出土于陕西凤翔马家庄秦宗庙遗址，现藏于陕西历史博物馆。

**龙纹璋形器　春秋时期**

出土于陕西凤翔秦公1号墓，现藏于陕西历史博物馆。古代帝王到泰山举行封禅大典，祭告天地文书皆镌之玉版（玉简、玉册、玉牒、玉检等），敛之金匣，封埋祭坛之下，所以封禅之典又称为"泥金检玉"。

其后百余年，秦灵公作吴阳上畤，祭黄帝；作下畤，祭炎帝。

后四十八年，周太史儋见秦献公曰："秦始与周合，合而离，五百岁当复合，合十七年而霸王出焉。"栎阳雨金，秦献公自以为得金瑞，故作畦畤栎阳而祀白帝。

其后百二十岁而秦灭周，周之九鼎入于秦。或曰宋太丘社亡，而鼎没于泗水彭城下。

其后百一十五年而秦并天下。

秦始皇既并天下而帝，或曰："黄帝得土德，黄龙地螾见。夏得木德，青龙止于郊，草木畅茂。殷得金德，银自山溢。周得火德，有赤乌之符。今秦变周，水德之时。昔秦文公出猎，获黑龙，此其水德之瑞。"于是秦更命河曰"德水"，以冬十月为年首，色上黑，度以六为名，音上大吕，事统上法。

**石磬残件　秦代**

采集于陕西秦咸阳城遗址宫殿区。据考古推断，此石磬应是秦王室宫廷所用之器，属咸阳宫或北宫乐府所有。

即帝位三年，东巡郡县，祠驺峄山，颂秦功业。于是征从齐鲁之儒生博士七十人至乎泰山下。诸儒生或议曰："古者封禅为蒲车，恶伤山之土石草木；埽地而祭，席用菹

之后百余年，秦灵公在吴阳建立上畤，祭祀黄帝；又建立下畤，祭祀炎帝。

之后四十八年，周太史儋会见秦献公说："秦国与周朝原本合在一起，后来才分开，五百年之后当再合，再合十七年会有霸王出现。"在栎阳，天上落下金，秦献公认为得到黄金是祥瑞，所以在栎阳建立畦畤，祭祀白帝。

之后一百二十年，秦灭周，周九鼎归属秦国。有人说宋国的太丘社坛沦陷时，宝鼎沉于彭城下的泗水。

之后一百一十五年，秦国统一了天下。

秦始皇已经统一天下称帝，有人说："黄帝获土德，黄龙、巨蚓现。夏朝获木德，青龙停在郊外，草木葱郁茂盛。殷朝获金德，白银从山中流出。周朝获火德，有火自天而降，形如赤乌。现今秦朝取代周朝，正值水德兴旺之际。从前秦文公外出打猎，得黑龙，此即秦朝获水德的祥瑞征兆。"随后秦朝改称黄河为德水，把冬季十月作为岁首，色尚黑，长度以六为标准，音乐尚大吕律，政事崇尚法制。

秦始皇称帝三年，到东方巡视郡县，祭祀驺峄山，刻石颂扬秦朝功业，当时征召齐地和鲁地的儒生博士七十人随从他来到泰山下。有的儒生建议说："古代举行封禅时用蒲草包裹车轮，不让它损坏山的土石草木；祭祀时扫干净地面，铺上茅草和

秸，言其易遵也。"始皇闻此议各乖异，难施用，由此绌儒生。而遂除车道，上自泰山阳至巅，立石颂秦始皇帝德，明其得封也。从阴道下，禅于梁父。其礼颇采太祝之祀雍上帝所用，而封藏皆秘之，世不得而记也。

始皇之上泰山，中阪遇暴风雨，休于大树下。诸儒生既绌，不得与用于封事之礼，闻始皇遇风雨，则讥之。

于是始皇遂东游海上，行礼祠名山大川及八神，求仙人羡门之属。八神将自古而有之，或曰太公以来作之。齐所以为齐，以天齐也。其祀绝莫知起时。八神：一曰天主，祠天齐。天齐渊水，居临菑南郊山下者。二曰地主，祠泰山梁父。盖天好阴，祠之必于高山之下，小山之上，命曰"畤"；地贵阳，祭之必于泽中圆丘云。三曰兵主，祠蚩尤。蚩尤在东平陆监乡，齐之西境也。四曰阴主，祠三山。五曰阳主，祠之罘。六曰月主，祠之莱山。皆在

去皮的禾秸，说明它易行。"秦始皇听到这些议论，认为这些议论稀奇古怪，难以施行，因此斥退儒生。随即修筑车道，从泰山南面登上山顶，竖立石碑，颂扬自己的功德，表明他到泰山祭祀了天神。从北面山道下来，在梁父山祭祀地神。他祭祀时用的礼仪大多采用太祝在雍祭祀上帝时所用的礼仪，这些都封藏保密，后世无从得知而没有记载。

秦始皇上泰山时，中途遇到暴风雨，在大树下休息。儒生们被斥退后，不能参与封禅，听说始皇遇风雨，都嘲笑他。

随后始皇又到东海上巡游，举行仪式祭祀名山大川和八神，访求羡门之类的仙人。八神自古已有，也有人说是姜太公之后才有。齐国之所以称"齐"，因为它正在天的脐眼处。其祭祀典礼早已断绝了，不知起于何时。八神之名如下：第一天主，在天齐泉祭祀。天齐泉水在临淄城南郊山下。第二地主，在泰山下的梁父山祭祀，原来天神喜欢阴气，祭祀天神一定要在高山之下，小山之上，祭坛命名为"畤"；地神重阳，祭祀地神一定要在水泽中的圆丘上。第三兵主，在蚩尤冢祭祀。蚩尤在东平陆的监乡，此处为齐国的西部。第四阴主，在三山祭祀。第五阳主，在之罘山祭祀。第六月主，在莱山

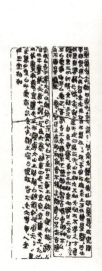

传出土于陕西华山地区，现藏于上海博物馆。玉版分为甲版和乙版，铭文为战国中晚期秦人祭祷华山之神以求祛除疾病的祷辞。

**秦骃祷病玉版**

秦骃祷病玉版（乙版）及摹本　　秦骃祷病玉版（甲版）及摹本

**玉虎　秦代**

出土于陕西西安北郊，现藏于西安市文物局。古人祭祀天地四方，所用的玉礼器有玉璧、玉琮、玉圭、玉琥、玉璜。据推断，此玉虎可能是秦代礼器之玉琥。

齐北，并勃海。七曰日主，祠成山。成山斗入海，最居齐东北隅，以迎日出云。八曰四时主，祠琅邪。琅邪在齐东方，盖岁之所始。皆各用一牢具祠，而巫祝所损益，珪币杂异焉。

自齐威、宣之时，驺子之徒论著终始五德之运，及秦帝而齐人奏之，故始皇采用之。而宋毋忌、正伯侨、充尚、羡门子高最后皆燕人，为方仙道，形解销化，依于鬼神之事。驺衍以阴阳主运显于诸侯，而燕齐海上之方士传其术不能通，然则怪迂阿谀苟合之徒自此兴，不可胜数也。

自威、宣、燕昭使人入海求蓬莱、方丈、瀛州。此三神山者，其傅在勃海中，去人不远；患且至，则船风引而去。盖尝有至者，诸仙人及不死之药皆在焉。其物禽兽尽白，而黄金银为宫阙。未至，望之如云；及到，三神山反居水下。临之，风辄引去，终莫能至云。世主莫不甘心焉。及至秦始皇并天下，至海上，则方士言之不可胜数。始皇自以为至海上而恐不及矣，使人乃赍童男

祭祀。这些地方都在齐国北部，紧靠渤海。第七日主，在成山祭祀。成山陡峭曲折延伸入海，在齐国最东北角，可借以观日出。第八四时主，在琅邪山祭祀。琅邪山在齐国东部，在此祈祷一年的开始。对八神各用一头牲畜祭祀，司祭人员对玉、帛等祭品，可以有所增减。

从齐威王、齐宣王时起，邹衍等人著书论说水、火、木、金、土五种物质相生相克、终而复始的循环变化，用以说明王朝兴废的原因。到秦始皇称帝后，齐国人便把这些理论上奏，秦始皇采用了这些理论。宋毋忌、正伯侨、充尚，直至最后的羡门子高，都是燕人，他们研习神仙道术，祈求肉体解脱消亡后，灵魂能够超升，寄托于鬼神一类事情。邹衍凭借阴阳主运学说，闻名于诸侯，而燕、齐两国沿海一带的方士，继承了他的学说却不能通晓，这样怪迁逢迎苟合之徒从此兴起，多得数不胜数。

自齐威王、齐宣王、燕召王时便派人出海寻找蓬莱、方丈、瀛州。这三座神山，传说座落在渤海中，离人间不远；仙人们担心船将要到，就刮风把船吹离。曾经有人到过此地，众仙和长生不死药全在此。这里的鸟兽都是白色，宫殿尽用金、银建筑。未到此处时，远远望去，三座神山似天上云；到达一看，三座神山反而处于水下。当船将近，风便吹开，始终不能到达。世间的帝王们无不羡慕的。到秦始皇一统天下之后，来到海上，这些传说，方士们说的不胜其数。秦始皇自认为到海上恐怕也找不到，便派人携带童男童女到海上寻找这些神仙。船到海上，

女入海求之。船交海中，皆以风为解，曰未能至，望见之焉。其明年，始皇复游海上，至琅邪，过恒山，从上党归。后三年，游碣石，考入海方士，从上郡归。后五年，始皇南至湘山，遂登会稽，并海上，冀遇海中三神山之奇药。不得，还至沙丘崩。

二世元年，东巡碣石，并海南，历泰山，至会稽，皆礼祠之，而刻勒始皇所立石书旁，以章始皇之功德。其秋，诸侯畔秦。三年而二世弑死。

始皇封禅之后十三岁，秦亡。诸儒生疾秦焚《诗》《书》，诛僇文学，百姓怨其法，天下畔之，皆讹曰："始皇上泰山，为暴风雨所击，不得封禅。"此岂所谓无其德而用事者邪？

昔三代之居皆在河、洛之间，故嵩高为中岳，而四岳各如其方，四渎咸在山东。至秦称帝，都咸阳，则五岳、四渎皆并在东方。自五帝以至秦，轶兴轶衰，名山大川或在诸侯，或在天子，其礼损益世殊，不可胜记。及秦并天下，令祠官所常奉天地名山大川鬼神可得而序也。

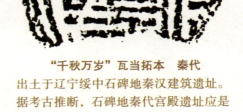

**"千秋万岁"瓦当拓本　秦代**
出土于辽宁绥中石碑地秦汉建筑遗址。据考古推断，石碑地秦代宫殿遗址应是碣石宫。

回来时都以被风所阻作为不能到达的理由，只是望见它们在那里。次年，秦始皇又去巡游海上，抵达琅邪山，经过恒山，从上党回京。三年后，秦始皇巡游碣石，询问去海上求仙的方士们，从上郡回京。五年后，始皇南巡抵达湘山，登上会稽山，沿海北上，想得到海中三座神山的长生不死药。未得到，回京途中，在沙丘去世。

秦二世元年，向东巡游抵达碣石山，沿海南下，经泰山，到达会稽山，都以礼祭祀，并在始皇所立的石碑旁刻字，用以表彰始皇的功德。这年秋，诸侯背叛秦朝。第三年，秦二世被杀。

秦始皇举行封禅之后十三年，秦朝灭亡。当时儒生们憎恨秦始皇焚烧《诗》《书》，侮辱杀戮读书人，百姓怨恨秦朝的苛刻法律，天下人反叛，都谣传说："秦始皇上泰山，为暴风雨袭击，没有能举行封禅大典。"这难道不就是所谓不具备那种德行而硬要强行封禅的帝王吗？

从前，夏、商、周三代的京都在黄河、洛河之间，嵩高为中岳，其他四岳各按它的方位命名，四渎均在崤山以东地区。到秦始皇称帝，建都咸阳，因而五岳、四渎皆在京都之东。从五帝到秦朝，各个朝代的兴衰相互交替，名山大川有的在诸侯国，有的在皇帝直辖地区，它们的祭祀礼仪随朝代而更替，各有增减，各不相同，不能完全记载下来。到秦朝统一天下，命祠官经常祭祀天地和大山大河的鬼神，可按次序加以论述。

**周原甲骨（H11：27）及卜辞摹本　西周**
卜辞记有"勺（礿）于洛"，讲的是周人在洛河祭祀。

于是自殽以东，名山五，大川祠二。曰太室。太室，嵩高也。恒山，泰山，会稽，湘山。水曰济，曰淮。春以脯酒为岁祠，因泮冻，秋涸冻，冬赛祷祠。其牲用牛犊各一，牢具珪币各异。

自华以西，名山七，名川四。曰华山，薄山。薄山者，襄山也。岳山，岐山，吴岳，鸿冢，渎山。渎山，蜀之汶山。水曰河，祠临晋；沔，祠汉中；湫渊，祠朝那；江水，祠蜀。亦春秋泮涸祷赛，如东方名山川；而牲牛犊牢具珪币各异。而四大冢鸿、岐、吴、岳，皆有尝禾。

陈宝节来祠。其河加有尝醪。此皆在雍州之域，近天子之都，故加车一乘，骝驹四。

霸、产、长水、沣、涝、泾、渭皆非大川，以近咸阳，尽得比山川祠，而无诸加。

汧、洛二渊，鸣泽、蒲山、岳崝山之属，为小山川，亦皆岁祷赛泮涸祠，礼不必同。

**有关祭祀河流的甲骨卜辞　商代**
拓本选自《甲骨文合集》326。卜辞记有"燎于河五牢，沉十牛"。

当时，自崤山以东，所祭大山有五座，大河有两条。太室山，即嵩山。还有恒山、泰山、会稽山、湘山。这是五座大山。两条河，一条是济水，一条是淮河。春季用干肉和酒为年成祈祷，这时河冰解冻，秋天又冻结，冬天要举行酬报神功和祈祷求福的祭祀。祭牲各用一头小牛，玉、帛等祭品各不相同。

从华山以西，大山有七座，大河有四条。这七座大山包括华山、薄山。薄山就是襄山。此外还有岳山、岐山、吴岳、鸿冢、渎山。渎山就是蜀郡的汶山。四条大河，一是黄河，在临晋祭祀；一是沔水，在汉中祭祀；一是湫渊，在朝那祭祀；一是长江，在蜀郡祭祀。也是在春、秋两季解冻和结冻时，举行祈祷求福和酬报神功的祭祀。祭牲都是各用一头小牛，与牲牢配用的器具和祭祀用的玉帛各不相同。而四座大山鸿冢、岐山、吴岳、岳山都有进献新谷的祭祀。

陈宝神应时前来享祭祀。祭祀黄河增加新的酒酿。这些山河都在雍州，靠近天子都城，因此祭祀时要增加一辆车和四匹赤毛黑鬣的少壮马。

霸水、产水、长水、沣水、涝水、泾水、渭水都不是大河，因为靠近咸阳，祭品都得比照祭祀名山大川，但没有各种增加的祭品。

汧水和洛水两条河流，鸣泽、蒲山和岳崝山之类，都是小山小河，也都在每年解冻和结冻的季节，举行祈年求福和酬报神功的祭祀，礼仪不尽相同。

**有关祭祀河流的甲骨卜辞　商代**
拓本选自《甲骨文合集》12948 正。卜辞记有"王令酒河，沉三牛，燎三牛，卯五牛"。古代人们把山岳丘陵、江河湖海都当作崇拜对象，称之为神。甲骨卜辞中，河神称为"河"，或"河宗""河公"。山川之祭是十分重要的祀典。

玉璋　商代中晚期

出土于四川广汉三星堆遗址，现藏于三星堆博物馆。玉璋上阴刻两组图案，每组图案由立人、山形和雷纹及平行纹组成。立人头戴冠，穿长袍，双手相握腹前。据考古推断，该图案表现古蜀国先民对山的祭祀与崇拜。

玉神人面像　商代晚期

现藏于金沙遗址博物馆。神人头戴高冠，长眉，大眼，钩鼻，方脸，尖耳。

十节玉琮　商代晚期

出土于四川成都金沙遗址，现藏于成都文物考古研究所。上面阴刻一直立人形图案，椭圆形双眼，戴平冠，长袍，肩上扛物。据考古推断，该图案可能表现了古蜀国祭司拜祭天地、人神对话的祭祀场面。古蜀国金沙文化遗址距今约3000年。

而雍有日、月、参、辰、南北斗、荧惑、太白、岁星、填星、辰星、二十八宿、风伯、雨师、四海、九臣、十四臣、诸布、诸严、诸逑之属，百有余庙。西亦有数十祠。于湖有周天子祠。于下邽有天神。沣、滈有昭明、天子辟池。于杜、亳有三社主之祠、寿星祠；而雍菅庙亦有杜主。杜主，故周之右将军，其在秦中，最小鬼之神者。各以岁时奉祠。

唯雍四畤上帝为尊，其光景动人民唯陈宝。故雍四畤，春以为岁祷，因泮冻，秋涸冻，冬赛祠，五月尝驹，及四仲之月，祠若月祠陈宝节来一祠。春夏用骍，秋冬用駵。畤驹四匹，木禺龙栾车一驷，木禺车马一驷，各如其帝色。黄犊羔各四，珪币各有数，皆生瘗埋，无俎豆之具。三年一郊。秦以冬十月为岁首，故常以十月上宿郊见，通权火，拜于咸阳之旁，而衣上白，其用如经祠云。西畤、畦畤，祠如其故，上不亲往。

诸此祠皆太祝常主，以岁时奉祠之。至如他名山川诸鬼及八神之属，上过则祠，去则已。郡县远方神祠者，民各自奉祠，不领于天子之祝官。祝官有秘祝，即有菑祥，辄祝祠移过于下。

雍州祭祀的有日神、月神、参宿、辰宿、南北斗、荧惑、太白、岁星、填星、辰星、二十八宿、风伯、雨师、四海、九臣、十四臣、诸布、诸严、诸逑等等，有一百多座祠庙。西县也有几十座祠庙。在湖县有周天子祠。在下邽有天神祠。沣水和滈水有昭明、天子辟雍。在杜邑、亳邑有三座社主祠和寿星祠；另外，雍县菅庙中也有杜主祠。杜主原是周朝的右将军，他在秦中地区，是最灵验的小鬼神。对这些神灵，每年按时分开祭祀。

雍州有四畤，所祭祀的四位天帝最尊贵，那最动人的情景唯有祭祀陈宝神时才会出现。过去雍州四畤的祭祀，春天为年成祈祷，秋天结冰，冬天酬报神功而祭祀，五月进献少壮马，到了每四季的第二个月，要依照月祠陈宝的仪式来在四仲月里祭祀。春夏两季用红色马匹，秋冬两季用赤毛黑鬃马。每畤用少壮马四匹，木偶龙驾有铃的车一套，木偶马驾车一套，祭品的颜色和各方天帝的颜色一样。小黄牛和小羊各四头，玉、帛各有一定数量，都活着埋下去，不用俎豆等器皿。三年郊祀一次。秦朝把冬十月作为一年之始，所以天子常在十月斋戒郊祭，点燃烽火远照四畤所在地，在咸阳附近下拜行礼，衣服尚白，所用祭品如常。西畤、畦畤，祭祀仍像过去一样，天子不亲往。

这些祭祠均由太祝主持，每年按时祭祀。对于其他名山大川、众鬼和八神，天子经过时就祭祀，离去便作罢。远方郡县所祭祀的众神，由当地民众各自分别祭祀，不归天子的祝官管理。祝官中有秘祝，要有灾祸便祈祷祭祀，把灾祸移到臣民头上。

**銮铃　西周中期**
出土于陕西宝鸡扶风黄堆乡西周墓葬，现藏于宝鸡市周原博物馆。銮铃是西周早期出现的一种车马器。

**有关马的甲骨卜辞　商代**
卜辞记有『贞……马，其雨』。在殷墟甲骨卜辞中多见有关马的记载，由此可见，马的使用在商代已十分广泛，除了祭祀、战争、出行、田猎等也用马。拓本选自《甲骨文合集》29421。

汉兴，高祖之微时，尝杀大蛇。有物曰："蛇，白帝子也，而杀者赤帝子。"高祖初起，祷丰枌榆社。徇沛为沛公则祠蚩尤，衅鼓旗。遂以十月至灞上，与诸侯平咸阳，立为汉王。因以十月为年首，而色上赤。

"临晋丞印"封泥　西汉
拓本选自《封泥汇编》。秦厉公时始置临晋县。

二年，东击项籍而还入关，问："故秦时上帝祠何帝也？"对曰："四帝，有白、青、黄、赤帝之祠。"高祖曰："吾闻天有五帝，而有四，何也？"莫知其说。于是高祖曰："吾知之矣，乃待我而具五也。"乃立黑帝祠，命曰北畤。有司进祠，上不亲往。悉召故秦祝官，复置太祝、太宰，如其故仪礼。因令县为公社。下诏曰："吾甚重祠而敬祭。今上帝之祭及山川诸神当祠者，各以其时礼祠之如故。"

后四岁，天下已定，诏御史，令丰谨治枌榆社，常以四时春以羊彘祠之。令祝官立蚩尤之祠于长安。长安置祠祝官、女巫。其梁巫，祠天、地、天社、天水、房中、堂上之属；晋巫，祠五帝、东君、云中、司命、巫社、巫、族人、先炊之属；秦巫，祠社主、巫保、族累之属；荆巫，祠堂下、巫先、司命、施糜之属；九天巫，祠九天：皆以岁时祠宫中。其河巫祠河于临晋，而南山巫祠南山秦中。秦中者，二世皇帝。各有时日。

其后二岁，或曰周兴而邑邰，立后稷之祠，至今血食天下。于是高祖制诏御史："其令郡国县立灵星祠，常以岁时祠以牛。"

汉兴，高祖卑微时，曾杀一大蛇。有神怪说："蛇，是白帝之子，而杀者是赤帝之子。"高祖起兵时，在丰县的枌榆社祈祷。后来占领沛县做了沛公，便祭祀蚩尤，用牲血涂战鼓战旗。随即便在十月进军灞上，与诸侯一道平定了咸阳，被立为汉王。所以便把十月作为一年之始，崇尚赤色。

汉高祖二年，东攻项羽之后回到关中，问道："过去秦朝祭祀的天帝是何帝？"群臣回答说："四位天帝，有白帝、青帝、黄帝、赤帝的祠庙。"高祖说："我听说天有五帝，如今只有四帝，为什么？"无人知其因。于是高祖说："我知道了，定是等我来立五帝的祠庙啊。"随后就立黑帝祠，名北畤。由主管官员前往祭祀，皇上不亲往。召来了秦朝全部祝官，又设太祝、太宰，礼仪如旧。又令各县立官府社坛。下诏说："我很重视祭祀，今天对上帝、山川众神的祭祀都要依旧按时举行。"

过了四年，天下已定，下令御史，转告丰县要慎重地修治枌榆社，四季祭祀，春季用羊、猪祭祀。令祝在长安设蚩尤祠。在长安设祠官、祝官、女巫。其中梁巫主持祭祀天、地、天社、天水、房中、堂上诸神灵；晋巫主持祭祀五帝、东君、云中君、司命、巫社、巫祠、族人、先炊诸神灵；秦巫主持祭祀杜主、巫保、族累诸神灵；荆巫主持祭祀堂下、巫先、司命、施糜诸神灵；九天巫主持祭祀九天：每年都按时在宫中祭祀。其中河巫在临晋祭祀河神，南山巫在南山祭祀秦中厉鬼。秦中厉鬼指秦二世皇帝。以上各项祭祀，都各有规定的时日。

此后二年，有人说周朝兴盛了，在邰地建立城邑，设后稷祠庙，至今仍享受天下人的祭祀。之后，高祖令向御史下诏："应令各郡国县设立灵星祠，每年按时用牛祭祀。"

高祖十年春，有司请令县常以春二月及腊祠社稷以羊豕，民里社各自财以祠。制曰："可。"

汉高祖十年春，主管官员请求命令各县在春季二月和冬季腊月用羊和猪祭祀土地神和禾谷神，民间的土地神各自征集财物祭祀。高祖命令说："可以。"

**《天帝出行》画像石拓本　西汉**
出土于河南南阳王庄汉画像石墓，现藏于南阳汉画馆。画像中三神在前拉着一辆五星组成的车，在云气和星辰之间飞驰。天帝乘坐在车上。车下有四神，是雨师。车后是正在吹风的风伯。

其后十八年，孝文帝即位。即位十三年，下诏曰："今秘祝移过于下，朕甚不取。自今除之。"

始名山大川在诸侯，诸侯祝各自奉祠，天子官不领。及齐、淮南国废，令太祝尽以岁时致礼如故。

是岁，制曰："朕即位十三年于今，赖宗庙之灵，社稷之福，方内艾安，民人靡疾。间者比年登，朕之不德，何以飨此？皆上帝诸神之赐也。盖闻古者飨其德必报其功，欲有增诸神祠。有司议增雍五畤路车各一乘，驾被具；西畤、畦畤禺车各一乘，禺马四匹，驾被具；其河、湫、汉水加玉各二；及诸祠，各增广坛场，珪币俎豆以差加之。而祝釐者归福于朕，百姓不与焉。自今祝致

之后十八年，汉文帝即位。即位十三年，下诏说："如今秘祝官把灾祸转嫁给臣民，我很不赞成此种做法，从现在起废除它。"

起初，有些名山大川在诸侯国内，诸侯国的祝官各自供奉祭祀，皇上的祝官不管辖。等到齐国、淮南国被废除，便令太祝每年都按时祭礼，采用秦朝时旧的礼仪。

这一年，汉文帝命令说："我即位至今十三年了，赖祖先神灵，靠国家的福荫，国内太平无事，百姓不受疾苦。近来连年丰收，我无德，何以享受？这都是上帝和各位神灵的恩赐。据说古时帝王，享神灵恩德，必定会报答神灵之功，因此想增加对各神灵的祭祀。主管官员建议给雍县五畤增大车各一辆，全套服饰；给西畤、畦畤增木偶车各一辆，木偶马各四匹，全套服饰。黄河、湫浦、汉水各赠玉璧两枚；还有许多祠庙，都扩大祭祀场地，玉、帛、俎豆等祭品礼器按等级酌量增加。以往祝福的人们将福气归我，而百姓不受其福。从今天起祝福致

**"雝邑之丞"封泥　西汉**
拓本选自《封泥汇编》。雝即雍，春秋时为雍邑。秦德公公元年自平阳迁都于此，后置为县。

敬，毋有所祈。"

鲁人公孙臣上书曰："始秦得水德，今汉受之，推终始传，则汉当土德，土德之应黄龙见。宜改正朔，易服色，色尚黄。"是时丞相张苍好律历，以为汉乃水德之始，故河决金堤，其符也。年始冬十月，色外黑内赤，与德相应。如公孙臣言，非也。罢之。后三岁，黄龙见成纪。文帝乃召公孙臣，拜为博士，与诸生草改历服色事。其夏，下诏曰："异物之神见于成纪，无害于民，岁以有年。朕祈郊上帝诸神，礼官议，无讳以劳朕。"有司皆曰：古者天子夏亲郊，祠上帝于郊，故曰郊。"于是夏四月，文帝始郊见雍五畤祠，衣皆上赤。

**彩绘云气朱雀纹漆奁**
**西汉早期**
出土于江苏扬州邗江西湖山头 1 号汉墓，现藏于扬州博物馆。

其明年，赵人新垣平以望气见上，言："长安东北有神气，成五采，若人冠练缕焉。或曰东北神明之舍，西方神明之墓也。天瑞下，宜立祠上帝，以合符应。"于是作渭阳五帝庙，同宇，帝一殿，面各五门，各如其帝色。祠所用及仪亦如雍五畤。

夏四月，文帝亲拜霸渭之会，以郊见渭阳五帝。五帝庙南临渭，北穿蒲池沟水，权火举而祠，若光辉然属天焉。于是贵平上大夫，

**玉璧　西汉**
出土于河北满城陵山中山靖王刘胜墓，现藏于河北省文物保护中心。玉璧上雕有云气纹，并附有云气动物和天盖。

敬，不要为我祈祷。"

鲁人公孙臣向天子报告说："原先秦朝获得水德，现今汉朝继承天下，按五德循环来推算，汉朝应当属土德，土德瑞应是黄龙出现。应当改历法，易服色，尚黄色。"此时，丞相张苍喜好律历，认为汉朝是水德之始，因此黄河才会冲决金堤，这是水德的征兆。一年以十月为始，十月阴气在外，阳气内伏，百草颜色外黑内赤，与水德正好相应。如公孙臣所说，是不对的。否决他的上书。以后三年，黄龙在成纪现身。汉文帝便召见公孙臣，命他做博士，让他和一些读书人草拟修改历法、服色。这年夏，下诏说："异物的神灵在成纪现身，它无害于百姓，年成因而丰收。朕想祈祷祭祀上帝和众神，交礼官讨论方案，不要担心烦劳朕。"主管官员说："古代天子在夏季亲自郊祀，祭祀上帝，因此叫作郊祀。"这年夏四月间，汉文帝开始在雍县五畤郊祀，参拜上帝，衣服都崇尚赤。

次年，赵人新垣平以擅观云气晋见天子，他说："长安东北有神异的云，呈现五彩，好像人的冠冕。有人说，东北方是神明的宅舍，西方是神明的冢墓。上天的祥瑞降临，应设祠庙祭祀上帝，以此与吉祥的征兆相符合。"随后修建了渭阳五帝庙，在同一屋宇内，给每位天帝各建一座殿堂，各面对五扇大门，按照各方天帝涂上颜色。祭祀时的祭品和礼仪也与雍县五畤相同。

夏四月，汉文帝亲自前往霸水、渭水的汇合地，以郊祀之礼祠祭渭阳五帝。五帝庙南近渭水，北面穿沟引入蒲池的水，点燃烽火来祭祀，如同满天光辉。之后任命新垣平为上大夫，

**《泗水捞鼎》画像石　西汉晚期**
出土于河南南阳新野樊集24号汉墓，现藏于河南博物院。

赐累千金。而使博士诸生刺《六经》中作《王制》，谋议巡狩封禅事。

文帝出长安门，若见五人于道北，遂因其直北立五帝坛，祠以五牢具。

其明年，新垣平使人持玉杯，上书阙下献之。平言上曰："阙下有宝玉气来者。"已视之，果有献玉杯者，刻曰"人主延寿"。平又言："臣候日再中。"居顷之，日却复中。于是始更以十七年为元年，令天下大酺。

平言曰："周鼎亡在泗水中，今河溢通泗，臣望东北汾阴直有金宝气，意周鼎其出乎？兆见不迎则不至。"于是上使使治庙汾阴南，临河，欲祠出周鼎。

人有上书告新垣平所言气神事皆诈也。下平吏治，诛夷新垣平。自是之后，文帝怠于改正朔服色神明之事，而渭阳、长门五帝使祠官领，以时致礼，不往焉。

明年，匈奴数入边，兴兵守御。后岁少不登。

赏赐累积千金。让博士和许多读书人采用《六经》中讲的有关内容，撰写了《王制》一书，探讨巡狩、祭祀天地事宜。

汉文帝出了长安门，好似看见五人站在大路边，随即在其所站之地修建五帝坛，用五牢祭牲来祭祀。

次年，新垣平派人拿着玉杯，去宫门前进献。新垣平对天子说："宫门前有宝气来临。"过了一段时间去看，果然有人来献玉杯，上刻"人主延寿"。新垣平又说："我看太阳会再一次当头。"过了不久，太阳果然由偏西退回天中央。此时便把十七年改为元年，下令天下百姓聚会饮酒庆贺。

新垣平说："周室的宝鼎沉没在泗水中，如今黄河水满外溢，流入泗水。我望见东北方汾阴地方，上空有金宝之气，估计周鼎会出现吧？征兆出现不去迎接，它就不会到来。"随后，天子派遣使者在汾阴南修建了祠庙，临近黄河，希望通过祭祀迎来周鼎。

有人向皇上报告说新垣平讲的云气和神灵全是诈骗。皇上把新垣平交给狱吏审判，灭了他家一族。自此之后，文帝对改历法、易服色之事便不热心了，派祠官去管理渭阳五帝庙和长门五帝坛，按时致祭，自己便不去了。

次年，匈奴几次侵犯边境，动员军队去守卫防御。后来年成又有些歉收。

**《泗水捞鼎》画像石拓本**

数年而孝景即位。十六年，祠官各以岁时祠如故，无有所兴，至今天子。

过了几年，汉景帝即位了。十六年间，祠官各自仍旧祭祀，没有兴建新的祠庙，直至当今天子。

今天子初即位，尤敬鬼神之祀。

元年，汉兴已六十余岁矣，天下艾安，搢绅之属皆望天子封禅改正度也，而上乡儒术，招贤良，赵绾、王臧等以文学为公卿，欲议古立明堂城南，以朝诸侯。草巡狩封禅改历服色事未就。会窦太后治黄老言，不好儒术，使人微伺得赵绾等奸利事，召案绾、臧，绾、臧自杀，诸所兴为皆废。

后六年，窦太后崩。其明年，征文学之士公孙弘等。

**《天地》画像石拓本　西汉**
出土于山东临沂罗庄区册山庆云山2号石椁墓，现藏于临沂市博物馆。圆形代表太阳和周天，方形代表大地，四斜线代表四维。

当今天子刚即位，尤喜崇敬鬼神的祭祀。

元年，汉兴已六十余年，天下太平，朝廷官员都希望天子去祭祀天地神灵、修改制度。天子崇尚儒学，招纳有才干、有德望的人，赵绾、王臧等人以文章博学做了公卿，并建议在城南建明堂，用以朝会诸侯。拟订的皇上视察诸侯、祭祀天地神灵、改历法、易服色的规划尚未实施。正逢窦太后喜好黄老学说，不喜好儒学，并派人暗中收集赵绾等人非法牟私之事，下令审问赵绾、王臧，赵绾、王臧自杀了，他们倡办的事便都废止。

六年后，窦太后去世。次年，征召文章博学之士公孙弘等人。

明年，今上初至雍，郊见五畤。后常三岁一郊。是时上求神君，舍之上林中蹏氏观。神君者，长陵女子，以子死，见神于先后宛若。宛若祠之其室，民多往祠。平原君往祠，其后子孙以尊显。及今上即位，则厚礼置祠之内中。闻其言，不见其人云。

是时李少君亦以祠灶、谷道、却老方见上，上尊之。少君者，故

**"上林丞印" 封泥拓本**
秦昭王时有五苑，上林苑是其中之一。上林丞为掌管苑中禽兽之吏。秦时汉初，上林丞为少府属官，汉武帝时改为水衡属官，

又过了一年，当今天子初到雍县，在五畤郊祀。之后每三年轮祭一次。此时天子求到一神君，将其安置在上林苑蹏氏观中。所谓神君，是长陵一女子，因生子而死，在她妯娌苑若身上显灵。宛若把她供奉在自己屋里，很多人都在祭祀。平原君来祭祀过，后来其子孙因此显贵。等到当今天子即位，便准备了丰厚的祭礼在宫内供奉祭祀。祭祀时听得到她讲话，但看不见她的身影。

此时，李少君也凭着祭祀灶神、辟谷、长生不老等方术进见天子，天子很敬重他。李少

深泽侯舍人，主方。匿其年及其生长，常自谓七十，能使物，却老。其游以方遍诸侯。无妻子。人闻其能使物及不死，更馈遗之，常余金钱衣食。人皆以为不治生业而饶给，又不知其何所人，愈信，争事之。少君资好方，善为巧发奇中。尝从武安侯饮，坐中有九十余老人，少君乃言与其大父游射处，老人为儿时从其大父，识其处，一坐尽惊。少君见上，上有故铜器，问少君。少君曰："此器齐桓公十年陈于柏寝。"已而案其刻，果齐桓公器。一宫尽骇，以为少君神，数百岁人也。

少君言上曰："祠灶则致物，致物而丹沙可化为黄金，黄金成以为饮食器则益寿，益寿而海中蓬莱仙者乃可见，见之以封禅则不死，黄帝是也。臣尝游海上，见安期生，安期生食巨枣，大如瓜。安期生仙者，通蓬莱中，合则见人，不合则隐。"于是天子始亲祠灶，遣方士入海求蓬莱安期生之属，而事化丹沙诸药齐为黄金矣。

居久之，李少君病死。天子以为化去不死，而使黄锤史宽舒受其方。求蓬莱安期生莫能得，而海上燕、齐怪迂之方士多更来言神事矣。

君是已故深泽侯的家臣，主管方药。他隐瞒了自己的年龄和生平，常自称七十岁，能驱使鬼神，有延年长寿的方术。他无妻儿，靠方术周游诸侯各国。人们听说他会驱使鬼神，又有不死术，便纷纷赠送财礼给他，让他常积蓄许多金钱和衣食用品。人们都因他不经营产业而生活富裕，又不知道他是哪里人，更加相信他，争相侍奉他。李少君的天赋是擅长方术，善于伺机发言，而且总是得到应验。他曾陪着武安侯宴饮，席间有位九十多岁的老人。李少君竟说起曾和他的祖父一道游玩打猎的处所，那老人小时常跟随自己的祖父，记得那个地方，因此，满堂客人都为之大惊。李少君拜见天子，天子有一件旧铜器，问他可识得。他回答说："这铜器是齐桓公十年时陈放在柏寝台上的。"随即考查上面的铭文，果真是齐桓公的铜器。满宫的人都惊奇，以为李少君是神仙，是几百岁的人。

李少君对皇上说："祭祀灶神可以招来神异之物，有了神异之物，丹沙便能炼成黄金，炼成黄金后制成饮食器皿，可以使人延年益寿，延年益寿之后，可以见到蓬莱岛上的仙人，见到了仙人以后，祭祀天地就可以长生不老，黄帝就是如此。我曾漫游海上，见到安期生，他吃巨枣，有瓜那么大。安期生是仙人，可以往返蓬莱仙岛，他如果知道你与他同道，便见你；不同道，便隐去。"之后，天子开始亲自祭祀灶神，派遣方士到海上去寻找蓬莱岛上安期生之类的仙人，同时着手把丹砂等各种药物炼成黄金。

过了许久，李少君病故。天子以为他升天了，并没有死，便让黄锤史宽舒继承李少君的方术。寻找蓬莱仙人安期生，未能找到，从此，燕、齐两国沿海一带许多稀奇怪异的方士都争相前来谈论神仙事。

《虎食女魃》画像石拓本（局部）　西汉
出土于河南唐河针织厂汉墓，现藏于南阳汉画馆。画像中，带翼的虎形神与汉代盛行的鬼神信仰相关。

亳人谬忌奏祠太一方，曰："天神贵者太一，太一佐曰五帝。古者天子以春秋祭太一东南郊，用太牢，七日，为坛开八通之鬼道。"于是天子令太祝立其祠长安东南郊，常奉祠如忌方。其后人有上书，言"古者天子三年壹用太牢祠神三一：天一、地一、太一"。天子许之，令太祝领祠之于忌太一坛上，如其方。后人复有上书，言："古者天子常以春解祠，祠黄帝用一枭破镜；冥羊用羊祠；马行用一青牡马；太一、泽山君地长用牛；武夷君用干鱼；阴阳使者以一牛。"令祠官领之如其方，而祠于忌太一坛旁。

"麋圈"封泥
选自《秦封泥汇考》。《汉旧仪》："上林苑方三百里，苑中养百兽，天子秋冬射猎取之。"麋圈为秦汉时囿、苑中养鹿之所。

亳县人谬忌上奏祭祀太一神的方式，说："天神中最尊贵的算是太一神，太一神的辅佐者是五帝。古代天子在春秋两季于东南郊祭祀太一神，用牛、羊、猪三牲，祭七天，为祭坛开设八面台阶，作为鬼神的通道。"随后皇上命太祝在长安东南郊建祭太一的神祠，常按谬忌的方式供奉祭祀。此后有人上书说"古时天子每三年一次用牛、羊、猪三牲祭祀三神：天一、地一、太一"。皇上许可了。令太祝在谬忌建议修建的太一坛上主祭，并按他上奏的方式进行。后来有人又上书说："古时天子常在春天举行消灾求福的祭祀，祭黄帝用枭鸟、猨兽各一只；祭冥羊神用羊；祭马行神用一匹青公马；祭太一神、泽山君地长用牛；祭武夷君用干鱼；祭阴阳使者用一头牛。"随后皇上命祠官按照他的方式主持祭祀，在谬忌奏立的太一坛旁举行。

其后，天子苑有白鹿，以其皮为币，以发瑞应，造白金焉。

其明年，郊雍，获一角兽，若麃然。有司曰："陛下肃祗郊祀，上帝报享，锡一角兽，盖麟云。"于是以荐五畤，畤加一牛以燎。锡诸侯白金，风符应合于天也。于是济北王以为天子且封禅，乃上书献太山及其旁邑，天子以他县偿之。常山王有罪，迁，天子封其弟于真定，以续先王祀，而以常山为郡。然后五岳皆在天子之郡。

"泰山司空"
封泥拓本 西汉
选自《封泥汇编》。泰山司空应是管理泰山的职官。

"齐祠祀长"
封泥拓本 西汉
选自《封泥汇编》。

后来，皇上园林中有白鹿，用其皮制成货币，以宣扬皇上德政的瑞应，并铸造了银锡合金币。

第二年，皇上到雍县祭祀天地，捕获一角兽，状似麃，主管官员说："陛下虔诚恭敬地祭祀天地，上天为报祭享之德，降赐此一角兽，它大概就是麒麟。"随即把它进献给五畤，每畤加一头牛予以焚化。把银锡合金币赏赐诸侯，暗示他们这是天降符瑞。此时，济北王想到天子将行封禅，便上书献出泰山及周围的封地，皇上用其他县邑补偿他。常山王犯了罪，被谪到他处，皇上便封他的弟弟去真定，让他继承对先王的祭祀，而把常山国改为郡。这样，五岳都在天子管辖的郡内。

其明年，齐人少翁以鬼神方见上。上有所幸王夫人，夫人卒，少翁以方盖夜致王夫人及灶鬼之貌云，天子自帷中望见焉。于是乃拜少翁为文成将军，赏赐甚多，以客礼礼之。文成言曰："上即欲与神通，宫室被服非象神，神物不至。"乃作画云气车，及各以胜日驾车辟恶鬼。

**"祝印"封泥**

选自《秦封泥汇考》。祝，商周时设此职官，秦汉沿置。负责宗庙祭祀的祷告祝词。汉景帝时，改为祠祀。

又作甘泉宫，中为台室，画天、地、太一诸鬼神，而致祭具以致天神。居岁余，其方益衰，神不至。乃为帛书以饭牛，详不知，言曰此牛腹中有奇。杀视得书，书言甚怪。天子识其手书，问其人，果是伪书，于是诛文成将军，隐之。

其后则又作柏梁、铜柱、承露仙人掌之属矣。

文成死明年，天子病鼎湖甚，巫医无所不致，不愈。游水发根言上郡有巫，病而鬼神下之。上召置祠之甘泉。及病，使人问神君。神君言曰："天子无忧病。病少愈，强与我会甘泉。"于是病愈，遂起，幸甘泉，病良已。大赦，置酒寿宫神君。寿宫神君最贵者太一，其佐曰大禁、司命之属，皆从之。弗可得见，闻其言，言与人音等。时去时来，来则风肃然。居室帷中。时昼言，然常以夜。天子被，然后入。因巫为主人，

**"祠祀"封泥拓本**

选自《秦封泥汇考》。祠祀，秦时设置此官署，汉代沿置。负责宫中祭祀，属詹事。

第二年，齐人少翁以鬼神方术晋见天子。天子有个宠爱的王夫人，她去世了，少翁用方术在夜间招来王夫人和灶神的形貌，天子从帐幕中看到了。随即赐封少翁为文成将军，赏赐很多财物，以宾客礼节接待他。文成将军说："天子要想与神仙交往，而宫室、衣被等物不像神仙用的，神仙是不会来的。"就制造画有五色云气的神车，按五行相克的原理，各选制胜日期，分别驾驶各色神车驱除恶鬼。又修建了甘泉宫，中有台室，室内画着天、地、太一众多鬼神，运来了祭器，以招来天神。过了一年多，他的方术逐渐不灵验，天神没有来。他便用绸绢写了一些话，给牛吞下，假装不知，说此牛腹中有奇物。杀牛一看，得到帛书，上面写着奇怪的话。皇上认得帛书笔迹，审问他，果然是伪造帛书，随即杀掉文成将军，并将此事隐瞒起来。

此后又建造了柏梁台、铜柱、承露仙人掌之类。

文成将军死后第二年，皇上在鼎湖病重，巫医各种办法无所不用，仍不见好。游水人发根说上郡有个巫师，鬼神趁他生病附了他的身。天子把他召来，供养在甘泉宫。到天子病时，派人去问神君。神君说："皇上不用担忧自己的病。待他身体稍好，要支撑身体到甘泉宫来与我相见。"接着天子病好了起来，驾临甘泉宫，病体果然完全康复了。由此宣布大赦，建造寿宫，摆酒供奉神君。寿宫神君中最尊贵的是太一神，佐神有大禁、司命等，都随从太一神。众神无法见到，只能听其讲话声音，和人相同。他们时来时去，来时飒飒有风。他们都在帐幕中。有时白天也说话，但常常是夜间。皇上斋戒沐浴后，才进入寿宫。靠巫师做主人，

**"与天无极"瓦当 西汉**
现藏于陕西历史博物馆。上背景图是南阳出土的汉代画像石拓本，画像从左至右分别为大螺、应龙和仙人。大螺和应龙是汉代的祥瑞之物。

**"奉终祀堂"瓦当 西汉**
现藏于陕西历史博物馆。下背景图是南阳出土的汉代画像石拓本，画像中，麒麟、白虎在云气间飞腾追逐。麒麟和白虎是汉代的祥瑞之物。

关饮食。所以言，行下。又置寿宫、北宫，张羽旗，设供具，以礼神君。神君所言，上使人受书其言，命之曰"画法"。其所语，世俗之所知也，无绝殊者，而天子心独喜。其事秘，世莫知也。

其后三年，有司言元宜以天瑞命，不宜以一二数。一元曰"建"，二元以长星曰"光"，三元以郊得一角兽曰"狩"云。

其明年冬，天子郊雍，议曰："今上帝朕亲郊，而后土无祀，则礼不答也。"有司与太史公、祠官宽舒议："天地牲角茧栗。今陛下亲祠后土，后土宜于泽中圆丘为五坛，坛一黄犊太牢具，已祠尽瘗，而从祠衣上黄。"于是天子遂东，始立后土祠汾阴脽丘，如宽舒等议。上亲望拜，如上帝礼。礼毕，天子遂至荥阳而还。过洛阳，下诏曰："三代邈绝，远矣难存。其以三十里地封周后为周子南君，以奉其先祀焉。"是岁，天子始巡郡县，侵寻于泰山矣。

"雝祠丞印"封泥 选自《秦封泥汇考》。雝即雍。雍祠丞，主管雍地祠祀的官吏之一。

其春，乐成侯上书言栾大。栾大，胶东宫人，故尝与文成将军同师，已而为胶东王尚方。而乐成侯姊为康王后，无子。康王死，他姬子立为王。而康后有淫行，与王不相中，相危以法。康后闻文成已死而欲自媚于上，乃遣栾大因乐成侯求见言方。天子既诛文成，后悔其

领取饮食。众神要说话，也由巫师来传达。又设寿宫和北宫，竖起羽旗，摆设祭器，用以祈请神君。神君所说的话，皇人令人记录下来，称作"画法"。他们所说的话，一般人都听得懂，无特别奥妙之处，然而皇上却暗自心喜。这些事都很秘密，一般人都不知道。

之后第三年，主管官员提议年号应当依据天赐祥瑞命名，不应用数字来计年数。第一个年号叫建元，第二年号因长星出现叫元光，第三个年号因郊祭获一角兽而叫元狩。

第二年冬，皇上到雍县祭天地，与群臣商议说："今天上帝由我亲祭，而后土未祭，这礼节便不周全。"主管官员、太史公、祠官宽舒议论说："祭天地所用牲畜，其角要似茧、栗一样大。今天陛下要亲自祭祀后土，当在湖中的圆形高丘上设五个祭坛，每个祭坛上供奉一头小黄牛做祭牲，祭毕全埋地下，陪祭人员按规定穿黄衣。"随后皇上便东行，按宽舒等人的意见，开始在汾阴的高丘上建后土祠。天子亲自遥祭，和祭上帝的礼仪一样。行礼完毕，天子便至荥阳，之后回京。经过洛阳时，下诏书道："夏、商、周三代距今遥远，其祭祀仪式难以保全。将纵横三十里的地方赐封周朝的后代为周子南君，以供其祭祀祖先。"这一年，皇上开始巡视郡县，逐渐接近泰山。

这年春，乐成侯上书推荐栾大。栾大是胶东王的宫人，过去曾与文成将军为同师弟子，后任胶东王药师。而乐成侯的姐姐为胶东康王后，无子。康王死后，另一姬妾的儿子继位做王。康后有淫乱行为，与新王不合，彼此借法条相互压制。康后听说文成将军已死而想自己献媚于天子，便派栾大通过乐成侯求见天子，谈论方术。皇上杀了文成将军后，后悔

蚤死，惜其方不尽，及见栾大，大说。大为人长美，言多方略，而敢为大言，处之不疑。大言曰："臣常往来海中，见安期、羡门之属。顾以臣为贱，不信臣。又以为康王诸侯耳，不足与方。臣数言康王，康王又不用臣。臣之师曰：'黄金可成，而河决可塞，不死之药可得，仙人可致也。'然臣恐效文成，则方士皆奄口，恶敢言方哉！"上曰："文成食马肝死耳。子诚能修其方，我何爱乎！"大曰："臣师非有求人，人者求之。陛下必欲致之，则贵其使者，令有亲属，以客礼待之，勿卑，使各佩其信印，乃可使通言于神人。神人尚肯邪不邪。致尊其使，然后可致也。"于是上使验小方，斗棋，棋自相触击。

是时上方忧河决，而黄金不就，乃拜大为五利将军。居月余，得四印，佩天士将军、地士将军、大通将军印。制诏御史："昔禹疏九江，决四渎。间者河溢皋陆，堤繇不息。朕临天下二十有八年，天若遗朕士而大通焉。《乾》称'蜚龙'，'鸿渐于般'，朕意庶几与焉。其以二千户封地士将军大为乐通侯。"赐列侯甲第，僮千人。乘舆斥车马帷幄器物以充其家。又以卫长公主妻

他死的太早，惋惜其方术未能尽传，等见到栾大，极为高兴。栾大身材高大英俊，言谈中多有计谋，且敢说大话，神色自若。他夸大其辞说："我常往来海上，见过安期生、羡门这类仙人，但他们认为我身份低贱，不相信我，又认为康王不过是诸侯，不值得传授给他方术。我多次告诉康王，康王又不肯信任我。我的老师说'黄金能够炼成，黄河决口能够堵塞，不死药能够求得，仙人能够招来'。但是我怕落个像文成将军那样的下场，那么方士都会闭嘴了，怎么敢谈论方术呢！"天子说："文成将军是吃了马肝死去的。如果你能研习他的方术，朕还会吝惜什么呢！"栾大说："我的老师不是有求于人，而是别人来求他。皇上真要会见他，便要尊重他的使者，使者有家眷，用客礼来接待，不能轻慢，让他佩戴各种印信，才可以让他与神仙交往。神仙到底肯见不肯见，还是不可确定。只有尊敬神仙的使者，然后才能见到神仙。"当下天子就让他使个小方术验证一下，栾大便斗棋，让棋子在棋盘上自行相互撞击。

### 陶质六博棋盘　西汉早期
出土于陕西咸阳汉景帝阳陵 2 号遗址，现藏于汉阳陵博物馆。六博是古代博弈游戏之一，又称"陆博"。游戏使用六根博箸，故称"六博"。

此时，天子正忧虑黄河决口，黄金也未炼成，便封栾大为五利将军，过了一个多月，栾大便得到四枚大印，佩上了天士将军印、地士将军印、大通将军印。天子下诏给御史说："从前夏禹疏浚九江，开通四渎。近年来河水泛滥，淹没高地，为筑好堤防，劳役不止。我治天下已二十八年，上天或是有意送方士给我，那么栾大可以上通天意，《易·乾》说'飞龙在天'，'鸿渐近涯岸'，我看差不多类似吧！当用二千民户赐封地给将军栾大为乐通侯。"赐列侯级的上等府第和一千奴仆，还有天子使用的车马、服饰、器皿、百物等，装满了他家。又把卫长公主嫁给他，

之，赏金万斤，更命其邑曰当利公主。天子亲如五利之第。使者存问供给，相属于道。自大主将相以下，皆置酒其家，献遗之。于是天子又刻玉印曰"天道将军"，使使衣羽衣，夜立白茅上，五利将军亦衣羽衣，夜立白茅上受印，以示不臣也。而佩"天道"者，且为天子道天神也。于是五利常夜祠其家，欲以下神。神未至而百鬼集矣，然颇能使之。其后装治行，东入海，求其师云。大见数月，佩六印，贵震天下，而海上燕齐之间，莫不搤掔而自言有禁方，能神仙矣。

其夏六月中，汾阴巫锦为民祠魏脽后土营旁，见地如钩状，掊视得鼎。鼎大异于众鼎，文镂无款识，怪之，言吏。吏告河东太守胜，胜以闻。天子使使验问巫得鼎无奸诈，乃以礼祠，迎鼎至甘泉，从行，上荐之。至中山，曣㬈，有黄云盖焉。有麃过，上自射之，因以祭云。至长安，公卿大夫皆议请尊宝鼎。天子曰："间者河溢，岁数不登，故巡祭后土，祈为百姓育穀。今岁丰庑未报，鼎曷为出哉？"有司皆曰："闻昔泰帝兴神鼎一，一者壹统，天地万物所系终也。黄帝作宝鼎三，象天地人。禹收九牧之金，铸九鼎。皆

赠黄金万斤，把她的封号改为当利公主。皇上亲临五利将军的府第。使者前往慰问供应物品，在路上接连不断，从大长公主到将相以下，都备办酒宴送到他家，进献给他。这时皇上又刻制"天道将军"玉印，派遣使者穿着羽衣，夜晚站在白茅上授印，五利将军也穿着羽衣，夜晚站在白茅上受印，用以表示不把他视为臣子。而佩印称为"天道"，是将替皇上导引天神之意。从此五利将军常于夜晚在家中祭祀，想求仙下凡。神仙不曾来而众鬼都来了，但他很能驱使他们。这以后就整装出行，说要去东海上，求见他的仙师。栾大被引见数月，便佩上六颗大印，身价显贵、名震天下，所以燕、齐地区沿海一带的方士，莫不激动振奋，表示自己有秘方，可以招来神仙。

**玉印　西汉中期**
出土于河北满城陵山中山靖王刘胜墓，现藏于河北省文物保护中心。

那年夏六月间，汾阴一个名叫锦的巫师在魏脽后土祠旁边替人家祭神，看到地面隆起呈弯钩状，用手扒开一看，有只鼎。这只鼎和普通鼎大不相同，刻有花纹，无铸刻文字。巫师觉得奇怪，便报告了当地官吏。官吏转告河东郡太守胜，太守上报了这件事。皇上派使者询问巫师得鼎情况，弄清楚了没有弄虚作假，便按礼祭祀，亲自迎接鼎至甘泉宫，百官随行，皇上献祭。迎鼎队伍走到中山时，天气晴朗，空中有片黄云覆盖。有一只麐跑过，天子亲自射获，便用它祭鼎。到达长安后，公卿大夫们全议论奏请尊奉宝鼎之事。皇上说："近年来黄河泛滥，年成连年不好，所以朕出巡祭祀后土神，祈求他为百姓扶植养育谷苗。今年丰收，还未酬谢神灵，此鼎为何会出现呢？"官员们都说："据说从前泰帝铸造了一只神鼎，"一"，一统之意，是天地万物的统一象征。黄帝铸造三只宝鼎，象征天、地、人。夏禹征集九州之铜，铸造九鼎。

尝亨鬺上帝鬼神。遭圣则兴，鼎迁于夏商。周德衰，宋之社亡，鼎乃沦没，伏而不见。《颂》云'自堂徂基，自羊徂牛；鼐鼎及鼒，不吴不骜，胡考之休'。今鼎至甘泉，光润龙变，承休无疆。合兹中山，有黄白云降盖，若兽为符，路弓乘矢，集获坛下，报祠大享。唯受命而帝者心知其意而合德焉。鼎宜见于祖祢，藏于帝廷，以合明应。"制曰："可。"

入海求蓬莱者，言蓬莱不远，而不能至者，殆不见其气。上乃遣望气佐候其气云。

其秋，上幸雍，且郊。或曰："五帝，太一之佐也，宜立太一而上亲郊之。"上疑未定。齐人公孙卿曰："今年得宝鼎，其冬辛巳朔旦冬至，与黄帝时等。"卿有札书曰："黄帝得宝鼎宛朐，问于鬼臾区。鬼臾区对曰：'帝得宝鼎神策，是岁己酉朔旦冬至，得天之纪，终而复始。'于是黄帝迎日推策，后率二十岁复朔旦冬至，凡二十推，三百八十年，黄帝仙登于

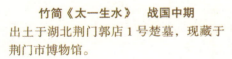

**竹简《太一生水》 战国中期**
出土于湖北荆门郭店 1 号楚墓，现藏于荆门市博物馆。

天。"卿因所忠欲奏之。所忠视其书不经，疑其妄书，谢曰："宝鼎事已决矣，尚何以为！"卿因嬖人奏之。上大说，乃召问卿。对曰："受此书申公，申公已死。"上曰："申公何人也？"卿曰："申公，齐人。与安期

都曾烹煮牲牢，祭祀天地鬼神。遇到圣明君主，它们便出现，这样传至夏、商。周德衰微，宋国社坛毁灭，鼎便沉没不见。《诗经·周颂》说'从堂屋至门外房基，查看祭器；从羊到牛，查看祭牲。大鼐小鼒，干干净净，不喧哗极肃穆，求得长寿又多福'。如今宝鼎来到甘泉宫，色泽光润，变幻无穷，表示汉朝将承受无尽的福寿。再加上在中山时，有黄白云笼罩，有麃作符兆祥瑞，陛下以一把大弓，四支箭射获，陈于祭坛之下，酬谢天地众神。唯有承受天命称帝之人，才可以心知天意，照天意行事，合乎天帝的德行。宝鼎宜进献于祖庙，珍藏在天帝的殿堂，以与神明的瑞应相合。"皇上下诏说："可以。"

去海上寻找蓬莱神山的人说，蓬莱仙境并不远，而不能到达大概是因为没有见到上空的瑞气。天子派望气官，去观察云气。

同年秋，皇上驾临雍县，并举行郊祀。有人说："五帝是太一神的辅佐，当立太一神位，让皇上亲祭。"皇上迟疑未决，齐人公孙卿说："今年得宝鼎，冬天辛巳朔日晨交冬至，正与黄帝制造宝鼎时的节令相同。"公孙卿有一枚木简，上写："黄帝在宛朐得宝鼎后，向鬼臾区问此事。鬼臾区回答说：'黄帝得宝鼎和神策，今年是己酉朔日晨交冬至，掌握了天道运行的规律，往复循环，周而复始。'于时黄帝按照日月朔望推测，以后大都每间隔二十年再轮到朔日晨交冬至，共推算二十次，共计三百八十年，黄帝成仙登天。"公孙卿想通过所忠奏上札书。所忠见简书所写不合常理，怀疑是妄语，便推辟说："宝鼎之事已定，还提它干什么！"公孙卿又通过皇上近臣上奏。皇上大为高兴，随即叫来公孙卿，询问此事。公孙卿回答说："我从申公那里接受此简，申公已去世。"皇上说："申公是什么人？"公孙卿说："申公是齐地人，与安期生

生通，受黄帝言，无书，独有此鼎书。曰'汉兴复当黄帝之时'。曰'汉之圣者在高祖之孙且曾孙也。宝鼎出而与神通，封禅。封禅七十二王，唯黄帝得上泰山封'。申公曰：'汉主亦当上封，上封则能仙登天矣。黄帝时万诸侯，而神灵之封居七千。天下名山八，而三在蛮夷，五在中国。中国华山、首山、太室、泰山、东莱，此五山黄帝之所常游，与神会。黄帝且战且学仙。患百姓非其道者，乃断斩非鬼神者。百余岁然后得与神通。黄帝郊雍上帝，宿三月。鬼臾区号大鸿，死葬雍，故鸿冢是也。其后黄帝接万灵明廷。明廷者，甘泉也。所谓寒门者，谷口也。黄帝采首山铜，铸鼎于荆山下。鼎既

**《升仙》画像石拓本（局部）　西汉**
出土于河南唐河针织厂汉墓，现藏于南阳汉画馆。画像从左至右分别是羽人、二龙交尾、升仙。

成，有龙垂胡须下迎黄帝。黄帝上骑，群臣后宫从上者七十余人，龙乃上去。余小臣不得上，乃悉持龙髯，龙髯拔，堕，堕黄帝之弓。百姓仰望黄帝既上天，乃抱其弓与胡髯号，故后世因名其处曰鼎湖，其弓曰乌号。'"于是天子曰："嗟乎！吾诚得如黄帝，吾视去妻子如脱蹄耳。"乃拜卿为郎，东使候神于太室。

上遂郊雍，至陇西，西登崆

有来往，接受了黄帝的言论，没有其他书，唯有此鼎书。上写'汉朝的兴起当与黄帝得鼎时间有相同的历法周期'。又写道'汉朝的圣主当出在高祖的孙子或曾孙一代。宝鼎的出现与神意相通，当时封禅大典。古代行封禅的有七十二王，只有黄帝上泰山祭天'。申公说：'汉朝的君主也应当上泰山祭天，能上泰山祭天，就能成仙升天。黄帝时有上万个诸侯国，而主持祭祀名山大河的封国占了七千。天下名山有八座，三座在蛮夷地带，五座在中原。中原有华山、首山、太室山、泰山、东莱山，这五山是黄帝常去游览并与神仙相会的地方。黄帝一面作战，一面学仙道。他担心人们非难其仙道，便处死那些诋毁鬼神的人。如此百年之后，才得与神仙相通。黄帝在雍地郊祀上帝，住宿三个多月。鬼臾区别号大鸿，死后葬在雍地，所以鸿冢便是他的坟墓。此后黄帝在明廷迎接了上万的神灵。明廷便是甘泉。所谓寒门，就是谷口。黄帝开采首山之铜，在荆山下铸鼎。铸鼎成功之后，天下有条垂须的龙下来迎接黄帝。黄帝骑在龙背，群臣、姬妾跟随上去的有七十多人，龙才上了天。其余小臣不能上去，便都抓住龙须，龙须被拔掉，小臣们掉了下来，黄帝的弓也掉了下来。百姓都望着黄帝上了天，便抱着他的弓和龙须号哭，所以后人便根据此事称此地为鼎湖，称那弓为乌号。'"皇上说："啊！如果真的能像黄帝那样上天去，我便把离开妻儿看得如脱鞋一样容易。"便任命公孙卿做郎官，派他东去太室山等候神仙。

皇上随即到雍县郊祀，到达陇西郡，登上

峒，幸甘泉。令祠官宽舒等具太一祠坛，祠坛放薄忌太一坛，坛三垓。五帝坛环居其下，各如其方，黄帝西南，除八通鬼道。太一，其所用如雍一时物，而加醴枣脯之属，杀一狸牛以为俎豆牢具。而五帝独有俎豆醴进。其下四方地，为醊食群神从者及北斗云。已祠，胙余皆燎之。其牛色白，鹿居其中，彘在鹿中，水而洎之。祭日以牛，祭月以羊彘特。太一祝宰则衣紫及绣。五帝各如其色，日赤，月白。

### 《日神和月神》
**画像石拓本 西汉**

出土于河南唐河湖阳，现藏于南阳汉画馆。画像上半部分是月神常羲（常仪）捧月，月中有蟾蜍；下半部分是日羲和（仪和）托日，日中有金乌。

十一月辛巳朔旦冬至，昧爽，天子始郊拜太一。朝朝日，夕夕月，则揖；而见太一如雍郊礼。其赞飨曰："天始以宝鼎神策授皇帝，朔而又朔，终而复始，皇帝敬拜见焉。"而衣上黄。其祠列火满坛，坛旁亨炊具。有司云："祠上有光焉。"公卿言："皇帝始郊见太一云阳，有司奉瑄玉嘉牲荐飨。是夜有美光，及昼，黄气上属天。"太史公、祠官宽舒等曰："神灵之休，祐福兆祥，宜因此地光域立太畤坛以明应。令太祝领，秋及腊间祠。三岁天子一郊见。"

崆峒山，驾临甘泉宫。命祠官宽舒等筹建太一神祠坛，祭坛依照薄忌所讲的太一坛形式，分为三层。五帝的祭坛围绕在下面，各占其位，黄帝坛在西南方，修建八条鬼神通道。祭祀太一神所用的祭品和雍县各时一样，另增甜酒、枣、干肉等物，还杀一头牦牛作为祭牲供奉。祭五帝只有甜酒和祭肉进献。坛下四方地基，用酒沃地，祭祀跟随的诸神和北斗星。祭毕，享用过的祭肉全都焚化。牛是白色的，鹿置于牛腔，猪置于鹿腔，用水浸泡。祭祀日神用牛，祭月神用羊或猪。太一神的司祭官着紫衣，五帝司祭官衣着颜色与五帝本色相同，日神司祭官着红衣，月神的司祭官着白衣。

十一月辛巳朔日晨交冬至，天刚拂晓，天子便到郊外朝拜太一神。晨拜日神，傍晚向月神致礼，即作揖；朝见太一神照雍县郊祀的礼仪。祝词说："上天当初把宝鼎和神策授予皇上，过了一个朔日，又迎来一个朔日，循环往复，终而复始，皇帝敬谨拜见上神。"祭服以规定着黄衣。祭坛上布满火炬，坛旁置烹饪炊具。官员们说："祭坛上空出现光采。"公卿大臣说："皇上在云阳宫郊祀太一神时，主管官员捧着大璧嘉牲进献，当夜空中出现美丽光彩，直至次日白天，黄气还上连天顶。"太史公与祠官宽舒等人说："神灵显示的美好景象，是保佑福祉和预示吉祥的征兆，当在呈现光彩之地建立太畤坛，以显示上天的灵应。由太祝主管，在秋冬两季之间行祭祀礼。每三年天子亲往郊祀一次。"

其秋，为伐南越，告祷太一。以牡荆画幡日月北斗登龙，以象太一三星，为太一锋，命曰"灵旗"。为兵祷，则太史奉以指所伐国。而五利将军使不敢入海，之泰山祠。上使人随验，实毋所见。五利妄言见其师，其方尽，多不雠。上乃诛五利。

**玉舞人　西汉**

出土于广东广州象岗山南越王墓，现藏于西汉南越王墓博物馆。

其冬，公孙卿候神河南，言见仙人迹缑氏城上，有物如雉，往来城上。天子亲幸缑氏城视迹。问卿："得毋效文成、五利乎？"卿曰："仙者非有求人主，人主者求之。其道非少宽假，神不来。言神事，事如迂诞，积以岁乃可致也。"于是郡国各除道，缮治宫观名山神祠所，以望幸矣。

其春，既灭南越，上有嬖臣李延年以好音见。上善之，下公卿议，曰："民间祠尚有鼓舞乐，今郊祀而无乐，岂称乎？"公卿曰："古者祠天地皆有乐，而神祇可得而礼。"或曰："太帝使素女鼓五十弦瑟，悲，帝禁不止，故破其瑟为二十五弦。"于是塞南越，祷祠太一、后土，始用乐舞，益召歌儿，作二十五弦及空侯琴瑟自此起。

熊、野猪、虎、猴。

出土于广东广州象岗山南越王墓，现藏于西汉南越王墓博物馆。瑟枘上部为博山形状，峰峦间有狮、存。瑟枘上部为博山形状，原漆瑟已朽不存。

**瑟枘　西汉**

其来年冬，上议曰："古者先振

---

这年秋，为讨伐南越，祈祷太一神。用牡荆做旗柄，在条形旗幡上画上日、月、北斗和飞龙，以代表太一三星，作为祭祀太一最前面的旗帜，叫作"灵旗"。为战争祈祷时，便由太史捧着灵旗指向所伐之国。从前五利将军被派去求仙，不敢入海，却到泰山去祭祀，天子派人随后察看，其实未见什么神仙。他却谎说看到了自己的仙师，实在是他的方术已尽，讲的话多不灵验。天子便杀了五利将军。

这年冬，公孙卿在河南等候神仙，说在缑氏城上见到了仙人脚印，有个像野鸡一样的神物在城上走过。皇上亲自到缑氏城上察看脚印。问公孙卿说："你该不会效法文成将军和五利将军吧？"公孙卿说："仙人不是有求于人主，是人主有求于仙人。求仙之法，如不能宽假时日，耐心等候，神仙是不会来的。谈论神仙事如同谈论遥远离奇事一样，要积年累月才有可能招来神仙。"之后各郡国都修整道路，整修宫室楼台和名山的神庙，希望皇上驾临。

这年春，灭南越之后，天子有个宠臣李延年，凭借擅长美妙音乐来晋见，天子赞赏他的音乐才能，下交公卿讨论，并说："民间祭祀尚且还有鼓舞音乐，如今朝廷郊祀却无音乐，这难道相称吗？"公卿们说："古代祭祀天地都有音乐，神灵才愿意享受祭祀。"有人说："太帝让素女弹奏五十弦的瑟，音调悲切，太帝受不住，所以把五十弦改为二十五弦。"当时在南越祭祀酬神，祭祀太一神和后土神，开始用乐舞，增添歌手，制作二十五弦瑟和箜篌从此开始。

次年冬，皇上说："古代帝王先要整顿武

「大乐万当」瓦当 汉代

该瓦应是汉代乐府官署用瓦。汉代短箫铙歌有云「大乐万岁，与天无极」。

铜铎 西汉

出土于广东广州象岗山南越王墓，现藏于西汉南越王墓博物馆。器上正中刻有「王」字。

《鼓舞》画像石拓本 东汉

出土于河南方城东关，现藏于南阳汉画馆。鼓乐、鼓舞是古代礼乐制度的重要组成，从殷周到春秋战国，再到秦汉，代代沿袭。汉画像石中多见鼓舞场景，形式多样。

兵释旅,然后封禅。"乃遂北巡朔方,勒兵十余万,还祭黄帝冢桥山,释兵须如。上曰:"吾闻黄帝不死,今有冢,何也?"或对曰:"黄帝已仙上天,群臣葬其衣冠。"既至甘泉,为且用事泰山,先类祠太一。

自得宝鼎,上与公卿诸生议封禅。封禅用希旷绝,莫知其仪礼,而群儒采封禅《尚书》《周官》《王制》之望祀射牛事。齐人丁公年九十余,曰:"封禅者,合不死之名也。秦皇帝不得上封。陛下必欲上,稍上即无风雨,遂上封矣。"上于是乃令诸儒习射牛,草封禅仪。数年,至且行。天子既闻公孙卿及方士之言,黄帝以上封禅,皆致怪物与神通,欲放黄帝以上接神仙人蓬莱士,高世比德于九皇,而颇采儒术以文之。群儒既已不能辨明封禅事,又牵拘于《诗》《书》古文而不能骋。上为封禅祠器示群儒,群儒或曰"不与古同",徐偃又曰"太常诸生行礼不如鲁善",周霸属图封禅事,于是上绌偃、霸,而尽罢诸儒不用。

备,解散军队,然后便举行封禅。"随后北上巡视朔方,统率十几万部队,回来时在桥山祭祀黄帝陵墓,在须如遣散军队。皇上说:"我听说黄帝未死,如今却有坟墓,这是为何?"有人回答说:"黄帝成仙上天后,群臣便安葬了他的衣帽。"到达甘泉后,为了在泰山祭祀天地,首先特地祭了太一神。

自得宝鼎后,天子与公卿大臣和儒生们商议封禅事。封禅礼已很少举行,久远断绝了,无人知道其中的礼仪,儒生们主张采用《尚书》《周官》《王制》中记载的遥望祭祀和天子射牛仪式来行封禅礼仪。齐人丁公已九十多岁,他说:"封禅是永不磨灭的盛典。秦始皇未能登上泰山祭天。陛下真要上泰山,只要坚持,稍微登上去一些,便不会有风雨了,总归可以上山祭天的。"皇上随后命儒生们练习射牛,草拟封禅礼仪。几年后,到时将要举行。皇上曾听到公孙卿和方士们的议论,黄帝从前举行封禅,都招来了奇异之物而与神仙相通,便想上效黄帝接待神仙使者蓬莱方士,超世脱俗可与远古九皇媲美,尽量采用儒家学说加以修饰。儒生们既然已经不能说明封禅礼仪事宜,又拘泥于《诗经》《尚书》等典籍而不能运用自如。天子将备用的封禅礼器给儒生们看,儒生中有人说"与古代的不同",徐偃又说"太常所属的祠行礼不如鲁国的完善",周霸又召集众人商讨封禅事宜,之后,皇上斥退徐偃、周霸,并将儒生全部罢除不用。

**木牍《神灵名位牍》 西汉中晚期**
出土于江苏邗江胡场5号汉墓。上面见"江君""仓天""天公""淮河""吴王""荆主"等近四十个自然神与先祖神。

**龙纹玉觽 西汉**
出土于陕西西安长安区茅坡村汉墓,现藏于西安文物保护考古院。

三月，遂东幸缑氏，礼登中岳太室。从官在山下闻若有言"万岁"云。问上，上不言；问下，下不言。于是以三百户封太室奉祠，命曰崇高邑。东上泰山，泰山之草木叶未生，乃令人上石立之泰山巅。

上遂东巡海上，行礼祠八神。齐人之上疏言神怪奇方者以万数，然无验者。乃益发船，令言海中神山者数千人求蓬莱神人。公孙卿持节常先行候名山，至东莱，言夜见大人，长数丈，就之则不见，见其迹甚大，类禽兽云。群臣有言见一老父牵狗，言"吾欲见巨公"，已忽不见。上即见大迹，未信，及群臣有言老父，则大以为仙人也。宿留海上，予方士传车及间使求仙人以千数。

**错金铜虎节　西汉**
出土于广东广州象岗山南越王墓，现藏于西汉南越王博物馆。

四月，还至奉高。上念诸儒及方士言封禅人人殊，不经，难施行。天子至梁父，礼祠地主。乙卯，令侍中儒者皮弁荐绅，射牛行事。封泰山下东方，如郊祠太一之礼。封广丈二尺，高九尺，其下则有玉牒书，书秘。礼毕，天子独与侍中奉车子侯上泰山，亦有封。其事皆禁。明日，下阴道。丙辰，禅泰山下趾东北肃然山，如祭后土礼。天子皆亲拜见，衣上黄而尽用乐焉。江淮间一茅三脊为神藉。五色

**"莱芜丞印"**
**封泥　西汉**
出土于山东临淄。汉代置莱芜县，属泰山郡。

三月，皇上向东驾临缑氏，登上中岳太室山举行祭祀。随从官员在山下好像听到有呼喊"万岁"的声音。问山上，山上的人说没喊；问山下，山下的人也说没喊。之后，天子把三百民户划作太室山的封邑，以供奉祭祀，命名为崇高邑。随后东行上泰山，泰山的草木尚未长叶，天子便派人把石碑运上去，竖立在泰山顶上。

随后，天子又东巡海上，行祭祀八神礼。齐地上书陈说有神奇方术的人以万计，但没有应验的。之后便增派船只，令说海中神山的数千人前往寻求蓬莱神仙。公孙卿持符节总是先出发前往名山等候神仙，到蓬莱时，他说夜里见到一个巨人，有几丈高，接近时便不见了，看见他的脚印很大，如禽兽一样。群臣中有人说见到一个老头牵一条狗，他说"我想见皇上"，随即不见了。天子刚见到大脚印时，不相信，等到群臣中有人讲到老头一事，便以为那是仙人。之后在海上停留下来，拨给方士们官府车辆，并派出数以千计悄悄去寻找仙人的使者。

四月，回到奉高。天子想到儒生和方士们提出的封禅礼仪每个人都不相同，缺乏根据，难以施行。天子来到梁父山，礼拜地主神。乙卯日，令担任侍中的儒生戴上鹿皮帽子，身着插笏朝服，亲自射牛祭祀地神。在泰山下东方，设坛祭天，同郊祀太一神的礼仪。封坛宽一丈二尺，高九尺，坛下放着祭天的玉饰文书，文书的内容秘而不宣。祭祀完毕，皇上单独与侍中奉车都尉霍子侯登上泰山，也设坛祭了天。此事皆禁止外传。次日，由山北取道下山。丙辰日，在泰山脚下东北方的肃然山祭祀地神，如同祭后土的礼仪。皇上亲自拜祭，身着黄服，全部配音乐。采用江淮一带出产的灵茅做祭品的草垫。用五色泥土填

**《人首虎身兽》画像石拓本 西汉**

土益杂封。纵远方奇兽蜚禽及白雉诸物，颇以加礼。兕牛犀象之属不用。皆至泰山祭后土。封禅祠，其夜若有光，昼有白云起封中。

天子从禅还，坐明堂，群臣更上寿。于是制诏御史："朕以眇眇之身承至尊，兢兢焉惧不任。维德菲薄，不明于礼乐。修祠太一，若有象景光，屑如有望，震于怪物，欲止不敢，遂登封太山，至于梁父，而后禅肃然。自新，嘉与士大夫更始，赐民百户牛一酒十石，加年八十孤寡布帛二匹。复博、奉高、蛇丘、历城，无出今年租税。其大赦天下，如乙卯赦令。行所过毋有复作。事在二年前，皆勿听治。"又下诏曰："古者天子五载一巡狩，用事泰山，诸侯有朝宿地。其令诸侯各治邸泰山下。"

天子既已封泰山，无风雨灾，而方士更言蓬莱诸神若将可得，于是上欣然庶几遇之，乃复东至海上望，冀遇蓬莱焉。奉车子侯暴病，一日死。上乃遂去，并海上，北至碣石，巡自辽西，历北边至九原。

满祭坛。释放出远方的奇兽飞禽和白毛野鸡等异物，很可以增添礼仪的隆重气氛。兕牛犀象之类不用。天子一行到泰山祭祀后土。祭祀天地的那一天，夜间好似闪现光彩，白天有白云从祭天的高坛上升起。

天子在祭祀地神后回来，坐在明堂，群臣轮番上前祝福。随后下诏书给御史道："我以微不足道的身份，继承了至尊之位，战战兢兢，唯恐不能胜任。德治微薄，对礼乐制度不明了。在祭祀太一神时，好似有吉祥的光彩，联绵在望，因为受到这些神奇现象的感染，不敢终止祭祀，最终登上泰山祭天，抵达梁父山，然后至肃然山辟场祭地。修德自新，与士大夫开始新的功业，赏赐百姓每百户牛一头、酒十石，给八十岁以上老人、孤寡再加布帛二匹。免除今年博县、奉高、蛇丘、历城四县的徭役及租税。大赦天下，如同乙卯年赦令。我所巡行之处，不再实行监外劳役。所犯之事在两年以前的都不予查处。"之后又下诏说："古代天子每五年到各地巡察一次，并到泰山祭祀天地。诸侯都有朝会时的住所。特命诸侯各自在泰山下建造府邸。"

皇上已在泰山祭天，未遇风雨灾害，方士又说蓬莱仙岛的神仙看来不久可求得，此时皇上十分高兴，希望能遇到神仙，便东到海上瞭望，希望看到蓬莱仙岛。奉车都尉霍子侯忽得急症死去。皇上才离开，沿海而上，向北至碣石山，再从辽西开始巡视，经北方

**《白虎星座》画像石拓本　汉代**

出土于河南南阳。奎、娄、胃、昴、毕、觜、参七宿组成。白虎星座前的横三星，即衡石。

五月，反至甘泉。有司言宝鼎出为元鼎，以今年为元封元年。

其秋，有星茀于东井。后十馀日，有星茀于三能。望气王朔言："候独见旗星出如瓜，食顷复入焉。"有司皆曰："陛下建汉家封禅，天其报德星云。"

**"雕左乐钟"封泥**

拓本选自《秦封泥汇考》。"雕左乐钟"为雍地左乐署下的钟官。又据《秦封泥集》考证，"当为雍祠时之乐官"。

其来年冬，郊雍五帝。还，拜祝祠太一。赞飨曰："德星昭衍，厥维休祥。寿星仍出，渊耀光明。信星昭见，皇帝敬拜太祝之享。"

其春，公孙卿言见神人东莱山，若云"欲见天子"。天子于是幸缑氏城，拜卿为中大夫。遂至东莱，宿留之数日，无所见，见大人迹云。复遣方士求神怪采芝药以千数。是岁旱。于是天子既出无名，乃祷万里沙，过祠泰山。还至瓠子，自临塞决河。留二日，沈祠而去。使二卿将卒塞决河，徙二渠，复禹之故迹焉。

边郡抵达九原。五月间返回到甘泉宫。主管官员说，宝鼎出现的那一年改年号为元鼎，今年封禅，应改为元封元年。

这年秋，光芒四射的彗星进入东井星区。十多天后，又入三能星区。观云气的王朔说："在测候时，我独自看到光芒四射如旗之星显现时有瓜那么大，一顿饭的功夫又隐没了。"主管官员说："陛下创建了汉朝的封禅制度，因此上天显现出德星来报答陛下的功绩。"

第二年冬天，天子到雍县郊祀五帝。回来又拜祝祭祀太一神。祝词说："德星光明广布，为吉祥之兆。寿星随之出现，光明远照。吉星出入，信而有征。天子为之敬拜，太祝祭诸神灵。"

这年春，公孙卿说在东莱山看到了神仙，似乎听到"想要晋见天子"的声音。天子随即驾临缑氏城，任公孙卿为中大夫。随后来到东莱，逗留数日，无所见，仅见巨人脚印。又派遣数以千计的方士去寻找神奇事物，采集灵芝仙药。这年天气干旱。因此皇上出巡既然没有正当名义，就到万里沙神祠去求雨，顺路祭祀泰山。回到瓠子口，亲临部署堵塞黄河决口。停留两天，沉白马、玉璧后离去。派两位大臣统领士兵堵塞黄河决口，使黄河改从两条支流入海，恢复了夏禹治水时的原水道。

是时既灭两越，越人勇之乃言："越人俗鬼，而其祠皆见鬼，数有效。昔东瓯王敬鬼，寿百六十岁。后世怠慢，故衰耗。"乃令越巫立越祝祠，安台无坛，亦祠天神上帝百鬼，而以鸡卜。上信之，越祠鸡卜始用。

公孙卿曰："仙人可见，而上往常遽，以故不见。今陛下可为观，如缑城，置脯枣，神人宜可致也。且仙人好楼居。"于是上令长安则作蜚廉桂观，甘泉则作益延寿观，使卿持节设具而候神人。乃作通天茎台，置祠具其下，将招来仙神人之属。于是甘泉更置前殿，始广诸宫室。夏，有芝生殿房内中。天子为塞河，兴通天台，若见有光云，乃下诏："甘泉房中生芝九茎，赦天下，毋有复作。"

其明年，伐朝鲜。夏，旱。公孙卿曰："黄帝时封则天旱，乾封三年。"上乃下诏曰："天旱，意乾封乎？其令天下尊祠灵星焉。"

其明年，上郊雍，通回中道，巡之。春，至鸣泽，从西河归。

**鎏金蟠龙屏风托座　西汉**
出土于广东广州象岗山南越王墓，现藏于西汉南越王墓博物馆。

此时已灭南越和东越，越人勇之说："越人习俗信鬼，他们祭祀时能见到鬼，总是有应验。从前东瓯王敬鬼，活到一百六十岁。后代怠慢了鬼神，所以衰败了。"随即命令越地巫师建造越式祠庙，有台而无坛，设置祭品，也祭祀天神、上帝和百鬼，并采用鸡骨占卜法。天子相信这些，越式祠庙和鸡骨占卜法开始被朝廷采用。

公孙卿说："仙人是可见到的，可是皇上去求仙时总是操之过急，因此不能见到。现今陛下可建造高大华丽的楼台，如缑氏城的一般，内供干肉、枣，神仙应当能招来。再说神仙喜欢住在楼上。"之后，天子下令在长安城建造蜚廉观和桂台，在甘泉建造益延寿观，派公孙卿持符节，设置供品，专侍神仙。还建造通天茎台，在台下置供品，以招神仙。此时甘泉宫再建前殿，又扩建了各宫室。夏，有灵芝草长在殿房。皇上为堵塞黄河决口兴建通天台后，空中好似出现了光彩，就下诏说："甘泉宫殿房长出九柄灵芝，特此大赦天下，不再实行监外劳役。"

次年，攻打朝鲜。夏天干旱。公孙卿说："黄帝在祭天时就干旱，三年无雨，让封坛的土能够干燥。"天子便下诏说："天旱，看来是为了晒干祭坛吧？特令天下尊祭灵星。"

第二年，天子又到雍县郊祀，开通回中道，巡行视察。春，到达鸣泽，最后由西河回京。

**《阳乌星宿》画像石拓本　汉代**
出土于河南南阳。古人认为，太阳由三足的阳乌背负着在天空中运行。画像中，阳乌在云气和星辰之间飞升。

其明年冬，上巡南郡，至江陵而东。登礼潜之天柱山，号曰南岳。浮江，自寻阳出枞阳，过彭蠡，礼其名山川。北至琅邪，并海上。四月中，至奉高修封焉。

初，天子封泰山，泰山东北趾古时有明堂处，处险不敞。上欲治明堂奉高旁，未晓其制度。济南人公玉带上黄帝时明堂图。明堂图中有一殿，四面无壁，以茅盖，通水，圜宫垣为复道，上有楼，从西南入，命曰昆仑，天子从之入，以拜祠上帝焉。于是上令奉高作明堂汶上，如带图。及五年修封，则祠太一、五帝于明堂上坐，令高皇帝祠坐对之。祠后土于下房，以二十太牢。天子从昆仑道入，始拜明堂如郊礼。礼毕，燎堂下。而上又上泰山，自有秘祠其巅。而泰山下祠五帝，各如其方，黄帝并赤帝，而有司侍祠焉。山上举火，下悉应之。

其后二岁，十一月甲子朔旦冬至，推历者以本统。天子亲至泰山，以十一月甲子朔旦冬至日祠上帝明堂，毋修封禅。其赞飨曰："天增授皇帝太元神策，周而复始。皇帝敬拜太一。"东至海上，考入海及方士求神者，莫验，然益遣，冀遇之。

第二年冬，天子巡视南郡，至江陵折回东行。登上潜县天柱山行礼祀，称其为南岳。然后沿江西下，由寻阳前往枞阳，经彭蠡湖，祭祀沿途名山大川。向北抵达琅邪，沿海北上。四月中，又到奉高行封禅礼。

当初，皇上在泰山行封禅，泰山东北角下在古代建有明堂处，地势险窄而不宽阔。天子想在奉高附近修建明堂，不知建造规格。济南有名叫公玉带的人献上黄帝时明堂的图样。图上画有一座殿堂，四面无壁，顶上用茅草覆盖，四周通水，围绕宫墙修建复道，上建有楼房，由西南方向入殿堂，其名曰昆仑道，天子由此入殿堂拜祭上帝。随后，皇上命奉高县在汶上修建明堂，依照公玉带所献的图建造。到五年后行封禅时，便在明堂上座祭祀太一神和五帝，把高祖的灵位设在他们的对面。在下房祭祀后土，用二十套祭牲。皇上从昆仑道进入，开始依郊祀礼仪在明堂拜祭。祭祀毕，再在堂下烧柴祭祀。天子又登上泰山，自己又在山顶秘密祭祀。在泰山下按五帝各自方位同时祭祀五帝，黄帝与赤帝在同一方位（南方），由主管官员祭祀，皇上不参加。祭祠时山上燃火，山下也烧火响应。

过了两年，十一月甲子朔日晨交冬至，为推算历法的起点。皇上亲临泰山，赶到这天，祭祀上帝，但不行封禅大典。祝词说："天赠授皇帝神策，循环往复，终而复始。皇帝敬拜太一神。"然后东行海上，询问到海上求仙的方士，无人应验，还是增派人手前往，希望遇到神仙。

长乐未央"四乳仙人禽兽纹镜 西汉
出土于湖南长沙燕山岭乙地41号墓。

陶骑虎仙人俑 汉代

十一月乙酉，柏梁灾。十二月甲午朔，上亲禅高里，祠后土。临勃海，将以望祀蓬莱之属，冀至殊廷焉。上还，以柏梁灾故，朝受计甘泉。公孙卿曰："黄帝就青灵台，十二日烧，黄帝乃治明廷。明廷，甘泉也。"方士多言古帝王有都甘泉者。其后天子又朝诸侯甘泉，甘泉作诸侯邸。勇之乃曰："越俗有火灾，复起屋必以大，用胜服之。"于是作建章宫，度为千门万户。前殿度高未央。其东则凤阙，高二十余丈。其西则唐中，数十里虎圈。其北治大池，渐台高二十余丈，命曰太液池，中有蓬莱、方丈、瀛洲、壶梁，象海中神山龟鱼之属。其南有玉堂、璧门、大鸟之属。乃立神明台、井幹楼，度五十丈，辇道相属焉。

**"甘泉上林" 瓦当拓本　西汉**
出土于陕西咸阳淳化。甘泉宫为汉代离宫，原为秦林光宫，汉武帝时扩建增广，改名为甘泉宫。

**保虎圈 拓本 西汉**

**"祠官" 拓本 西汉**

夏，汉改历，以正月为岁首，而色上黄，官名更印章以五字，为太初元年。是岁，西伐大宛。蝗大起。丁夫人、雒阳虞初等以方祠诅匈奴、大宛焉。

其明年，有司上言雍五畤无牢熟具，芬芳不备。乃令祠官进畤犊牢具，色食所胜，而以木禺马代驹焉。独五月尝驹，行亲郊用驹。及诸名

十一月乙酉日，柏梁台发生火灾。十二月甲午朔日，天子亲往高里山，祭祀后土。然后来到渤海，遥祭蓬莱山诸神，希望能前往仙境。天子回京后，因柏梁台火灾，便在甘泉宫接受各郡县的年终报告。公孙卿说："黄帝建造青灵台，十二天后被火烧毁，黄帝于是建造明廷。明廷就是甘泉。"方士们大多说古代帝王有建都甘泉的。这以后天子又在甘泉朝见诸侯，在甘泉修建诸侯的官舍。勇之于是说："越地风俗，遭火灾时再造屋时一定要比原先的大，以便制服邪气。"于是建造建章宫，规模宏大，门户极多。前殿规模比未央宫的高大。其东为凤阙，高二十多丈。其西为宫中池，还有周围几十里的虎圈。其北建造了一个大池，名太液池，池中楼台即渐台，高二十丈多，池中建造了蓬莱、方丈、瀛洲、壶梁四座假山，模拟海中的神仙、海龟、鱼类。其南有玉堂、璧门和大鸟之类建筑。宫内建有神明台、井幹楼，高达五十丈，有供皇上专车往来的天桥，互相连接。

夏，汉朝改历法，把正月作为一年之始，服饰尚黄，官印一律用五字，改年号为太初元年。同年向西讨伐大宛。蝗虫大起。丁夫人和雒阳虞初等以方术祈求鬼神加祸于匈奴和大宛。

第二年，主管官员报告祭祀雍县五畤时，未用芳香的熟牲作祭品，不完备。天子便令祠官用牛犊进献各畤，按照五行相克的原理先用各方天帝所制胜的毛色。用木偶马代替少壮马作祭牲。只有五月尝祭时用少壮马，皇上亲自祭祀天地时也用少壮马。那些名山川

山川用驹者，悉以木禺马代。行过，乃用驹。他礼如故。

其明年，东巡海上，考神仙之属，未有验者。方士有言"黄帝时为五城十二楼，以候神人于执期，命曰迎年"。上许作之如方，命曰明年。上亲礼祠上帝焉。

公玉带曰："黄帝时虽封泰山，然风后、封巨、岐伯令黄帝封东泰山，禅凡山，合符，然后不死焉。"天子既令设祠具，至东泰山，东泰山卑小，不称其声，乃令祠官礼之，而不封禅焉。其后令带奉祠候神物。夏，遂还泰山，修五年之礼如前，而加以禅祠石闾。石闾者，在泰山下趾南方，方士多言此仙人之闾也，故上亲禅焉。

《双鸟双阙》画像石拓本　西汉
出土于山东临沂沂水，现藏于沂水博物馆。画像中，重檐阙楼耸立左右，阙顶立有凤鸟。

有用马驹祭祀的，一律用木偶马代替。其他祭祀如旧。

明年，皇帝东巡海上，询问去海上求仙的方士们，无应验的。有个方士说"黄帝时修建五城十二楼，在执期迎候神仙，名为迎年祠"。皇上允许按他的方案修建楼台，命名为明年祠。皇上亲临祭祀上帝。

公玉带说："黄帝时虽然在泰山筑坛祭天，但风后、封巨、岐伯要黄帝到东泰山筑坛祭天，到凡山辟场祭地，两处符应相合，然后才可以长生不死。"皇上下令备好祭品，到达东泰山，见东泰山矮小，与它的名声不相称，就让祠官祭祀它，而不在此行封禅大典。接着让公玉带留下供奉祭祀，等待神灵。夏天，又回到泰山，照前例行五年一次的封禅大典，另在石闾山加祭地神。石闾山在泰山南面山脚下，方士们多说此处为神仙居住之地，所以天子亲自祭祀。

其后五年，复至泰山修封。还过祭恒山。

今天子所兴祠，太一、后土，三年亲郊祠，建汉家封禅，五年一修封。薄忌太一及三一、冥羊、马行、赤星，五，宽舒之祠官以岁时致礼。凡六祠，皆太祝领之。至如八神诸神，明年、凡山他名祠，行过则祠，行去则已。方士所兴祠，各自主，其

《仙人乘龟》画像石拓本　东汉
出土于河南南阳麒麟岗汉墓，现藏于南阳汉画馆。画像中，手持仙草的仙人乘坐在神龟背上。

此后五年，天子又到泰山祭祀天地。回京时顺路祭祀了恒山。

当今天子所兴建的祠庙，有太一祠、后土祠，每三年亲来郊祀一次，创建了汉朝的封禅制度，每五年举办一次。薄忌的太一坛和三一祠、冥羊祠、马行祠、赤星祠共五座，由宽舒主管的祠官每年按时致祭。凡六座祠庙，都由太祝管理。至于八神各祠庙，明年、凡山等著名祠庙，天子巡行经过时，便举行祭祀，离开便作罢。方士们所兴的祠庙，由他们各

人终则已,祠官不主。他祠皆如其故。今上封禅,其后十二岁而还,遍于五岳、四渎矣。而方士之候伺神人,入海求蓬莱,终无有验。而公孙卿之候神者,犹以大人之迹为解,无有效。天子益怠厌方士之怪迂语矣,然羁縻不绝,冀遇其真。自此之后,方士言神祠者弥众,然其效可睹矣。

太史公曰:余从巡祭天地诸神名山川而封禅焉。入寿宫侍祠神语,究观方士祠官之意,于是退而论次自古以来用事于鬼神者,具见其表里。后有君子,得以览焉。若至俎豆珪币之详,献酬之礼,则有司存。

自主持,本人一死就废弃,祠官不管理。其他祠庙都照旧。当今天子从初次封禅起,十二年以来,对五岳、四渎之神都祭遍了。而方士们迎敬神仙,到海上找蓬莱仙境,最终无应验。而公孙卿迎候神仙,虽然能拿巨人脚印做说词,还是无效验。皇上逐渐厌弃方士的奇谈怪论了,然而还是对他们加以笼络,不断绝关系,总希望能遇到神仙。自此之后,方士们谈论神仙的日益增多,可是其效果也就可想而知了。

太史公说:我随皇上出巡,祭祀天地诸神和各个名山大川,参加了封禅大典。进入寿宫旁听了祭神的祝词,查究体察了方士、祠官的意图,然后回来依次论述古来祭祀鬼神的史实,将其形式和内情全都陈述在此。后世君子,可以翻阅。至于祭祀礼器和玉帛的详细规定,献祭酬神的礼节,则由主管官员保存着。

**《人、兽和神仙》画像石拓本 西汉**
出土于河南唐河针织厂汉墓,现藏于南阳汉画馆。画像中,左上部是力士斗牛,左下部是龙和虎,右边是巨人与伏羲、女娲。

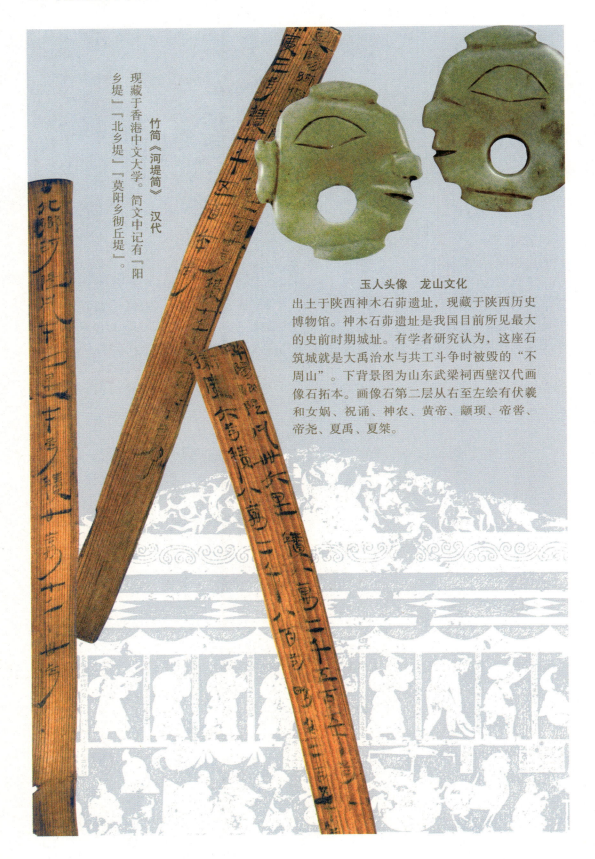

竹简《河堤简》　汉代

现藏于香港中文大学。简文中记有「阳乡堤」「北乡堤」「莫阳乡彻丘堤」。

**玉人头像　龙山文化**

出土于陕西神木石峁遗址，现藏于陕西历史博物馆。神木石峁遗址是我国目前所见最大的史前时期城址。有学者研究认为，这座石筑城就是大禹治水与共工斗争时被毁的"不周山"。下背景图为山东武梁祠西壁汉代画像石拓本。画像石第二层从右至左绘有伏羲和女娲、祝诵、神农、黄帝、颛顼、帝喾、帝尧、夏禹、夏桀。

# 史记卷二十九
# 河渠书第七

《夏书》曰：禹抑鸿水十三年，过家不入门。陆行载车，水行载舟，泥行蹈毳，山行即桥。以别九州，随山浚川，任土作贡。通九道，陂九泽，度九山。然河灾衍溢，害中国也尤甚。唯是为务。故道河自积石历龙门，南到华阴，东下砥柱，及孟津、雒汭，至于大邳。于是禹以为河所从来者高，水湍悍，难以行平地，数为败，乃厮二渠以引其河。北载之高地，过降水，至于大陆，播为九河，同为逆河，入于勃海。九川既疏，九泽既洒，诸夏艾安，功施于三代。

**"底柱丞印"封泥**
拓本选自《秦封泥汇考》。底柱，山名，传说中大禹治水时所开凿。秦时，在底柱设置职官，为了祭祀河神，震慑怪物。底柱丞可能是治水官。

《夏书》说："夏禹治水十三年，过家门而不入。他陆路乘车，水路乘船，泥路踏橇，山路坐轿。为的是划分九州疆界，顺山势疏浚河道，根据土地肥瘠制定贡赋多少。修通了九州的道路，筑成了九州湖泊的堤防，测量了九州的山势。然而黄河水灾泛滥，危害中原尤甚。治水患成了当务之急。因此夏禹从积石山导引黄河水，经过龙门，南至华阴，折东而下到达砥柱山，至孟津、雒汭，又至大邳山。当时，夏禹认为黄河从地势高的地方流下，水流湍急悍猛，难以在平地上流淌，多次酿成祸害，于是分黄河为两支，以导引河水。接着又向北引黄河水经高地，过降水，至大陆泽，分黄河为九条河流，最后又汇成一条河，名为逆河，流入勃海。九州的河流已经疏通，九州的湖泊也筑好堤防，中原百姓得以安居乐业，夏禹的功绩延续到夏、商、周三代。

自是之后，荥阳下引河东南为鸿沟，以通宋、郑、陈、蔡、曹、卫，与济、汝、淮、泗会。于楚，西方则通渠汉水、云梦之野，东方则通沟江淮之间。于吴，则通渠三江、五湖。于齐，则通菑济之间。于蜀，蜀守冰凿离碓，辟沫水之害，穿二江成都之中。

**三年上郡守冰戈 战国晚期**
铭文中"上郡守冰"即李冰。李冰先任蜀郡守，后调任上郡守。拓本选自《殷周金文集成》17.11369。

在夏禹治水之后，人们在荥阳引黄河水，向东南修成鸿沟，以沟通宋、郑、陈、蔡、曹、卫等国，与济水、汝水、淮河、泗水汇合。在楚地，西面汉水与云梦泽之间修通了水渠，东面的江淮之间有沟相通。在吴地，三江、五湖有渠相通。在齐地，有水渠沟通菑水、济水之间。在蜀地，蜀郡守李冰凿开离碓，以避免沫水的危害，在成都地带开通两条江。这

此渠皆可行舟，有余则用溉浸，百姓飨其利。至于所过，往往引其水益用溉田畴之渠，以万亿计，然莫足数也。

西门豹引漳水溉邺，以富魏之河内。而韩闻秦之好兴事，欲罢之，毋令东伐，乃使水工郑国间说秦，令凿泾水自中山西邸瓠口为渠，并北山东注洛三百余里，欲以溉田。中作而觉，秦欲杀郑国。郑国曰："始臣为间，然渠成亦秦之利也。"秦以为然，卒使就渠。渠就，用注填阏之水，溉泽卤之地四万余顷，收皆亩一钟。于是关中为沃野，无凶年。秦以富强，卒并诸侯，因命曰郑国渠。

"都水丞印"封泥
选自《秦封泥汇考》。都水丞，都水令之佐官，专司水利之责。

汉兴三十九年，孝文时河决酸枣，东溃金堤，于是东郡大兴卒塞之。

其后四十有余年，今天子元光之中，而河决于瓠子，东南注钜野，通于淮、泗。于是天子使汲黯、郑当时兴人徒塞之，辄复坏。是时武安侯田蚡为丞相，其奉邑食鄃。鄃居河北，河决而南则鄃无水灾，邑收多。蚡言于上曰："江河之决皆天事，未易以人力为强塞，塞之未必应天。"而望气用数者亦以为然。于是天子久之不事复塞也。

些沟渠都可以行船，多余的水用以灌溉，百姓享受到它的利益。至于这些水渠流经之处，人们常常引这些水渠的水，又增修了小水渠来灌溉农田，小渠以亿万计算，无法数得清楚了。

西门豹引漳水灌溉邺城地区的农田，使魏国河内地区的百姓富裕起来。韩国听说秦国好兴建工程，就想让秦国因此国力疲乏，不能向东出兵攻打韩国，便派水工郑国充当间谍游说秦国，让秦人在中山凿渠引泾水西至瓠口，沿关中平原北面的山向东入洛河，长三百余里，用以灌溉农田。工程进行中，阴谋被发觉，秦王想杀郑国。郑国说："开始我是作为间谍建议修渠的，但水渠修成也是对秦国有利的事。"秦王认为他说得对，终于让他修成了水渠。水渠修成后，将沉积淤泥的河水引入关中，灌溉盐碱地四万多顷，每亩收获六斛四斗。所以关中平原成了肥沃的田野，再没有荒年。秦国因而富强起来，最终吞并了各诸侯国，于是把这条渠命名为郑国渠。

"郎中左田"封泥
选自《秦封泥汇考》。秦时有"公田""私田"之分。郎中左田为郎中令属下管理田地的官吏。

汉朝建国三十九年，孝文帝时，黄河在酸枣县决口，冲毁了东边的金堤，所以东郡大量征发百姓堵塞决口。

过了四十余年，在当今天子元光年间，黄河在瓠子决口，流向东南，注入钜野泽，与淮河、泗水连通。因此，皇上派汲黯、郑当时征发民夫堵塞决口，但刚一堵住，立即又被冲毁。此时，武安侯田蚡是丞相，他的食邑在鄃县。鄃县在黄河以北，黄河决堤向南泛滥，鄃县未被水淹，他的食邑年年丰收。田蚡对皇上说："江河决口都是天意。不能轻易用人力强行堵塞，堵塞上未必合乎天意。"而方士、术士这类人也认为是这个道理。所以皇上很长时间不再管堵塞决堤的事。

是时郑当时为大农，言曰："异时关东漕粟从渭中上，度六月而罢，而漕水道九百余里，时有难处。引渭穿渠起长安，并南山下，至河三百余里，径，易漕，度可令三月罢；而渠下民田万余顷，又可得以溉田：此损漕省卒，而益肥关中之地，得谷。"天子以为然，令齐人水工徐伯表，悉发卒数万人穿漕渠，三岁而通。通，以漕，大便利。其后漕稍多，而渠下之民颇得以溉田矣。

其后河东守番係言："漕从山东西，岁百余万石，更砥柱之限，败亡甚多，而亦烦费。穿渠引汾溉皮氏、汾阴下，引河溉汾阴、蒲坂下，度可得五千顷。五千顷故尽河壖弃地，民茭牧其中耳，今溉田之，度可得谷二百万石以上。谷从渭上，与关中无异，而砥柱之东可无复漕。"天子以为然，发卒数万人作渠田。数岁，河移徙，渠不利，则田者不能偿种。久之，河东渠田废，予越人，令少府以为稍入。

**"澂邑漕仓"瓦当拓本　西汉**
出土于陕西蒲城汉代澂邑漕仓遗址秦汉时期。漕仓用于储备粮食，并且为军粮调运服务。漕仓有完备的仓城设施，所以也可用作军用堡垒。

当时，郑当时任大农令，他建议说："以往关东漕粮沿渭河运来，估计需六个月时间才能运到，而且漕运水道九百多里，时常遇到险阻难行之处。如果现在自长安开渠引渭河水，沿南山东下，到黄河只有三百多里，路直而近，漕运方便，估计漕粮三个月内便可以运到，而且渠下的民田万余顷，又能用渠水灌溉：如此可以减少漕运时间，节省人力，也能肥沃关中的土地，多产粮食。"天子认为讲得有理，就派齐人水工徐伯表征发了数万人开凿漕渠，三年后竣工。渠成之后，用于漕运，十分便利。之后漕运渐多，渠下的百姓也都能够灌溉农田。

之后，河东太守番係上书说："漕粮从山东地区西运京师，每年百余万石，经砥柱险流，损失伤亡严重，太过耗费。要是开渠引汾水灌溉皮氏、汾阴一带，引黄河水灌溉汾阳、蒲坂地区，计得五千顷田地。这五千顷地过去都是河边荒地，百姓在此放牧，今天加以灌田耕种，估计能收粮二百万石以上。粮食从渭河运至京师，路程与从关中各地运粮差不多，而砥柱以东不必再漕运了。"天子认为他说得对，便征调民夫数万人修渠垦田。过了几年，黄河改道，水渠再不能发挥作用，而种田人收不回种子。时间长了，河东渠田荒芜，便送给了移居此地的越人，让少府向越人收取少许田租充作为收入。

秦汉时期，中央和地方设置专门负责水利的职官，如都水丞、都水令。

"齐都水印"封泥　西汉

**"大司农丞"拓本　西汉**
选自《秦汉南北朝官印征存》。大司农，九卿之一，掌管全国农事。大司农丞为大司农令之佐官。

其后人有上书欲通褒斜道及漕事，下御史大夫张汤。汤问其事，因言："抵蜀从故道，故道多阪，回远。今穿褒斜道，少阪，近四百里；而褒水通沔，斜水通渭，皆可以行船漕。漕从南阳上沔入褒，褒之绝水至斜，间百余里，以车转，从斜下下渭。如此，汉中之谷可致，山东从沔无限，便于砥柱之漕。且褒斜材木竹箭之饶，拟于巴蜀。"天子以为然，拜汤子印为汉中守，发数万人作褒斜道五百余里。道果便近，而水湍石，不可漕。

**"南阳太守章"封泥**

**"汉中太守章"封泥**
以上西汉封泥拓本选自《封泥汇编》。

其后庄熊罴言："临晋民愿穿洛以溉重泉以东万余顷故卤地。诚得水，可令亩十石。"于是为发卒万余人穿渠，自征引洛水至商颜山下。岸善崩，乃凿井，深者四十余丈。往往为井，井下相通行水。水颓以绝商颜，东至山岭十余里间。井渠之生自此始。穿渠得龙骨，故名曰龙首渠。作之十余岁，渠颇通，犹未得其饶。

自河决瓠子后二十余岁，岁因以数不登，而梁楚之地尤甚。天子既封禅巡祭山川，其明年，旱，干封少雨。天子乃使汲仁、郭昌发卒数万人塞瓠子决。于是天子已用事万里沙，则还自临决河，沈

**"华仓"瓦当　西汉**
现藏于陕西历史博物馆。华仓，即西汉的京师仓。京师仓建在渭水入黄河的三河口处，故又名"河口仓"。京师仓遗址在今陕西华阴东七公里处的瓦碴梁上。汉代，它既是水漕转运的中转地，也是重要的储备粮食的漕仓。

其后有人上书建议开褒斜道，并从褒水和斜水漕运，这事交御史大夫张汤拟议。张汤询问有关情况，就上言："从故道去蜀郡，坡多路远。今天开褒斜道，坡少，路近四百多里；而且褒水通到沔水，斜水通到渭水，均可以行船漕运。漕粮从南阳郡上行到沔水，进入褒水，褒水的源头到斜水，相距一百多里，可用车转运，然后从斜水进入渭水。如此，汉中地区的粮食可以直接运到京师，山东地区从沔水漕运也畅通无阻，比经由砥柱险流的漕运方便。而且褒斜流域出产的木材、竹箭很丰富，可与巴、蜀地区相比。"皇上认为张汤说得对，便任命张汤之子张印为汉中太守，征调数万人开褒斜道五百多里。这条道路果然近而便利，但水流湍急而多石，不能漕运。

之后庄熊罴上言："临晋的百姓希望修渠引洛水，灌溉重泉以东一万多顷原有的盐碱地。要是真能引得灌溉的水，可让这些盐碱地亩产达到十石。"随后皇上为此征调民夫万余人开渠，自征县引洛水至商颜山下。由于渠岸易崩塌，于是挖井，深的达到四十多丈。一处一处地挖井，井下互相沟通，使水流通。水从地下通过商颜山，向东到距离山岭十余里的地方。井渠从此开始出现。由于在开渠时挖到了龙骨，所以把这条渠叫作龙首渠。修了十多年，渠道都开通了，但还是没有得到灌溉的益处。

自黄河在瓠子决口之后二十多年，农业连年歉收，梁、楚地区尤为严重。天子在泰山、梁父祭祀天地，并在巡行中祭祀名山大川之后的第二年，天旱少雨，晒干祭祀封土。皇上派汲仁、郭昌征调民夫数万人堵塞瓠子决口。当时，天子已祭祀了万里沙神祠，就回来亲临黄河决口处，把

白马玉璧于河，令群臣从官自将军已下皆负薪实决河。是时东郡烧草，以故薪柴少，而下淇园之竹以为楗。

天子既临河决，悼功之不成，乃作歌曰："瓠子决兮将奈何？皓皓旰旰兮闾殚为河！殚为河兮地不得宁，功无已时兮吾山平。吾山平兮钜野溢，鱼拂郁兮柏冬日。延道弛兮离常流，蛟龙骋兮方远游。归旧川兮神哉沛，不封禅兮安知外！为我谓河伯兮何不仁，泛滥不止兮愁吾人？啮桑浮兮淮、泗满，久不反兮水维缓。"一曰："河汤汤兮激潺湲，北渡逴兮浚流难。搴长茭兮沈美玉，河伯许兮薪不属。薪不属兮卫人罪，烧萧条兮噫乎何以御水！颓林竹兮楗石菑，宣房塞兮万福来。"于是卒塞瓠子，筑宫其上，名曰宣房宫。而道河北行二渠，复禹旧迹，而梁楚之地复宁，无水灾。

自是之后，用事者争言水利。朔方、西河、河西、酒泉皆引河及川谷以溉田；而关中辅渠、灵轵引堵水；汝南、九江引淮；东海引钜定；泰山下引汶水：皆穿渠为溉田，

白马、玉璧沉入黄河，以祭水神，命令群臣及侍从官员从将军以下都背柴填塞决口。此时东郡人用草来烧饭，因此柴草缺乏，所以将淇园的竹子布插在河水决口处，筑成柱桩。

皇上亲临瓠子口之后，叹息治河的功业未能完成，所以作歌道："瓠子决口啊可奈何？洪水浩荡啊尽为泽国。尽为泽国啊家国不宁，工程浩大啊吾山已平。吾山已平啊巨野泄洪，冬日迫近啊鱼鳖愁。河道弛坏啊不遵常流，蛟龙驰骋啊将远游。河归故道啊神力广大，不因封禅啊哪知灾情。责问河伯啊为何不仁，泛滥不止啊愁煞人。啮桑漂浮啊淮泗横流，不返故道啊何时休。"又道："黄河泛滥啊起波涛，北渡淤塞啊疏浚难。取竹断流啊沉玉而祭，河伯默许啊奈何薪草不足。薪草不足啊卫人之罪，灶燃薪草啊何物塞洪！林竹伐光啊继之以土石，祭祀宣房啊万福来聚。"当时终于堵塞了瓠子决口，在它上面建了一座宫室，名为宣房宫。引导黄河向北流经二渠，恢复夏禹治水旧迹，梁、楚一带又恢复了安宁，没有水灾了。

自此之后，官吏们争相进言兴修水利。朔方、河西、酒泉都引黄河及其他河水灌溉农田；而关中辅渠、灵轵引来几条河水；汝南郡、九江郡引淮水；东海郡引钜定湖水；

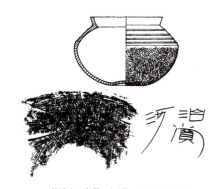

**"治河赏"陶罐　西汉早期**

出土于山东兰陵城子遗址，现藏于兰陵县文物管理所。陶罐腹部隶书阴刻三字"治河赏"。据考证判断，该刻铭陶罐是对治理河堤有功人员的奖赏物品。

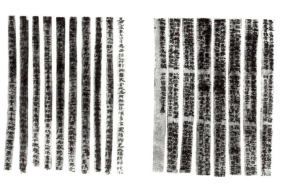

**居延汉简**

简文中的"海廉渠"为渠道名。"玉门塞外海廉渠"是指今五墩以东延伸于长城塞垣之北的北石河东段。昔日，这里为戍守兵卒的屯田之域。居延都尉府所辖以"甲渠"命名的甲渠候官，即因当地有水渠、有灌溉、有屯田耕作。

各万余顷。佗小渠披山通道者，不可胜言。然其著者在宣房。

太史公曰：余南登庐山，观禹疏九江，遂至于会稽太湟，上姑苏，望五湖；东窥洛汭、大邳，迎河，行淮、泗、济、漯、洛渠；西瞻蜀之岷山及离碓；北自龙门至于朔方。曰：甚哉，水之为利害也！余从负薪塞宣房，悲《瓠子》之诗而作《河渠书》。

泰山郡引汶水：都开渠灌田，各有万余顷。其他小渠或随山势造陂池以导水的，数不胜数。但其中最有名的还是宣房河工。

太史公说：我曾南下登上庐山，观察夏禹疏浚的九江，又到会稽太湟，上姑苏山，眺望五湖；东进考察了洛汭、大邳，逆着黄河，巡视了淮水、泗水、济水、漯水和洛渠；西行瞻望蜀地的岷山和离碓；北上从龙门直至朔方郡。他说：水带来的益处或危害的确太大了！我曾随皇上背草堵塞宣房决口，被《瓠子》诗感动，所以写了这篇《河渠书》。

竹简《河堤简》 汉代
现藏于香港中文大学。

# 史记卷三十
## 平准书第八

汉兴，接秦之弊，丈夫从军旅，老弱转粮饷，作业剧而财匮，自天子不能具钧驷而将相或乘牛车，齐民无藏盖。于是为秦钱重难用，更令民铸钱，一黄金一斤，约法省禁。而不轨逐利之民，蓄积余业以稽市物，物踊腾粜，米至石万钱，马一匹则百金。

"半两"钱 秦代
现藏于中国国家博物馆。

天下已平，高祖乃令贾人不得衣丝乘车，重租税以困辱之。孝惠、高后时，为天下初定，复弛商贾之律，然市井之子孙亦不得仕宦为吏。量吏禄，度官用，以赋于民。而山川园池市井租税之入，自天子以至于封君汤沐邑，皆各为私奉养焉，不领于天下之经费。漕转山东粟以给中都官，岁不过数十万石。

半两莢钱 西汉
现藏于中国国家博物馆。莢钱是榆荚钱的简称，因钱小轻薄且形似榆荚而得名，又称榆荚半两。

至孝文时，莢钱益多，轻，乃更铸四铢钱，其文为"半两"，令民纵得自铸钱。故吴，诸侯也，以即山铸钱，富埒天子，其后卒以叛逆。邓通，大夫也，以铸钱财过王者。故吴、邓氏钱布天下，而铸钱之禁生焉。

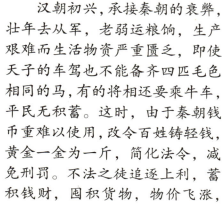

汉朝初兴，承接秦朝的衰弊，壮年去从军，老弱运粮饷，生产艰难而生活物资严重匮乏，即使天子的车驾也不能备齐四匹毛色相同的马，有的将相还要乘牛车，平民无积蓄。这时，由于秦朝钱币重难以使用，改令百姓铸轻钱，黄金一金为一斤，简化法令，减免刑罚。不法之徒追逐上利，蓄积钱财，囤积货物，物价飞涨，米至一石万钱，马一匹便上百金。

天下平定之后，高祖便下令商人不得穿丝衣乘车，还加重租税困辱他们。孝惠、高后时，因天下初定，放松了限制商人的法令，但商人子孙依然不许做官。政府据官吏俸禄和财政支出来向百姓征收赋税。而山、川、园、池、市井租税的收入，自天子所辖郡县到封君的汤沐邑，都各作"私奉养"，不再从国库经费中支取。从水路运输崤山以东地区的粮食来供给京都各官府，每年不过几十万石。

到孝文帝时，榆荚钱越来越多，日益轻薄，所以改铸四铢钱，钱面上铸文为"半两"，让百姓任意私自仿铸。因此，吴王刘濞不过是诸侯，凭山铸钱，富等天子，导致了之后的叛乱。邓通不过一大夫，靠私铸钱财产多过王侯。当时吴国、邓通私铸的钱遍及天下，而后来禁民私铸，就是因为这个。

匈奴数侵盗北边，屯戍者多，边粟不足给食当食者。于是募民能输及转粟于边者拜爵，爵得至大庶长。

孝景时，上郡以西旱，亦复修卖爵令，而贱其价以招民；及徒复作，得输粟县官以除罪。益造苑马以广用，而宫室列观舆马益增修矣。

至今上即位数岁，汉兴七十余年之间，国家无事，非遇水旱之灾，民则人给家足，都鄙廪庾皆满而府库余货财。京师之钱累巨万，贯朽而不可校。太仓之粟陈陈相因，充溢露积于外，至腐败不可食。众庶街巷有马，阡陌之间成群，而乘字牝者傧而不得聚会。守闾阎者食粱肉，为吏者长子孙，居官者以为姓号。故人人自爱而重犯法，先行义而后绌耻辱焉。当是之时，网疏而民富，役财骄溢，或至兼并豪党之徒，以武断于乡曲。宗室有土公卿大夫以下，争于奢侈，室庐舆服僭于上，无限度。物盛而衰，固其变也。

自是之后，严助、朱买臣等招来东瓯，事两越，江淮之间萧然烦费矣。唐蒙、司马相如开路西南夷，凿山通道千余里，以广巴蜀，巴蜀之民罢焉。彭吴贾灭朝鲜，置沧海之郡，则燕齐之间靡然发动。及王恢设谋马邑，匈奴绝和亲，侵扰北边，兵连而不解，天下苦

彩绘兵俑　西汉

现藏于陕西历史博物馆。

匈奴不时抢掠北边，边境驻兵多，粮食不够供给士兵食用。所以招募百姓能向国家献纳粮食并转运至边地的封爵，爵位可至大庶长。

孝景帝时，由于上郡以西旱灾，又修改卖爵令，降低爵价以招徕百姓；服劳役的犯人向国家献粮食可以免罪。增建苑圃养马来备足军用，宫室各观车马也逐渐增建和修治。

到当今皇上即位数年，汉朝建国已七十多年，此间国家太平无事，如无水旱灾害，老百姓人人自给，家家富足，各郡县粮仓积满，府库多贮存。京城库钱累积巨万，穿钱绳子朽断，无法清点。太仓陈粮压陈粮，层累迭积，充满露积于外，以至腐烂不可食。民众街巷有马，田野之间成群，而乘母马的人被排斥，不得参加聚会。里巷大门的看守吃细米和肉，做官的人长期不调动，在任职地养大子孙，久之，便以官名作为自己的姓氏。所以人人自爱而不轻易犯法，首先正品行而鄙视可耻行为。当时，法网宽疏，百姓富裕，凭财富骄纵放肆，有的人甚至兼并土地，豪强之徒则在乡里横行霸道，皇亲、列侯、公卿、大夫以下，争相炫富比奢，住宅、车马、冠服超越制度，僭越无限。物盛而衰本来就是事物变化的规律。

此后，严助、朱买臣招徕东瓯，对两越用兵，江淮一带骚乱而且大受损耗。唐蒙、司马相如开通西南夷，劈山修路千余里，以便开拓巴、蜀地区，巴、蜀地区的百姓疲敝不堪。彭吴攻灭朝鲜，并设置了沧海郡，燕、齐两地间的百姓闻风骚动。等到王恢设计伏击马邑，匈奴断绝和亲，侵扰北部边塞，战争连年不断，天下百姓苦于繁重的劳役，

"百万石仓"瓦当　西汉

出土于陕西咸阳两寺渡村。据考古推断，此地为西汉粮仓细柳仓旧址。

其劳，而干戈日滋。行者赍，居者送，中外骚扰而相奉，百姓抏弊以巧法，财赂衰耗而不赡。入物者补官，出货者除罪，选举陵迟，廉耻相冒，武力进用，法严令具。兴利之臣自此始也。

其后汉将岁以数万骑出击胡，及车骑将军卫青取匈奴河南地，筑朔方。当是时，汉通西南夷道，作者数万人，千里负担馈粮，率十余锺致一石，散币于邛僰以集之。数岁道不通，蛮夷因以数攻，吏发兵诛之。悉巴蜀租赋不足以更之，乃募豪民田南夷，入粟县官，而内受钱于都内。东至沧海之郡，人徒之费拟于南夷。又兴十万余人筑卫朔方，转漕甚辽远，自山东咸被其劳，费数十百巨万，府库益虚。乃募民能入奴婢得以终身复，为郎增秩，及入羊为郎，始于此。

其后四年，而汉遣大将将六将军，军十余万，击右贤王，获首虏万五千级。

**"万石"仓印　西汉**

出土于内蒙古额济纳旗汉代甲渠候官遗址，现藏于甘肃省文物考古研究所。木质，阴刻"万石"2字。该印为管理粮食的印信。

而战事日益繁多。出征的人携带衣食，不出征的人输送军需，朝廷与地方骚动不安，都来供应战争之需，令百姓十分贫困，用巧诈的办法来逃避朝廷法令，朝廷财物匮乏。当时向政府缴纳财物的可以做官，能免罪，选拔官吏的制度遭到破坏，人们不顾廉耻，凭武勇有力便能得到提拔重用，法令也越加苛细。兴利之臣从此开始出现。

此后，汉将军每年率数万骑兵出击匈奴，车骑将军卫青夺取了匈奴占据的黄河河套以南地区，并修筑了朔方城。此时，汉朝修筑通往西南夷的道路，修路的多达万人，他们从千里之外挑背运粮，大概十多锺才能送到一石，又给邛人、僰人散发财物，使他们安定下来。用了好几年的时间，道路没修通，所以西南夷屡次攻击汉朝派遣的官吏，汉朝派兵讨伐他们。用尽了巴、蜀地区的赋税，不足以抵偿军费所需，所以招募富豪之家在南夷种田，把粮食缴纳给巴、蜀地方政府，到京师国库领取粮款。东至沧海郡，人役的费用与用在南夷的相同。又征调十几万人修筑并守卫朔方城，水运车载路程很远，即使是崤山以东地区也都承受这种劳役之苦难，花费数十万至百万万，搅闹得朝廷府库日益空虚。所以招募百姓，能向官府献纳奴婢的，终身免除徭役，如果是做郎官的，就提高他的品级，献羊就可以做郎官，也从此时起。

过了四年，汉朝派遣大将军卫青统率六位将军，十多万人，出兵攻击匈奴右贤王，获首级、俘虏一万五千。

**骑士捉俘纹带饰　西汉**

出土于宁夏同心倒墩子匈奴墓，现藏于同心县文物管理所。

**车骑将军　金印　西汉早期**

出土于陕西咸阳汉景帝阳陵从葬坑

「京师仓当」瓦当　西汉

采集于陕西华阴汉代华仓遗址，现藏于陕西历史博物馆。华仓即京师仓，汉长安城附近重要的粮仓。

「上林农官」瓦当　西汉

现藏于陕西历史博物馆。上林农官是水衡都尉属官上林令的农官。该瓦是上林农官官署的建筑用瓦。

彩绘陶锺　西汉

出土于陕西西安郊区，现藏于陕西历史博物馆。锺原是盛酒器，从西汉开始，被当作盛放粮食的容器。《史记·平准书》中这样记载：「千里负担馈粮，率十余锺致一石」。

房形陶仓　汉代

出土于陕西西安未央区，现藏于西安文物保护考古院。它为我们了解汉代谷仓的建筑提供了实物资料。这件陶仓是随葬的模型明器，形象地展示汉代粮仓建筑的一种形貌。根据出土的陶仓，可知汉代的粮仓建筑造型多种多样。

明年，大将军将六将军仍再出击胡，得首虏万九千级。捕斩首虏之士受赐黄金二十余万斤，虏数万人皆得厚赏，衣食仰给县官；而汉军之士马死者十余万，兵甲之财转漕之费不与焉。于是大农陈藏钱经耗，赋税既竭，犹不足以奉战士。有司言："天子曰'朕闻五帝之教不相复而治，禹汤之法不同道而王，所由殊路，而建德一也。北边未安，朕甚悼之。日者，大将军攻匈奴，斩首虏万九千级，留蹛无所食。议令民得买爵及赎禁锢免减罪'。请置赏官，命曰'武功爵'。级十七万，凡直三十余万金。诸买武功爵官首者试补吏，先除；千夫如五大夫；其有罪又减二等；爵得至乐卿：以显军功。"军功多用越等，大者封侯卿大夫，小者郎吏。吏道杂而多端，则官职耗废。

自公孙弘以《春秋》之义绳臣下取汉相，张汤用峻文决理为廷尉，于是见知之法生，而废格沮诽穷治之狱用矣。其明年，淮南、衡山、江都王谋反迹见，而公卿寻端治之，竟其党与，而坐死者数万人，长吏益惨急而法令明察。

"中马府"
拓本　西汉

选自《秦汉南北朝官印征存》。该印应是掌管养马机构的职官用印。

次年，大将军又统率六将军出击匈奴，获首级、俘虏一万九千。赏赐捕得俘虏、斩下敌人首级的将士黄金二十多万斤，被俘虏的数万匈奴人，也都得到重赏，吃穿都由朝廷供给；汉军战士和马匹死掉十多万，兵器铠甲和水陆运输花的钱不计在内。当时，大司农库藏旧存的钱已经用尽，新收的赋税也用完，仍然不足以供给战士。有关官吏奏道："天子下诏说'我听说五帝的教化不同，然而都把国家治理得很好，夏禹、商汤的法令不同，然而都做了王，他们走的道路各异，而建树的德业都是一致的。今天北边不安定，我非常悲伤。前一时期大将军出击匈奴，斩首、俘虏敌人一万九千，延迟至今尚未赏赐。你们可商议一个让百姓买爵、赎禁锢罪、免罪筹款的办法'。请设置赏官，叫'武功爵'。每级十七万，共卖三十多万金。凡买武功爵官首一级的任为吏，优先使用；千夫比照五大夫待遇；有罪的人买爵减二等；买爵到乐卿为止：用这些办法筹款以奖励军功。"当时，立军功的人多使用越级提拔的办法，功劳大的做卿大夫，功劳小做郎官小吏。选拔官吏的途径杂多，官职荒废。

自公孙弘用《春秋》经义管束臣民，取得汉朝丞相之位，张汤用严峻的法令条文审理案件，做了廷尉，由此"见知之法"产生，"搁置皇帝诏令，拒不执行""对抗皇上，诽谤朝廷"都受到彻底查办，罪人收监入狱。第二年，淮南王、衡山王、江都王谋反图谋暴露，公卿们想方设法找线索以审理此案，穷追党羽，受牵连而死的数万人，长吏用法日益严酷，法令条文十分苛察细密。

金腰带和金带钩　西汉
出土于江苏盱眙大云山江都王陵陪葬墓。

当是之时，招尊方正贤良文学之士，或至公卿大夫。公孙弘以汉相，布被，食不重味，为天下先。然无益于俗，稍骛于功利矣。

其明年，骠骑仍再出击胡，获首四万。其秋，浑邪王率数万之众来降，于是汉发车二万乘迎之。既至，受赏，赐及有功之士。是岁费凡百余巨万。

"骠骑将军"拓本 西汉
选自《汉代官印选》。

初，先是往十余岁河决观，梁楚之地固已数困，而缘河之郡堤塞河，辄决坏，费不可胜计。其后番係欲省砥柱之漕，穿汾、河渠以为溉田，作者数万人；郑当时为渭漕渠回远，凿直渠自长安至华阴，作者数万人；朔方亦穿渠，作者数万人：各历二三期，功未就，费亦各巨万十数。

"马府" 西汉
现藏于故宫博物院。

天子为伐胡，盛养马，马之来食长安者数万匹，卒牵掌者关中不足，乃调旁近郡。而胡降者皆衣食县官，县官不给，天子乃损膳，解乘舆驷，出御府禁藏以赡之。

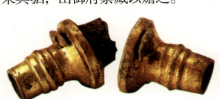

鎏金铜车軎和车辖

此时，朝廷招徕并尊崇贤良方正文学之士，有的做到公卿大夫。公孙弘身为汉朝宰相，盖的是布被子，每餐只吃一个菜，为天下人做榜样。然而无益于当时世道风气，人们渐渐都去追求功利。

第二年，骠骑将军霍去病两次出击匈奴，获首级四万。这年秋，匈奴浑邪王率数万部众来降，随后朝廷征发战车二万辆去迎接他们。浑邪王部众到达长安后，受到赏赐，并赏赐霍去病部下有功的人，这一年花费总共一百多亿。

起初，十多年前黄河决口，淹没梁、楚地区，本来已经连年灾荒，而沿岸各郡筑堤堵塞决口，总是堵了又冲开，花费无数钱财。后来河东郡太守番係为了省去砥柱的漕运，开凿渠道引汾水和黄河的水灌田，征调数万人；郑当时认为渭水的河道弯弯曲曲，路程很远，便开凿一条直渠，从长安一直到华阴，修渠的人又是好几万；朔方郡也开凿水渠，修渠的人也有数万：各都经过两三年，工程没有完，各地花费的钱都要以十万万计。

皇上为了攻打匈奴，多多养马，在长安饲养的马有好几万匹，关中地区征调马夫不够用，就从附近各郡征调。而来降的匈奴人都由政府供给衣食，政府无力供给，皇上便减膳，解下乘舆的四匹马，拿出内廷库藏的钱来供养他们。

鎏金铜节约

鎏金铜车马器 西汉早期
出土于陕西咸阳汉景帝阳陵陪葬墓，现藏于汉阳陵博物馆。

其明年，山东被水灾，民多饥乏，于是天子遣使者虚郡国仓廥以振贫民。犹不足，又募豪富人相贷假。尚不能相救，乃徙贫民于关以西，及充朔方以南新秦中，七十余万口，衣食皆仰给县官。数岁，假予产业，使者分部护之，冠盖相望。其费以亿计，不可胜数。

于是县官大空，而富商大贾或蹛财役贫，转毂百数，废居居邑，封君皆低首仰给。冶铸煮盐，财或累万金，而不佐国家之急，黎民重困。于是天子与公卿议，更钱造币以赡用，而摧浮淫并兼之徒。是时禁苑有白鹿而少府多银锡。自孝文更造四铢钱，至是岁四十余年，从建元以来，用少，县官往往即多铜山而铸钱，民亦间盗铸钱，不可胜数。钱益多而轻，物益少而贵。有司言曰："古者皮币，诸侯以聘享。金有三等，黄金为上，白金为中，赤金为下。今半两钱法重四铢，而奸或盗摩钱里取镕，钱益轻薄而物贵，则远方用币烦费不省。"乃以白鹿皮方尺，缘以藻缋，为皮币，直四十万。王侯宗室朝觐聘享，必以皮币荐璧，然后得行。

又造银锡为白金。以为天用莫如龙，地用莫如马，人用莫如龟，

第二年，山东地区遭水灾，百姓们大多饥饿困乏。当时皇上派使者把各郡国的粮仓取空，用以救济贫民；还不够，又招募富豪借粮给贫民。仍然不够，便把贫民迁到函谷关以西，充实朔方城以南的新秦中地区，计七十多万人，衣食都靠政府供给。在迁去的几年里，政府借给他们房屋、土地、牲畜、农具等，派使者把他们分部区划来加以管理。从长安到新秦中的途中，使者的车子络绎不绝。移民花去的钱用亿计，数不胜数。

当时，国库大空，而富商大贾，有人积贮财货，奴役贫民，运货的车子以百计；有人住在城市买贱卖贵，有封邑的列侯都向他们低头，依靠他们借钱给自己。他们冶铁铸器、煮盐，有人财产累积上万金，却不肯帮助国家解决急难，百姓更加贫困。所以皇上与公卿们商议，用改铸新钱的措施来充实财用，同时打击骄纵不法、兼并土地的豪商大贾。当时，天子的园囿中养有白鹿，少府存有许多银锡。自孝文帝改铸四铢钱，至今已四十多年，从建元以来，因为财用少，政府常常到多铜之山铸钱，豪强也偷铸私钱，多不胜数。钱币越来越多而贱，货物越来越少而贵。有关官吏说："古时的皮币，诸侯用它来聘享。金有三等，黄金是上等，白金是中等，赤金是下等。如今半两钱标准是四铢重，而有不法者暗中磨刮钱币背面取得铜屑，钱越轻越薄而物价越贵，因此边防地区用钱烦费而不省。"随后便用一尺见方的白鹿皮，彩绣绕边，作为皮币，每张值四十万钱。规定诸侯王、列侯、皇亲贵族朝觐、聘享，一定用皮币垫璧，然后才可以行礼。

又用银锡做成白金。有司认为在天上飞行的没有比得上龙的，地上奔跑的没有比得上马

故白金三品：其一曰重八两，圜之，其文龙，名曰"白选"，直三千；二曰以重差小，方之，其文马，直五百；三曰复小，撱之，其文龟，直三百。令县官销半两钱，更铸三铢钱，文如其重。盗铸诸金钱罪皆死，而吏民之盗铸白金者不可胜数。

于是以东郭咸阳、孔仅为大农丞，领盐铁事；桑弘羊以计算用事，侍中。咸阳，齐之大煮盐，孔仅，南阳大冶，皆致生累千金，故郑当时进言之。弘羊，雒阳贾人子，以心计，年十三侍中。故三人言利事析秋毫矣。

法既益严，吏多废免。兵革数动，民多买复及五大夫，征发之士益鲜。于是除千夫五大夫为吏，不欲者出马；故吏皆适令伐棘上林，作昆明池。

其明年，大将军、骠骑大出击胡，得首虏八九万级，赏赐五十万金，汉军马死者十余万匹，转漕车甲之费不与焉。是时财匮，战士颇不得禄矣。

有司言三铢钱轻，易奸诈，乃更请诸郡国铸五铢钱，周郭其下，令不可磨取镕焉。

三铢钱 西汉

现藏于中国国家博物馆。

的，人使用的东西没有像龟一样珍贵的，因此，白金分为三等：第一等，重八两，圆形，花纹为龙，币名"白选"，每枚值三千钱；第二等，重量较轻，方形，花纹为马，每枚值五百钱；第三等，重量更轻，椭圆形，花纹是龟，每枚值三百钱。下令各地政府销毁半两钱，改铸三铢钱，钱上的文字和重量一致。凡私铸各种白金和三铢钱的都判处死刑，然而官吏和百姓盗铸白金的仍然是不可胜数。

当时，任命东郭咸阳和孔仅为大农丞，管盐铁事宜；桑弘羊凭善于计算筹措受任用，做侍中。咸阳是齐地大盐商，孔仅是南阳大铁商，都赚钱积累了产业，家聚千金，所以郑当时向皇上推荐他们。桑弘羊是洛阳商人之子，靠善于心算，十三岁便做了侍中。所以这三个人讲赢利之事能分析得秋毫不差。

法令已经更加严酷，官吏废免甚多。战争屡屡发生，百姓花钱免除徭役的和买爵至五大夫的为数众多，能征调的士卒越来越少。随后强制任命千夫、五大夫做官，不想做官的出马一匹；被废免的官吏都被处罚到上林苑砍柴，或者去修昆明池。

第二年，大将军卫青和骠骑将军霍去病大举出击匈奴，获首级、俘虏八九万，赏赐五十万金，汉军损失战马十多万匹，水陆运输、车甲之费不计在内。当时，财用匮乏，战士有时得不到俸禄。

有关官吏说三铢钱太轻，容易作假，建议由各郡国改铸五铢钱，在钱的里面铸出轮廓，让它不能磨刮铜屑。

"大农令印"拓本 西汉

选自《汉代官印选》。

"海右盐丞"

"琅左盐丞"

以上西汉官印拓本选自《秦封泥汇考》。"右盐丞""左盐"均为汉代地方掌管盐税的官吏或官署。

大农上盐铁丞孔仅、咸阳言："山海，天地之藏也，皆宜属少府，陛下不私，以属大农佐赋。愿募民自给费，因官器作煮盐，官与牢盆。浮食奇民欲擅管山海之货，以致富羡，役利细民。其沮事之议，不可胜听。敢私铸铁器煮盐者，钛左趾，没入其器物。郡不出铁者，置小铁官，便属在所县。"使孔仅、东郭咸阳乘传举行天下盐铁，作官府，除故盐铁家富者为吏。吏道益杂，不选，而多贾人矣。

**"铁官"封泥 西汉**
拓本选自《封泥汇编》。

商贾以币之变，多积货逐利。于是公卿言："郡国颇被灾害，贫民无产业者，募徙广饶之地。陛下损膳省用，出禁钱以振元元，宽贷赋，而民不齐出于南亩，商贾滋众。贫者畜积无有，皆仰县官。异时算轺车贾人缗钱皆有差，请算如故。诸贾人末作贳贷买，居邑稽诸物，及商以取利者，虽无市籍，各以其物自占，率缗钱二千而一算。诸作有租及铸，率缗钱四千一算。非吏比者三老、北边骑士，轺车以一算；商贾人轺车二算；船五丈以上一算。匿不自占，占不悉，戍边一岁，没入缗钱。有能告者，以其半畀之。贾人有市籍者，及其家属，皆无得籍名田，以便农。敢犯令，没入田僮。"

**五铢钱铜范 西汉中期**
现藏于上海博物馆。

大农令奏上盐铁丞孔仅和咸阳的建议说："山和海，是天地间储存物资的宝库，都应属于少府，陛下大公无私，把它归属大农来补助国家的赋税。希望朝廷招募百姓自己出本钱，用官家的器具冶铸、煮盐，由官府发给粮米和铁盆。那些豪强富商惯于垄断盐铁来发财暴富，奴役贫民，他们抵触盐铁官建议的议论，是听不完的。建议今后如有敢于私铸铁器煮盐的，处以镣铐左脚的刑罚，没收器物的惩罚。不出铁的郡，设小铁官，管辖郡内各县铁器专卖。"皇上派孔仅、东郭咸阳乘驿站传车专办各处盐铁官营之业，设立管理经营盐铁的官府，选任以往富有的盐铁商做官吏。做官的途径更加杂乱，官吏出身不同，而官吏多半是商人了。

商贾借币制改革之机，多积贮货物以求赢利。当时公卿大臣向天子进言："去年很多郡国都遭严重灾害，国家招募无业贫民，迁往富饶之地。陛下减少膳食，节省费用，拨出内廷钱以救济百姓，同时又宽缓赋税，然而百姓仍然没有都回到田地里去务农，经营商贾之业的日益增多。贫穷的人无积蓄，完全依赖朝廷。过去征收车税和商人的资产额——缗钱，都有规定的等级，请照旧征收。各种经营工商末业者，贱买贵卖，屯积货物，以及其他各种靠商业取利的，就是无市籍，也要他们向官府自报财产总额，一律照缗钱二千出一算。各种手工业和铸造业也征税，一律为四千钱出一算。非官吏类的三老、北边骑士，轺车一辆一算；商贾轺车一辆二算；船五丈以上出一算。隐匿不报或报不实的在边地戍守一年，收缴的缗钱归国库。有能举报隐匿者，赏给没收缗钱的一半。有市籍的商人及其家属，都不许占田，这样利于农民。有敢违犯诏令的，没收田地和奴仆。"

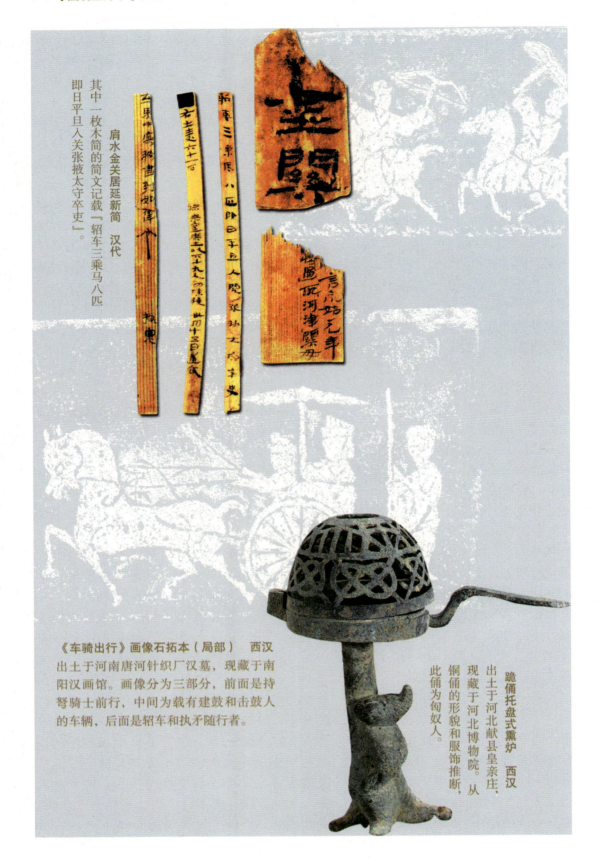

肩水金关居延新简　汉代
其中一枚木简的简文记载「轺车三乘马八匹
即日平旦入关张掖太守卒吏」。

《车骑出行》画像石拓本（局部）　西汉
出土于河南唐河针织厂汉墓，现藏于南
阳汉画馆。画像分为三部分，前面是持
弩骑士前行，中间为载有建鼓和击鼓人
的车辆，后面是轺车和执矛随行者。

跪俑托盘式熏炉　西汉
出土于河北献县皇亲庄，
现藏于河北博物院。从
铜俑的形貌和服饰推断，
此俑为匈奴人。

天子乃思卜式之言，召拜式为中郎，爵左庶长，赐田十顷，布告天下，使明知之。

初，卜式者，河南人也，以田畜为事。亲死，式有少弟，弟壮，式脱身出分，独取畜羊百余，田宅财物尽予弟。式入山牧十余岁，羊致千余头，买田宅。而其弟尽破其业，式辄复分予弟者数矣。是时汉方数使将击匈奴，卜式上书，愿输家之半县官助边。天子使使问式："欲官乎？"式曰："臣少牧，不习仕宦，不愿也。"使问曰："家岂有冤，欲言事乎？"式曰："臣生与人无分争。式邑人贫者贷之，不善者教顺之，所居人皆从式，式何故见冤于人！无所欲言也。"使者曰："苟如此，子何欲而然？"式曰："天子诛匈奴，愚以为贤者宜死节于边，有财者宜输委，如此而匈奴可灭也。"使者具其言入以闻。天子以语丞相弘。弘曰："此非人情。不轨之臣，不可以为化而乱法，愿陛下勿许。"于是上久不报式，数岁，乃罢式。式归，复田牧。岁余，会军数出，浑邪王等降，县官费众，仓府空。其明年，贫民大徙，皆仰给县官，无以尽赡。卜式持钱二十万予河南守，以给徙民。河南上富人助贫人者籍，天子见卜式名，

皇上想到卜式愿捐献家财报效国家的话，就召来卜式，授予他中郎的官职和左庶长的爵位，赐予田地一千亩，布告天下，让人们都知道卜式的事迹。

当初，卜式是河南郡人，以耕田畜牧为业。父母死后，他有一幼弟，等到弟弟长大成人，卜式脱身分家，只要家中畜养的一百多头羊，田宅财物全部归弟弟所有。卜式入山放牧十多年，羊增至一千多头，随后就买田宅。而他的弟弟却完全破产了。卜式就把产业分给弟弟，这样做了多次。当时，汉朝数次派遣将军出击匈奴，卜式给皇上上书，愿捐一半家财给朝廷，补助边防费用。皇上派使者问卜式："想做官吗？"卜式说："我从小放牧，不熟悉做官事，不想做官。"使者问道："莫非家里有冤枉的事，想申诉吗？"卜式说："我平生与人无争。同邑的人，有贫困的我就救济他，有品行不好的我就规劝他，所居地的人们都听我的，怎么会被人冤枉呢！我没什么可申诉的。"使者说："要是这样，那么你到底为何要捐献一半家财给朝廷呢？"卜式说："皇上讨伐匈奴，我认为品德优良的人应该报效疆场，有钱的应该献出积蓄的财物，如此，匈奴才可灭。"使者把卜式的话全部记录下来，回宫向皇上报告。皇上把卜式的话告诉丞相公孙弘。公孙弘说："这种说法不合乎人之常情。这种做事不合常规的人，不能作为教化榜样而搅乱正常法规，希望陛下不要答应他的请求。"所以皇上对卜式长期不予理会，过了几年，才下令让卜式回去。卜式回去后，仍旧耕田畜牧。过了一年多，正逢朝廷连续几次出兵，浑邪王等人来降，朝廷花费很大，粮仓钱库都已空虚。第二年，贫民大量迁徙，都靠朝廷供给，无法全部供给。此时，卜式拿二十万钱给河南太守，用来供给移民。河南太守奏上富人捐助贫民的名册，皇上见到卜式的名字，还记

**金五铢 西汉**
现藏于陕西历史博物馆。

识之，曰"是固前而欲输其家半助边"，乃赐式外繇四百人。式又尽复予县官。是时富豪皆争匿财，唯式尤欲输之助费。天子于是以式终长者，故尊显以风百姓。

初，式不愿为郎。上曰："吾有羊上林中，欲令子牧之。"式乃拜为郎，布衣屩而牧羊。岁余，羊肥息。上过见其羊，善之。式曰："非独羊也，治民亦犹是也。以时起居；恶者辄斥去，毋令败群。"上以式为奇，拜为缑氏令试之，缑氏便之。迁为成皋令，将漕最。上以为式朴忠，拜为齐王太傅。

而孔仅之使天下铸作器，三年中拜为大农，列于九卿。而桑弘羊为大农丞，管诸会计事，稍稍置均输以通货物矣。

始令吏得入谷补官，郎至六百石。

得他，说"这个人以前就想要捐献家财的一半补助边防费用"，随即赏赐卜式四百多人的过更钱。卜式又全部捐给官府。当时，一般富人竞相隐匿财产，只有卜式却要捐献财产来补助边防费用。皇上因此认为卜式是有德行的人，让他尊贵显荣，以教化百姓。

开始，卜式不愿做郎官。皇上说："我有羊在上林苑中，想要让你去牧养。"卜式这才做了郎官，穿布衣草鞋去牧羊。一年多时间，羊长得又肥大，繁殖又多。天子路过上林苑，见到卜式牧的羊，很赞许他。卜式说："不只是牧羊，管理百姓也是如此。让他们按时起来，按时休息；发现坏羊，立即除掉，不让它危害一群。"天子认为卜式很不寻常，便派他做缑氏县令，来考验他，缑氏人认为他治理得很好。又调为成皋县令，监管漕运，漕运全国第一。天子认为卜式忠诚老实，派他做齐王的太傅。

孔仅巡行天下监管铸造铁器之事，三年之中，便升为大农令，位列九卿。桑弘羊做了大农丞，主管各项会计的事。此时，开始渐渐设置起均输官，让各地货物互相流通。

开始允许郎官向官府献纳谷物，提高官秩到六百石。

**四铢半两钱铜范　西汉**
现藏于中国国家博物馆。此钱范上有 2 列 2 行 6 枚四铢半两钱的阳文钱型。

自造白金五铢钱后五岁，赦吏民之坐盗铸金钱死者数十万人。其不发觉相杀者，不可胜计。赦自出者百余万人。然不能半自出，天下大抵无虑皆铸金钱矣。犯者众，吏不能尽诛取，于是遣博士褚大、徐偃等分曹循行郡国，举兼并之徒守相为利者。而御史大夫张汤方隆贵用事，减宣、杜周等为中丞，义纵、尹齐、王温舒等用惨急刻深为九卿，而直指夏兰之属始出矣。

铸造白金和五铢钱之后的第五年，赦免吏民盗铸金钱被判死罪的数十万人，那些未被发现而自相残杀的，数不胜数。赦免自首的一百多万人。然而自首的不到一半，天下的人差不多都盗铸金钱。犯法的人多，官吏不能全都捕杀，所以朝廷派遣博士褚大、徐偃等分批巡行各郡国，检举查办兼并土地的豪强商贾和营私舞弊的郡守、相国。而此时，御史大夫张汤正尊贵当权，减宣、杜周等任中丞，义纵、尹齐、王温舒等凭借用法严峻做了九卿之官，而绣衣御史夏兰之流也开始出现了。

**麟趾金和马蹄金　西汉**
出土于河北定州中山怀王刘修墓，现藏于河北省文物研究所。麟趾金状如麒麟的脚趾，马蹄金状如马蹄，故而得名。它们都是称量货币，一般是用于帝王赏赐、馈赠及大宗交易。

『钱府』拓本

『泉府』拓本

『帑府』拓本

**"金府" 拓本**
以上西汉玺印拓本选自《秦汉南北朝官印征存》。钱府、泉府、金府、帑府都是汉代负责管理、储藏货币的机构。

**五铢钱铜范　西汉**
现藏于中国国家博物馆。

而大农颜异诛。初，异为济南亭长，以廉直稍迁至九卿。上与张汤既造白鹿皮币，问异。异曰："今王侯朝贺以苍璧，直数千，而其皮荐

**"修故亭印"拓本 西汉**
选自《秦汉南北朝官印征存》。

反四十万，本末不相称。"天子不说。张汤又与异有郤，及人有告异以它议，事下张汤治异。异与客语，客语初令下有不便者，异不应，微反唇。汤奏异当九卿见令不便，不入言而腹诽，论死。自是之后，有腹诽之法，以此而公卿大夫多谄谀取容矣。

天子既下缗钱令而尊卜式，百姓终莫分财佐县官，于是告缗钱纵矣。

郡国多奸铸钱，钱多轻，而公卿请令京师铸钟官赤侧，一当五，赋官用非赤侧不得行。白金稍贱，民不宝用，县官以令禁之，无益。岁余，白金终废不行。

是岁也，张汤死而民不思。

其后二岁，赤侧钱贱，民巧法用之，不便，又废。于是悉禁郡国无铸钱，专令上林三官铸。钱既多，而令天下非三官钱不得行，诸郡国所前铸钱皆废销之，输其铜三官。而民之铸钱益少，计其费不能相当，唯真工大奸乃盗为之。

大农令颜异被杀。起初，颜异做济南亭长，凭廉洁正直，一步一步升至九卿。天子与张汤已制作白鹿皮币，征询颜异的意见。颜异说："现在诸侯王、列侯朝贺时用苍璧，价值不过数千，而其皮垫却贵至四十万，本末不称。"天子听了很不高兴。张汤与颜异又素有隔阂，等到有人以非议朝政之罪告发颜异，案件交张汤审理。颜异与客人谈话，客人谈及新令颁下后有不便之处，颜异未应声，只稍微撇了一下嘴。张汤上奏称颜异身为九卿见政令有所不便，不入朝廷进言却心怀不满，应定为死罪。从此以后，有了"腹诽之法"的案例，因此，公卿大夫们大多阿谀奉承，取悦于皇上。

皇上已经颁布了算缗令，而且尊崇卜式以劝勉百姓，可是百姓始终无人肯拿出钱来帮助朝廷，由此告发隐匿不报、漏报的商人的行为盛行起来。

郡国有很多用奸巧方法铸的钱，钱大都很轻，所以公卿奏请令京师铸造钟官赤侧钱，一钱当五钱，给官府交赋税，必须使用赤侧钱。白金渐渐贬值了，百姓不爱用，官府下命令禁止这种行为，也无用处。一年多之后，白金终于废除不用。

这一年，张汤死，百姓不思念他。

张汤死后两年，赤侧钱也不值钱了，百姓用巧诈办法，拒绝按政府规定的一当五使用，行不通，又作废。随后完全禁止郡国铸钱，专令上林三官铸钱。钱已经铸了许多，就令天下除三官钱以外，其他的钱不准通行，各郡国铸的钱一律作废，熔化后将铜料运给三官。百姓盗铸钱的逐渐减少，因为计算盗铸费用超过钱值，只有技巧高妙的豪富才去盗铸钱。

**上林三官五铢钱范 西汉**
出土于陕西澄城坡头村西汉铸钱窑遗址，现藏于陕西历史博物馆。
汉武帝时，铸钱权收归中央，由"上林三官"独铸。

卜式相齐，而杨可告缗遍天下，中家以上大抵皆遇告。杜周治之，狱少反者。乃分遣御史廷尉正监分曹往，即治郡国缗钱，得民财物以亿计，奴婢以千万数，田大县数百顷，小县百余顷，宅亦如之。于是商贾中家以上大率破，民偷甘食好衣，不事畜藏之产业，而县官有盐铁缗钱之故，用益饶矣。

益广关，置左、右辅。

初，大农管盐铁官布多，置水衡，欲以主盐铁；及杨可告缗钱，上林财物众，乃令水衡主上林。上林既充满，益广。是时越欲与汉用船战逐，乃大修昆明池，列观环之。治楼船，高十余丈，旗帜加其上，甚壮。于是天子感之，乃作柏梁台，高数十丈。宫室之修，由此日丽。

乃分缗钱诸官，而水衡、少府、大农、太仆各置农官，往往即郡县比没入田田之。其没入奴婢，分诸苑养狗马禽兽，及与诸官。诸官益新置多，徒奴婢众，而下河漕度四百万石，及官自籴乃足。

卜式升为齐王相，杨可推行告缗令，告缗之风遍天下，中产以上的商贾多被告发。杜周审理这些案件，很少有能翻案的。同时分别派遣御史、廷尉正、监分批前往，就所在郡国处理告缗钱的案件，得豪民财物以万万计，奴婢以千万计，田产大县数百顷，小县百余顷，住宅也相当多。当时商贾中产以上大都破产，人们只图吃穿过好，不再从事积贮自己的产业，然而朝廷因盐铁官营和告缗钱令的实行，财用逐渐充裕起来。

把函谷关向东移置，设左、右辅。

起初，大农令所管盐铁官分布在各地的很多，随后设水衡都尉，打算由它来主管盐铁；到杨可推行告缗令，上林苑存放许多没收的财物，就令水衡都尉主管上林苑。上林苑的财物已经满得装不下，随即扩建上林苑。这时，南越要与汉朝展开船战，所以大修昆明池，池周围排列楼馆。建造楼船，高十余丈，上插旗帜，十分壮观。当时，皇上有感于心，所以修筑了柏梁台，高数十丈。宫室的修建，自此更加富丽。

之后将缗钱收入分给各官府，而水衡、少府、大农、太仆各自设置农官，组织人力到官府没收的农田去耕种。那些没入的奴婢，分到各苑囿去养马、狗和禽兽，还有一些分给各官府去服劳役。各官府新置的官员更加多，服劳役的奴婢增多，所以每年从下河漕运四百万石粮食，政府还要自己出钱买粮食，才够食用。

"大司农"拓本 西汉

选自《汉代官印选》。大司农是古代九卿之一，掌管财政经济。

"水衡都尉"拓本
西汉

选自《汉代官印选》。西汉时，水衡都尉掌管上林苑囿及苑中建筑、农业、税收等事务。

所忠言：“世家子弟富人，或斗鸡走狗马，弋猎博戏，乱齐民。”乃征诸犯令，相引数千人，命曰“株送徒”。入财者得补郎，郎选衰矣。

《狩猎》画像石拓本　西汉
出土于山东微山沟南村汉墓，现藏于微山县文化馆。

是时山东被河灾，及岁不登数年，人或相食，方一二千里。天子怜之，诏曰："江南火耕水耨，令饥民得流就食江淮间，欲留，留处。"遣使冠盖相属于道，护之，下巴蜀粟以振之。

其明年，天子始巡郡国。东渡河，河东守不意行至，不辨，自杀。行西逾陇，陇西守以行往卒，天子从官不得食，陇西守自杀。于是上北出萧关，从数万骑，猎新秦中，以勒边兵而归。新秦中或千里无亭徼，于是诛北地太守以下，而令民得畜牧边县，官假马母，三岁而归，及息什一，以除告缗，用充仞新秦中。

既得宝鼎，立后土、太一祠，公卿议封禅事，而天下郡国皆豫治道桥，缮故宫，及当驰道县，县治官储，设供具，而望以待幸。

"陇西守印章"拓本　西汉
选自《汉代官印选》。

所忠进言："世家子弟和有钱人，有的斗鸡、走狗跑马，射猎和玩博弈游戏，祸乱平民。"于是惩罚所有触犯法令的人，互相牵连数千人，是谓"株送徒"。此时，向官府缴纳财物便能补做郎官，选拔郎官的制度破坏。

这时崤山以东地区遭黄河泛滥之灾，一连数年绝收，发生人吃人的情况，灾区纵横一二千里。皇上哀怜灾区百姓，下诏说："江南火耕水耨，令饥民迁徙到江、淮间就食，想要留在那里的允许他们留下来，加以安排。"朝廷派遣的使者，在往灾区的路上络绎不断，由他们主管迁徙至江、淮间的饥民，同时运巴、蜀地区的粮食来救济饥民。

第二年，皇上开始巡视郡国。东进渡过黄河，河东太守未曾料到皇上到来，供应无备，自杀。皇上又西行过陇山，陇西太守由于皇上突然到来，让皇上的随从官员未吃上饭，也自杀。当时皇上向北出萧关，数万骑兵随从，在新秦中地区围猎，以检阅边境士兵，然后回京师。新秦中地区有的地方千里未设亭障、关塞，随即杀死北地太守以下的官员，并下令百姓可以在边境各县从事畜牧，由官府借给母马，满三年归还，利息十分之一，又在这一地区废除告缗令，以此招徕移民，充实新秦中地区。

已经得到宝鼎，建立后土祠、太一祠，公卿大臣便建议举行封禅典礼，所以天下各郡国都预先筑路修桥，修葺旧宫，靠近驰道的各县，全都置办饮食之物，储备供皇上和从官酒食用的器具，企盼皇上驾幸。

"榆畜府"拓本　西汉
选自《秦汉南北朝官印征存》。畜府应是县下掌管畜牧的机构。

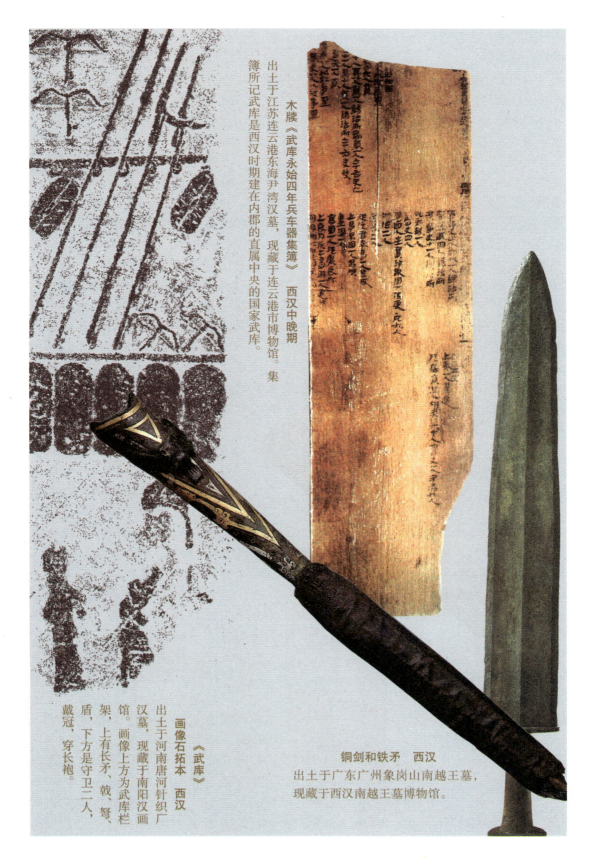

木牍《武库永始四年兵车器集簿》 西汉中晚期

出土于江苏连云港东海尹湾汉墓，现藏于连云港市博物馆。集簿所记武库是西汉时期建在内郡的直属中央的国家武库。

《武库》画像石拓本 西汉

出土于河南唐河针织厂汉墓，现藏于南阳汉画馆。画像上方为武库栏架，上有长矛、戟、弩、盾，下方是守卫二人，戴冠，穿长袍。

铜剑和铁矛 西汉

出土于广东广州象岗山南越王墓，现藏于西汉南越王墓博物馆。

其明年，南越反，西羌侵边为桀。于是天子为山东不赡，赦天下囚，因南方楼船卒二十余万人击南越，数万人发三河以西骑击西羌，又数万人渡河筑令居。初置张掖、酒泉郡，而上郡、朔方、西河、河西开田官，斥塞卒六十万人戍田之。中国缮道馈粮，远者三千，近者千余里，皆仰给大农。边兵不足，乃发武库工官兵器以赡之。车骑马乏绝，县官钱少，买马难得，乃著令，令封君以下至三百石以上吏，以差出牝马天下亭，亭有畜牸马，岁课息。

齐相卜式上书曰："臣闻主忧臣辱。南越反，臣愿父子与齐习船者往死之。"天子下诏曰："卜式虽躬耕牧，不以为利，有余辄助县官之用。今天下不幸有急，而式奋愿父子死之，虽未战，可谓义形于内。赐爵关内侯，金六十斤，田十顷。"布告天下，天下莫应。列侯以百数，皆莫求从军击羌、越。至酎，少府省金，而列侯坐酎金失侯者百余人。乃拜式为御史大夫。

式既在位，见郡国多不便县官作盐铁，铁器苦恶，贾贵，或强令民卖买之。而船有算，商者少，物贵，乃因孔仅言船算事。上由是不悦卜式。

**"酒泉太守章"拓本 西汉**
选自《汉代官印选》。汉武帝元狩二年，置酒泉郡。

**"都田"拓本 西汉**
都田为田官。选自《秦汉南北朝官印征存》。

第二年，南越反叛，西羌肆虐，侵扰边陲。当时，由于崤山以东地区收成不好，随即赦免天下囚犯，使其从军，与南方楼船兵合起来共计二十万人攻打南越，征发三河以西的骑兵攻打西羌，又派几万人渡过黄河修建令居城。初设张掖郡和酒泉郡，而上郡、朔方、西河、河西开田官，斥塞卒六十万人，一面守边，一面屯田。国家修路运粮，远的三千里，近的千里，全归由大农供给。边防兵器不足，就取出武库和工官的兵器来补充。战马缺乏，朝廷少钱，马很难买到，就制定了一项法令，让封君列侯以下至三百石以上官吏，按等级分配给全国各亭母马，每亭畜有母马，政府每年向各亭征收规定数量的马抵利息。

齐相卜式向皇上上书说："臣听说，君主忧愁便是臣子之辱。如今南越反叛，我父子愿随同齐国善驾船的人开赴战场效死。"皇上下诏说："过去卜式虽亲自耕牧，但不是为利，有了赢余就捐助朝廷的用度。如今国家不幸，有紧急之事，而卜式奋起愿父子效死。虽然还未参战，也可谓胸怀正义。可赐予关内侯爵位，黄金六十斤，田十顷。"把卜式的事迹向天下人宣布，天下无人响应。列侯多得以百计，却没人请求参军去攻打西羌和南越。等到酎祭宗庙时，少府检查酎金，列侯因酎金违规犯罪而失掉侯爵的有一百多人。随后任卜式为御史大夫。

卜式已居御史大夫之位，见很多郡国都觉得盐铁官营有所不便，官制铁器粗劣难以使用，价格昂贵，有的官员还强迫百姓买官制铁器。因为船只收税，经商的少，物价昂贵，他就通过孔仅向皇上进言船只收税的问题。天子因此不喜欢卜式。

汉连兵三岁，诛羌，灭南越，番禺以西至蜀南者置初郡十七，且以其故俗治，毋赋税。南阳、汉中以往郡，各以地比给初郡吏卒奉食币物，传车马被具。而初郡时时小反，杀吏，汉发南方吏卒往诛之，间岁万余人，费皆仰给大农。大农以均输调盐铁助赋，故能赡之。然兵所过县，为以訾给毋乏而已，不敢言擅赋法矣。

**"治粟都尉"拓本　西汉**
选自《汉代官印选》。

其明年，元封元年，卜式贬秩为太子太傅。而桑弘羊为治粟都尉，领大农，尽代仅管天下盐铁。弘羊以诸官各自市，相与争，物故腾跃，而天下赋输或不偿其僦费，乃请置大农部丞数十人，分部主郡国。各往往县置均输盐铁官，令远方各以其物贵时商贾所转贩者为赋，而相灌输。置平准于京师，都受天下委输。召工官治车诸器，皆仰给大农。大农之诸官尽笼天下之货物，贵即卖之，贱则买之。如此，富商大贾无所牟大利，则反本，而万物不得腾踊。故抑天下物，名曰"平准"。天子以为然，许之。于是天子北至朔方，东到太山，巡海上，并北边以归。所过赏赐，用帛百余万匹，钱金以巨万计，皆取足大农。

**"甘泉仓长"拓本　西汉**
选自《汉代官印选》。甘泉仓和太仓都是汉代国有粮仓。仓长为仓令的佐官。

弘羊又请令吏得入粟补官，及罪人赎罪。令民能入粟甘泉各有差，以复终身，不告缗。他

朝廷连续三年用兵，平定西羌，灭南越，在番禺郡以南设置十七个郡，暂时以当地旧俗治理，不收赋税。南阳、汉中各郡，各就其地之所近，供给新郡官吏士兵的俸食和钱物，以及传车传马、车马被具。而新郡常常爆发小规模叛乱，杀死官吏。朝廷征发南方官兵前往讨伐，隔一年便动用一万多人，费用都仰赖大农供给。大农用统一运销之法调配盐铁的供应以赢利，所以能供给军用。然而军队所经各县，唯有尽量供应不致匮乏而已，不敢说依照常规征收赋税。

次年，元封元年，卜式降职任太子太傅。而桑弘羊出任治粟都尉，兼领大农，全部代替孔仅管理天下盐铁。桑弘羊因各官府都做买卖，互相竞争，所以物价上涨，而各地作为赋税缴纳的物品，有的运到京师还不能抵偿运费，所以奏请设置大农部丞几十人，分部主管各郡国的运输、盐铁。各郡县在各处设置的均输官、盐铁官，让远方各郡县按照他们应缴物最贵时商贩的卖价征收赋税，由均输官统一购销，让各地货物互相流通。召令工官造车辆、车具，费用出自大农令。大农令所属各官，掌管天下全部货物，贵时卖出，贱时买进。如此富商大贾无法牟大利，便会返回本业务农，各种货物也不会涨价。此法能平抑天下物价，故名"平准"。皇上认为桑弘羊说得很对，允许他施行。这一年，皇上北至朔方，东达太山，巡视沿海，经北边返回。凡所经之地，都大加赏赐，用帛一百多万匹，钱以万万计，都有赖大农令充足供给。

桑弘羊又奏请官吏能向朝廷捐纳粮食的升官，罪人能捐纳粮食来赎罪。让百姓能按规定向甘泉仓捐纳粮食的，免除其终身徭

郡国各输急处，而诸农各致粟，山东漕益岁六百万石。一岁之中，太仓、甘泉仓满。边余谷诸物均输帛五百万匹。民不益赋而天下用饶。于是弘羊赐爵左庶长，黄金再百斤焉。

是岁小旱，上令官求雨。卜式言曰："县官当食租衣税而已，今弘羊令吏坐市列肆，贩物求利。亨弘羊，天乃雨。"

"泰仓"拓本 西汉

选自《秦汉南北朝官印征存》。泰仓即太仓。

役，并且不缴缯钱。远处各郡国把粮食运至急需之地。各农官把收获的粮食送交朝廷，崤山以东地区漕运粮食每年增加六百万石。如此，一年之中太仓和甘泉仓粮满。边境有余粮，各地货物用均输法统筹运销，赢利帛五百万匹。百姓不加赋而国家财用足。随后桑弘羊赐爵左庶长，赐黄金两次，每次各一百斤。

这一年小旱，天子让百官祈求降雨。卜式进言道："政府费用，只应当靠正常的租税，现在桑弘羊却让官吏坐在市上的店铺里，做买卖赚钱。烹杀了桑弘羊，天才下雨。"

货贝 商代

现藏于中国国家博物馆。商代甲骨文和金文均有赐贝的记载，海贝应是财富的一种象征。西周时，贝作为货币可以用于商品交换。

太史公曰：农工商交易之路通，而龟贝金钱刀布之币兴焉。所从来久远，自高辛氏之前尚矣，靡得而记云。故《书》道唐虞之际，《诗》述殷周之世，安宁则长庠序，先本绌末，以礼义防于利；事变多故而亦反是。是以物盛则衰，时极而转，一质一文，终始之变也。《禹贡》九州，各因其土地所宜，人民所多少而纳职焉。汤武承弊易变，使民不倦，各兢兢所以为治，而稍陵迟衰微。齐桓公用管仲之谋，通轻重之权，徼山海之业，以朝诸侯，用区

太史公说：农业、手工业、商业互相交易的道路畅通，龟、贝、金、钱、刀、布一类的货币便兴盛起来。这种情况由来已久。高辛氏以前的事太久远了，无法记述了。《尚书》说的唐尧、虞舜时代，《诗经》讲述的殷周时代，天下太平就重视学校，重农抑商，用礼义防止贪利；动乱不安时则与此相反。所以物盛则衰，时世至极则转变，世风质朴变化为文采灿然，是为一事的终结是另一事的开始。《禹贡》划分天下为九州，各州按土质宜植作物、人口多少，向朝廷纳贡。商汤和周武王承接时代的流弊而加以变革，让百姓各安其业而不懈怠，他们各自兢兢业业治理国家，可是他们的国家也逐渐走向了衰亡。齐桓公任用管仲之谋，稳定物价，经营盐铁事业，让诸侯都去朝见，依靠区区齐国终于成就了

区之齐显成霸名。魏用李克，尽地力，为强君。自是之后，天下争于战国，贵诈力而贱仁义，先富有而后推让。故庶人之富者或累巨万，而贫者或不厌糟糠；有国强者或并群小以臣诸侯，而弱国或绝祀而灭世。以至于秦，卒并海内。虞夏之币，金为三品，或黄，或白，或赤；或钱，或布，或刀，或龟贝。及至秦，中一国之币为二等，黄金以溢名，为上币；铜钱识曰半两，重如其文，为下币。而珠玉、龟贝、银锡之属为器饰宝藏，不为币。然各随时而轻重无常。于是外攘夷狄，内兴功业，海内之士力耕不足粮饷，女子纺绩不足衣服。古者尝竭天下之资财以奉其上，犹自以为不足也。无异故云，事势之流，相激使然，曷足怪焉！

霸业，名声显扬。魏文侯任用李克，兴办农业，成了强国之君。自此之后，天下诸侯争相穷兵黩武，注重武力，轻蔑仁义；以为富是头等大事，谦让讲理是末节。所以百姓中的富者，有人累计亿万，而贫苦的人糟糠都吃不饱；强国有的吞并一些小国让诸侯畏服，弱国有的断绝祭祀而灭亡。直至秦朝，终于吞并天下。虞舜时代和夏代的货币，金为三等：有黄、有白、有赤；有圆钱、有布币、有刀币、有龟贝。到了秦朝，全国的货币分为二等：黄金以"镒"为单位，是上币；铜钱上的文字为"半两"，重量和文字一致，是下币。而珠玉、龟贝、银锡之类做器皿、装饰品和珍贵的财宝，不当作货币。然而这些东西各随着时间的不同而时贵时贱，轻重无常。当时，外攘四夷，内修功业，全国的男子努力耕耘，不足官府所需粮饷，女子纺织桑麻，不够朝廷需要的衣裳。以往曾经搜括天下资财净尽，以供奉其国君，还自认为不够用。这没有其他缘故，事物发展犹如激流水势，相互激荡，以致如此，这有什么奇怪呢！

"官累重斤十两"铜权　西汉
现藏于上海博物馆。

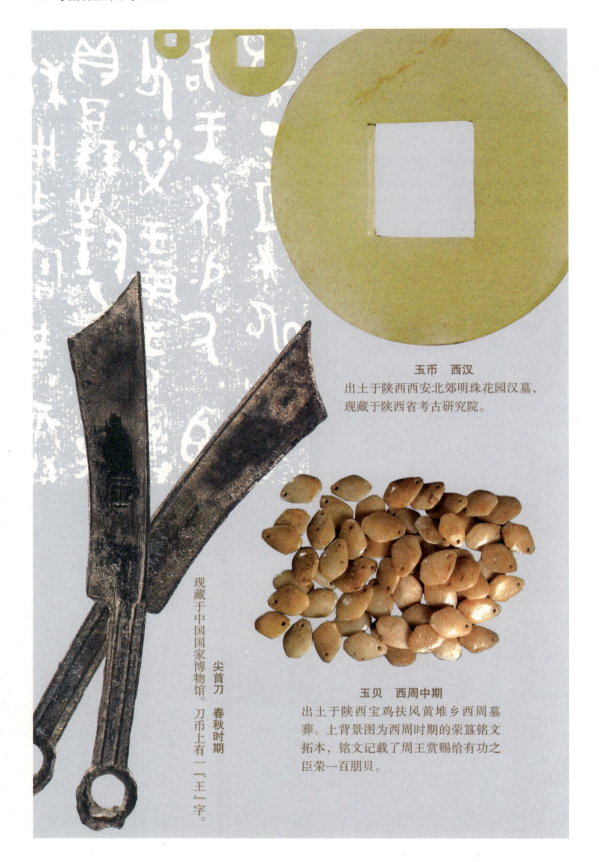

玉币 西汉
出土于陕西西安北郊明珠花园汉墓，现藏于陕西省考古研究院。

玉贝 西周中期
出土于陕西宝鸡扶风黄堆乡西周墓葬。上背景图为西周时期的荣簋铭文拓本，铭文记载了周王赏赐给有功之臣荣一百朋贝。

现藏于中国国家博物馆。刀币上有一「王」字。

尖首刀 春秋时期